改訂2版

Workで学ぶ 保育原理

佐伯一弥
（企画・著）

金 瑛珠
（編集・著）

鈴木彬子

高橋優子

わかば社

改訂2版 まえがき

　みなさんはどのような未来を思い描いて、保育の勉強をしはじめましたか。子どもと笑顔で過ごす自分、子どもの成長を喜ぶ自分、子どもの育ちを支えることにやりがいを感じている自分、保護者と関係を築く上で迷ったり悩んだりしながらもよい関係が築ける自分、さまざまな前向きな気持ちをもって、保育の勉強をしはじめたことと思います。

　この「保育原理」という科目は、保育を学びはじめた早い段階で出会う科目だといえるでしょう。保育の"原理"を学ぶ科目です。では、"原理"とは何でしょう。この言葉の意味は広辞苑（第7版）によると、「ものの拠って立つ根本法則。認識または行為の根本にあるきまり」とあり、保育に関する基礎・基本、また、根底となるものを学ぶ科目であることがイメージできるでしょう。

　世の中には、さまざまなプロがいます。保育者は、いうまでもなく、保育のプロです。「保育者になりたい！」という前向きな気持ちだけでは、専門職である保育者にはなれません。保育者は保育のプロなので、たくさんの知識を身につけていく必要があり、その入り口にある科目が「保育原理」です。また「基礎・基本を学ぶ」とはどのようなことでしょう。ただ講義を受け、必要な知識を暗記するということではありません。受け身の姿勢で講義を受け、丸暗記をすればよいということではなく、保育における基本や歴史、今日の課題などを自発的にしっかりと学び、一人一人が自分自身の保育に対する考えをもてるように学びを深めていくことが必要であり、そして学びの中で、さまざまなことに興味をもってほしいと願っています。そのため、このテキストでは系統的に学べるよう考え方については事例などを多く入れて、イメージしやすいよう工夫しています。みなさんに理解してほしい事柄を解説し、さらに課題（Work）に各自で取り組み、自分で考え、調べながら書き込み、自分だけのテキストをつくり上げる構成になっています。

　保育者は、子どもの幸せのために、そして、子どもの最善の利益のために、また、一人一人のwell-being（心身と社会的な健康）を目指し、日々、目の前の子どもや保護者に向き合い子育てを支えています。保育の場は、子どもと保育者が共に生活をしている場であり、子どもだけが幸せであったり、子どもの最善の利益だけが大切にされ、子どものwell-beingのみが重視される状態は想像がつきません。子どもと共に在る保育者も専門職としての誇りをもって幸せを感じながら仕事をすること、保育者自身の生活も充実していることもまた大切なことだといえるでしょう。

　将来、子どもの傍らに在る自分はどのような自分でありたいか、そのために今、何をすべきかをしっかり前向きに考えながら学んでほしいと願っています。

　このテキストは、「保育原理」をかつて担当していた者と、現在、担当している者の共著です。改訂のたびに、佐伯・金の友人であるわかば社の田中直子さんにはよりよいテキストになるためにたくさん支えていただきました。心より御礼を申し上げます。

2023年11月

編者　金　瑛珠

contents

改訂2版 まえがき（金） 1

はじめに ── 本教科の位置づけ（金） 6

I 発達観から保育を学ぶ

Unit 1 保育の方向性と保育実践の基礎となる発達観（佐伯・金）... 8

1. 日本の教育・保育の方向性 8
   (1) 育みたい資質・能力 8
   (2) 幼児期の終わりまでに育ってほしい姿 10
2. 保育実践の前提となる発達観 12
   (1) 5つの領域から子どもの育ちをとらえる 12
   (2) 保育に対する考え方としての「保育観」 13
   (3) 『幼稚園教育要領解説』にみる「発達観」 13
   (4) 「生涯発達」の視点からみる「ライフサイクル」 15
   (5) 各発達段階で身につけてほしい「心性」と保育者の基本姿勢 16

II 保育実践の現状から学ぶ

Unit 2 保育に関する諸法令などからみる保育の原理（佐伯・金）............ 18

1. 保育所・幼稚園・認定こども園とは 18
   (1) 保育所 18
   (2) 幼稚園 19
   (3) 認定こども園 19
2. 保育に関連する諸法令の体系 21
3. こども基本法 26

Unit 3 保育所保育指針、幼稚園教育要領、教育・保育要領にみる保育の原理（佐伯・金）... 27

1. 幼稚園教育要領、保育所保育指針、教育・保育要領の変遷 27
2. 保育所保育指針、幼稚園教育要領、教育・保育要領の比較 29

Unit 4 養護と教育の一体化について（佐伯・金）.................. 32

1. 養護と教育の一体化した営みとしての保育 32
   (1) 「保育」という言葉のもつ意味を確かめる 32
   (2) 保育所保育指針の記述から 33
   (3) 幼稚園教育要領の記述から 34
   (4) 教育・保育要領の記述から 35
2. 保育における「養護」と「教育」の意味 36

Ⅲ 保育実践の基本と課題から学ぶ

Unit 5 保育実践の基本構造について（佐伯・金）.................. 37

1. 乳児保育と保育内容 37
　(1) 乳児保育の基本 37
　(2) 3つの視点での保育 38
2. 1歳以上3歳未満児の保育内容 39
　(1) 1歳以上3歳未満児のための5つの領域の
　　　「ねらい及び内容」等がある意味と5領域の位置づけ 39
　(2) 乳児保育における3つの視点と1歳以上児の5領域について ... 40
3. 保育内容のもつ基本的な特質① ── 共同性 41
　(1) 幼稚園教育要領における「ねらい」の特徴 41
　(2) 保育所保育指針と幼稚園教育要領の「ねらい」の比較 44
4. 保育内容のもつ基本的な特質② ── 総合性 47
　(1) 保育所保育指針、幼稚園教育要領にみる「領域」の基本的性格 47
　(2) 「教科」と「領域」の違いについて 48
　(3) 遊びの意義と保育の専門家として求められること 49
5. 保育内容のもつ基本的な特質③ ── 計画性 51
　(1) 保育所保育指針、幼稚園教育要領にみる「計画（見通し）」の必要性 51
　(2) 育ちの見通しをもち環境を構成する 52
　(3) 保育の計画とは 53

Unit 6 多様な保育内容とその方法（高橋）......................... 55

1. A保育園の実践について 55
2. B保育園の実践について 57
3. C保育園の実践について 59
4. 園の理念によって保育内容が変わる 59
　(1) 子どもが自ら育とうとすることを大切にする 60
　(2) 葛藤を乗り越え生きる力を育む 60
　(3) できることを増やし自立を目指す 61

Unit 7 子育て支援について学ぶ（金）........................ 63

1. 保護者に対する支援 63
2. 保護者支援・地域子育て支援 65
　(1) 保護者支援・地域子育て支援の必要性 65
　(2) 地域社会との連携の必要性 66
3. さまざまなニーズへの対応 66

Ⅳ 保育の歴史から思想と意義を学ぶ

Unit 8 **西洋と日本の保育の創成期**（佐伯・鈴木）..................... 68

1. ヨーロッパにおける保育の創成期 69
2. 乳幼児期の教育に影響を与えた人物 71
3. 日本における保育の創成期 72

Unit 9 **西洋の保育実践の発展過程**（佐伯・鈴木）.................... 75

1. 欧米でさまざまな実践を試みた人物 75
2. 児童の福祉と教育の発展に貢献した人物 77
  （1）児童福祉・児童研究の発展に貢献した人物 78
  （2）デューイの思想と教育方法を受け継いだ人物 78

Unit10 **日本の保育実践の発展過程**（佐伯・鈴木）.................... 80

1. 日本における保育の発展期① ── 保育の実践を支える制度に焦点をあてて 80
  （1）幼稚園の充実 81
  （2）保育所の充実 83
2. 日本における保育の発展期② ── 保育を探究し、さまざまな実践を試みた人物 ... 84
3. 大正期における教育運動とその背景 86

Unit11 **倉橋惣三に学ぶ** ── 児童中心主義の保育を探る（佐伯・鈴木）... 87

1. 『幼稚園真諦』の「序」にみる保育の基本姿勢 87
2. 倉橋の保育に対する理念と方法論 89
3. 『幼稚園真諦』にみる誘導保育論 90
  （1）子ども観と保育方法としての遊び ──「幼児さながらの生活」 91
  （2）遊びの指導に対する考え方 ──「自由　設備」「自己充実」 92
  （3）自発的な活動としての遊びの指導 ──「充実指導」 93
  （4）教育としての遊びの展開 ──「誘導」「教導」.......... 93
  資料　保育の歴史に関する人物相関マップ（佐伯・金）... 96

Ⅴ これからの保育を考える

Unit12 **保育者の在り方を考える**（佐伯・金）..................... 98

1. 『育ての心』から保育者の在り方を考える................. 98
  （1）保育者として子どもにかかわるときの姿勢 99
  （2）保育という仕事に対する心構え ──保育は保育者と子どもによってつくられるということ ... 101
  （3）保育の準備（計画）と省察の重要性 101
2. 保育者の役割と責務 ── 全国保育士会倫理綱領 103

Unit13 **これからの保育に向けて**（金）..................... 105

1. これから求められる力とは 105
2. "子どもの最善の利益"を理解する..................... 105
3. 待機児童問題について理解する 106
4. 子どもの貧困について理解する 107
5. 諸外国の保育の現状に目を向ける 108

Ⅵ **Unit14 「保育原理」確認テスト** 111

本書での学びの確認

確認テストⅠ（金）.. 112

確認テストⅡ（金）.. 113

確認テストⅢ（金）.. 115

確認テストⅣ（鈴木）.. 117

確認テストⅤ（金）.. 119

おわりに ── 子どもの命と将来の可能性を担う教育職・保育職に就くには（佐伯）......... 121

巻末資料① **保育所保育指針** ［全文］ 123

巻末資料② **幼稚園教育要領** ［全文］ 135

巻末資料③ **幼保連携型認定こども園教育・保育要領** ［全文］ 142

巻末資料④ **全国保育士会倫理綱領** ［全文］ 155

本書参考文献一覧 156

さくいん 156

著者紹介 158

本書について

● 本書は、自ら調べて書き込むことで、確実に内容を理解し覚えることを目的として作成されたワークブック（Work）形式のテキストです。Work をすべて行うこと（空欄などに書き込むこと）で「保育原理」のテキストが完成するように編集されています。そのため、各 Work および Unit14 のテストの解答は本書内には掲載しておりません。

● 巻末に掲載の保育所保育指針、幼稚園教育要領、幼保連携型認定こども園教育・保育要領の他、本書には未掲載の『保育所保育指針解説』『幼稚園教育要領解説』『幼保連携型認定こども園教育・保育要領解説』や各種法令などを厚生労働省等各省庁のホームページや既刊書籍などで調べて各 Work に取り組み、自分だけの「保育原理」のテキストを完成させましょう。

● 本書では重要と思われる事項はゴシック表記（太字表記）で示してあります。

● 本文の用語の注記や関連する事柄は ☞ の囲み表記で示してありますので参照しましょう。

● Unit14 の「保育原理」確認テストは、本文のⅠ～Ⅴに対応して5課題を用意してあります。切り取って取り組んだり、提出をすることもできるよう点線を示してあります。

　本書は、企画者でもある著者の佐伯一弥氏のワーク式の授業プリントをテキスト化した書籍の発刊を目指し作成されたものです。本書執筆中の 2012 年に佐伯氏が他界されたため、「保育原理」の授業内容について一緒に考え学ばれていた友人でもある金瑛珠氏を中心に、佐伯氏の後輩にあたる鈴木彬子氏、高橋優子氏にご協力いただき、執筆途中であった本書を現状に合わせ加筆・編集し発刊いたしました。本書発刊にあたり、快くご了解くださいましたご家族の佐伯陽子様に御礼申し上げます。そして、本書ご執筆にご尽力いただいた先生方、企画時にご助言いただいた東京家政大学の戸田雅美先生に心より感謝申し上げます。佐伯氏の保育への思いが書籍という形でみなさまに届くことを心より願っております。

わかば社　編集部

はじめに　本教科の位置づけ

　「保育原理」という科目は、保育士養成課程において必修科目として位置づけられています。また、「保育の本質・目的に関する科目」のカテゴリーに入っている講義2単位の科目名となります。以前は4単位の科目でしたが、2010（平成22）年の保育士養成課程の改正により2単位となり、2018（平成30）年の改正で教授内容が次頁のように示されました。教授内容の目標のとおり、保育を学んでいくにあたっての基礎基本にあたる科目が「保育原理」といえるでしょう。

　一方で、幼稚園教諭の養成課程においてはどのような位置づけでしょうか。幼稚園教諭免許を取得する上で、「保育原理」という科目名が指定されているわけではありませんが、多くの養成校では「保育原理」という科目が設置されています。これは、幼稚園教諭免許取得のための「教職に関する科目」の中の「教育の基礎理論に関する科目」の内容として「保育原理」を位置づけている養成校が多くあるからです。

> ☞ **教育の基礎理論に関する科目**
> 　幼稚園教員免許取得のための科目は具体的な科目名は示されていませんが、「教育の基礎理論に関する科目」では1種免許で6単位、2種免許で4単位の取得が必要です。科目名の例として「教育原理」「保育の心理学（発達心理学）」などがあげられます。

　つまり、「保育原理」は保育者を目指すにあたり、きちんと内容を理解しておかなければならない大切な科目であるといえるので、しっかりと学んでほしいと思います。

　「保育原理」では保育の意義や目的について理解し、保育所保育指針、幼稚園教育要領および幼保連携型認定こども園教育・保育要領（以下、教育・保育要領）を中心とした保育に関する法令や制度をしっかり学び、理解することが重要です。また、保育の基本、歴史的変遷や思想について学んだ上で、保育の現状と課題について考察し、その学びからその後の各科目での学びを深めていく根幹的な科目であるといえます。

<教科目名> **保育原理**（講義・2単位）

<目標> 1．保育の意義及び目的について理解する。

2．保育に関する法令及び制度を理解する。

3．保育所保育指針における保育の基本について理解する。

4．保育の思想と歴史的変遷について理解する。

5．保育の現状と課題について理解する。

<内容> 1．保育の意義及び目的

（1）保育の理念と概念

（2）子どもの最善の利益と保育

（3）子ども家庭福祉と保育

（4）保育の社会的役割と責任

2．保育に関する法令及び制度

（1）子ども家庭福祉の法体系における保育の位置付けと関係法令

（2）子ども・子育て支援新制度

（3）保育の実施体系

3．保育所保育指針における保育の基本

（1）保育所保育指針

（2）保育所保育に関する基本原則

（3）保育における養護

（4）保育の目標

（5）保育の内容

（6）保育の環境・方法

（7）子どもの理解に基づく保育の過程（計画・実践・記録・省察・評価・改善）とその循環

4．保育の思想と歴史的変遷

（1）諸外国の保育の思想と歴史

（2）日本の保育の思想と歴史

5．保育の現状と課題

（1）諸外国の保育の現状

（2）日本の保育の現状と課題

指定保育士養成施設指定基準：保育原理の教授内容

(厚生労働省子ども家庭局長「「指定保育士養成施設の指定及び運営の基準について」の一部改正について」2018 より)

Unit 1　保育の方向性と保育実践の基礎となる発達観

 ## 1. 日本の教育・保育の方向性

　まず最初に、2017（平成29）年告示の保育所保育指針、幼稚園教育要領、教育・保育要領には、幼児教育を行う施設として共有すべき事項として、「育みたい資質・能力」と「幼児期の終わりまでに育ってほしい姿」が明記されました。その内容について理解するところから、はじめていきましょう。では、保育所保育指針、幼稚園教育要領、教育・保育要領のどの部分にこれらの事項が記されているのか、確認してみましょう。

「保育所保育指針」第1章　総則
　　4　幼児教育を行う施設として共有すべき事項
　　（1）育みたい資質・能力　　　（2）幼児期の終わりまでに育ってほしい姿
「幼稚園教育要領」第1章　総則
　　第2　幼稚園教育において育みたい資質・能力及び「幼児期の終わりまでに育ってほしい姿」
「幼保連携型認定こども園教育・保育要領」第1章　総則
　　第1　3　幼保連携型認定こども園の教育及び保育において育みたい資質・能力及び「幼児期の終わりまでに育ってほしい姿」

　いずれも、第1章の中に明記されている、大切なものであることが読み取れるでしょう。本書でも、この部分から学んでいくことにします。

（1）育みたい資質・能力

　育みたい資質・能力とは、具体的に、3つのものを一体的に育むように努めるものであると明記されています。次頁のWorkでその内容を確認し、書き出してみましょう。
　また、「育みたい資質・能力」については、各解説において同一の内容の文言が書かれていますが、種別に合わせた用語に置き換えられています。『保育所保育指針解説』に記されているものをもとに内容を確認していきます。

✏️ **Work 1-1**

　保育所保育指針、幼稚園教育要領、教育・保育要領を読み、「育みたい資質・能力」とは何か、次の３つの内容を書き出してみましょう。

　1.「知識及び技能の基礎」とは何か、具体的な内容を書き出してみましょう。

　2.「思考力、判断力、表現力等の基礎」とは何か、具体的な内容を書き出してみましょう。

　3.「学びに向かう力、人間性等」とは何か、具体的な内容を書き出してみましょう。

『保育所保育指針解説』

　実際の指導場面においては、「知識及び技能の基礎」「思考力、判断力、表現力等の基礎」「学びに向かう力、人間性等」を個別に取り出して指導するのではなく、遊びを通した総合的な指導の中で一体的に育むよう努めることが重要である。これらの資質・能力はこれまでも保育所（幼：幼稚園、こ：幼保連携型認定こども園）で育んできたものではあるが、各保育所（幼：各幼稚園、こ：各園）においては、実践における子ども（幼：幼児、こ：園児）の具体的な姿から改めて捉え、保育（幼：教育、こ：教育及び保育）の充実を図ることが求められている。

　小学校以降の教育は、各教科等の目標や内容を、資質・能力の観点から整理して示し、各教科等の指導のねらいを明確にしながら教育活動の充実を図っている。

　一方、保育所保育（幼：幼稚園教育、こ：幼保連携型認定こども園）では、遊びを展開する過程において、子ども（幼：幼児、こ：園児）は心身全体を働かせて活動するため、心身の様々な側面の発達にとって必要な経験が相互に関連し合い積み重ねられていく。つまり、乳幼児期（幼：幼児期、こ：乳幼児期）は諸能力が個別に発達していくのではなく、相互に関連し合い、総合的に発達していくのである。

　保育所保育において（幼：幼稚園教育において、こ：幼保連携型認定こども園における教育及び保育において）育みたい資質・能力は、こうした保育所保育（幼：

幼稚園教育、こ：幼保連携型認定こども園の教育及び保育）の特質を踏まえて一体
的に育んでいくものである。

※　下線部（　）内の「幼」は『幼稚園教育要領解説』、「こ」は『幼保連携型認定こども園教育・保育要
　　領解説』での記述を示す。　　　　　　　　　　厚生労働省『保育所保育指針解説』フレーベル館、2018、p.61

新しく、「育みたい資質・能力」という文言で明記されていますが、「遊びを通した
総合的な指導の中で一体的に育むよう努めること」であり、「これまでも保育所で育
んできたもの」であると記されている点に着目すると、今までの保育の中でも大切に
してきたものが、小学校以降の教育との連続性をより意識する中で明確に示された形
であるといえるでしょう。

（2）幼児期の終わりまでに育ってほしい姿

保育所保育指針、幼稚園教育要領、教育・保育要領において、「幼児期の終わりま
でに育ってほしい姿」が明記されましたが、これは言い換えると、「小学校就学の時
期までに（小学生になるまでに）」という意味となります。キーポイントは、“育ってほ
しい”という言葉と“姿”という言葉だといえるでしょう。仮に、「幼児期の終わり
までに育つべき力」と置き換えてみたとき、そのニュアンスに大きな違いがあること
に気がつくと思います。

「育ってほしい」とは、保育者が願いをもちながら保育すること、10の姿を意識し
ておくことが大切であることを指し、「姿」とは、あくまでも「姿」「様相」であり、
「子どもの様子」を意味しているのであって、「育ってほしい姿」とは、保育者が育て
なければならない到達目標が掲げられているものではありません。

では、実際、「幼児期の終わりまでに育ってほしい姿」としてあげられている10の
姿について、どのような「姿」が示されているのか具体的に確認してみましょう。

 Work 1-2

以下は「幼児期の終わりまでに育ってほしい姿」として示されている10の姿の具体的な内
容です。それぞれに当てはまる内容を書き出してみましょう。

ア	保育所の生活の中（幼：幼稚園生活の中、こ：幼保連携型認定こども園における生活の中）で、充実感をもって自分のやりたいことに向かって心と体を十分に働かせ、見通しをもって行動し、自ら健康で安全な生活をつくり出すようになる。
イ	身近な環境に主体的に関わり様々な活動を楽しむ中で、しなければならないことを自覚し、自分の力で行うために考えたり、工夫したりしながら、諦めずにやり遂げることで達成感を味わい、自信をもって行動するようになる。

ウ	友達と関わる中で、互いの思いや考えなどを共有し、共通の目的の実現に向けて、考えたり、工夫したり、協力したりし、充実感をもってやり遂げるようになる。
エ	友達と様々な体験を重ねる中で、してよいことや悪いことが分かり、自分の行動を振り返ったり、友達の気持ちに共感したりし、相手の立場に立って行動するようになる。また、きまりを守る必要性が分かり、自分の気持ちを調整し、友達と折り合いを付けながら、きまりをつくったり、守ったりするようになる。
オ	家族を大切にしようとする気持ちをもつとともに、地域の身近な人と触れ合う中で、人との様々な関わり方に気付き、相手の気持ちを考えて関わり、自分が役に立つ喜びを感じ、地域に親しみをもつようになる。また、保育所内外の様々な環境に関わる中で、遊びや生活に必要な情報を取り入れ、情報に基づき判断したり、情報を伝え合ったり、活用したりするなど、情報を役立てながら活動するようになるとともに、公共の施設を大切に利用するなどして、社会とのつながりなどを意識するようになる。
カ	身近な事象に積極的に関わる中で、物の性質や仕組みなどを感じ取ったり、気付いたりし、考えたり、予想したり、工夫したりするなど、多様な関わりを楽しむようになる。また、友達の様々な考えに触れる中で、自分と異なる考えがあることに気付き、自ら判断したり、考え直したりするなど、新しい考えを生み出す喜びを味わいながら、自分の考えをよりよいものにするようになる。
キ	自然に触れて感動する体験を通して、自然の変化などを感じ取り、好奇心や探究心をもって考え言葉などで表現しながら、身近な事象への関心が高まるとともに、自然への愛情や畏敬の念をもつようになる。また、身近な動植物に心を動かされる中で、生命の不思議さや尊さに気付き、身近な動植物への接し方を考え、命あるものとしていたわり、大切にする気持ちをもって関わるようになる。
ク	遊びや生活の中で、数量や図形、標識や文字などに親しむ体験を重ねたり、標識や文字の役割に気付いたりし、自らの必要感に基づきこれらを活用し、興味や関心、感覚をもつようになる。
ケ	<u>保育士等（幼：先生、こ：保育教諭等）</u>や友達と心を通わせる中で、絵本や物語などに親しみながら、豊かな言葉や表現を身に付け、経験したことや考えたことなどを言葉で伝えたり、相手の話を注意して聞いたりし、言葉による伝え合いを楽しむようになる。
コ	心を動かす出来事などに触れ感性を働かせる中で、様々な素材の特徴や表現の仕方などに気付き、感じたことや考えたことを自分で表現したり、友達同士で表現する過程を楽しんだりし、表現する喜びを味わい、意欲をもつようになる。

※ 10 の姿は幼稚園教育要領では（1）（2）…と記され、保育所保育指針および教育・保育要領では上記の通りア、イ…と記されている。また、下線部（　）内の「幼」は幼稚園教育要領、「こ」は教育・保育要領での表記を示す。

2. 保育実践の前提となる発達観

（1）5つの領域から子どもの育ちをとらえる

　保育所保育指針や幼稚園教育要領、教育・保育要領には、幼児期に育てたいことを子ども自身の発達の側面から取り上げたものを「領域」と位置づけ、5つの領域から子どもの育ちをとらえる視点に立っています。幼稚園教育要領では3歳以上、保育所保育指針および教育・保育要領には1歳以上3歳未満児と3歳以上児に「領域」が示されています。なお、乳児（0歳児）は、保育所保育指針および教育・保育要領には「領域」としては示されていませんが、3つの「視点」が示されています。

　5つの領域とは、**健康・人間関係・環境・言葉・表現**で、**5領域**と表記されています。5領域と乳児の3つの視点については、Unit 5（本書 p.37 ～ 54 参照）で具体的に見ていきたいと思いますが、ここではこの5領域から「幼児の発達の側面」と「育まれるもの」を考えてみたいと思います。

領域	幼児の発達の側面	育まれるもの
健康	心身の健康	健康な心と体を育て、自ら健康で安全な生活をつくり出す力を養う。
人間関係	人との関わり	他の人々と親しみ、支え合って生活するために、自立心を育て、人と関わる力を養う。
環境	身近な環境との関わり	周囲の様々な環境に好奇心や探究心をもって関わり、それらを生活に取り入れていこうとする力を養う。
言葉	言葉の獲得	経験したことや考えたことなどを自分なりの言葉で表現し、相手の話す言葉を聞こうとする意欲や態度を育て、言葉に対する感覚や言葉で表現する力を養う。
表現	感性と表現	感じたことや考えたことを自分なりに表現することを通して、豊かな感性や表現する力を養い、創造性を豊かにする。

実線：「幼児期の終わりまでに育ってほしい姿」の10の姿の文言
破線：「幼児期の終わりまでに育ってほしい姿」の10の姿を意味する文言

※下線は筆者による

［図表 1-1］領域が示す内容

　このように並べてみたとき、幼児期に育てたいことを子ども自身の発達の側面から取り上げたものを「領域」と位置づけ、5つの領域から子どもの育ちをとらえる視点が、すなわち、「幼児期の終わりまでに育ってほしい姿」に直結していることが読み取れます。

（2）保育に対する考え方としての「保育観」

　上述のように保育所保育指針や幼稚園教育要領、教育・保育要領に示されている共通の内容が保育の前提になります。しかし、それぞれの園、一人一人の保育者の思いや解釈のもと、さまざまな保育実践の形態をとって保育が行われています。なぜならば、そこには、それぞれの保育に対する考え方（理念）があるからだといえます。こうした保育に対する考え方を**保育観**といいます。

　さらに、それぞれの「保育観」には、次のようなものがあげられます。

> ① **子ども観・児童観**　そもそも子どもとはどういう存在であるかという子どもに対する見方・考え方
> ② **発達観**　子どもの成長・発達が、どのように表れるのか、という見方・考え方
> ③ **価値観**　どのような子どもに育ってほしいと願うか、という考え方

　保育所保育指針や幼稚園教育要領、教育・保育要領を前提としながらも、園や保育者によって、さまざまな保育の在り方があります。自分とは異なる保育の在り方と出合ったとき、他の考えを否定するのではなく、どこに違和感を覚えるのかを整理し、果たして、自分の子ども観や発達観、価値観はゆるぎないものなのかを検討していくことが大切だといえるでしょう。さまざまな保育観については、Unit 6（本書 p.55 〜 62 参照）で具体的に見ていきたいと思います。

（3）『幼稚園教育要領解説』にみる「発達観」

　次に『幼稚園教育要領解説』に示されている「発達観」から考えてみましょう。以下、抜粋してみます（『幼稚園教育要領解説』フレーベル館、2018、p.13 〜 14）。

> 　人は生まれながらにして、自然に成長していく力と同時に、周囲の環境に対して自分から能動的に働き掛けようとする力をもっている。**自然な心身の成長に伴い、人がこのように能動性を発揮して環境と関わり合う中で、**生活に必要な能力や態度などを獲得していく過程を発達と考えることができよう。
>
> 　生活に必要な能力や態度などの獲得については、どちらかというと大人に教えられた通りに幼児が覚えていくという側面が強調されることもあった。しかし、幼児期には、幼児自身が**自発的・能動的**に環境と関わりながら、**生活の中で状況と関連付けて身に付けていく**ことが重要である。したがって、生活に必要な能

☞ **能動的**
「能動」とは受け身でない活動のことをいいます。他からの働きかけを待たずに自ら活動することです。

力や態度などの獲得のためには、**遊びを中心とした生活の中**で、幼児自身が自らの生活と関連付けながら、**好奇心**を抱くこと、あるいは**必要感をもつ**ことが重要である（ゴシック表記筆者）。

　これを整理すると、図表1-2のようになります。

　幼児期の発達のとらえ方は、遊びを中心とした生活の中で、子ども自身が生活と関連づけながら好奇心を抱くことが大切であり、何かできないものができるようになるその結果に価値がおかれているわけではない、ということが読み取れます。

　そこには、現在の発達観

発達　生活に必要な能力や態度などを獲得していく過程

↓

遊びを中心とした生活

（前提条件）
・自然な心身の成長
・能動性を発揮して環境とかかわり合う

（経験内容）
・好奇心を抱く
・必要感をもつ

[図表1-2] 発達の過程

の一つである「**生涯発達**」というとらえ方が影響を及ぼしています。

　かつての主要な「発達」のとらえ方は、成人を**完態**（ゴール）とし、そこに至るまでの変化（成長）ととらえていました。すなわち「胎児期→乳幼児期→学童期→思春期→青年期……」と進む"上り坂"のイメージであり、「→成人期→壮年期→老人期……」は"下り坂"のイメージであったといえます。この考え方は、あるところをピークとして**運動機能**や**記憶力**などの機能に関する"衰え"が見られるイメージです。一方で、年齢を積み重ねたからこその、深い**見識**や**哲学**をもつことができるという一生涯を見通した発達をイメージしていませんでした。

　そして、現在は、ますます重要視される「生涯発達」という考え方に至り、幼稚園教育要領にも一貫してその考え方が通っているといえます。

　すなわち、**人間の一生涯をそれぞれの時期のプラスとマイナスの両側面が絡み合って変化するプロセス**として読み取る立場に立って考えるようになったのです。

　この視点をとることにより、「乳幼児期」を"単なる大人への準備期間にすぎないもの"としてとらえるのではなく、"それ自体が人生の中の固有の特徴と意義をもつ期間"としてとらえることができるようになります。

　そこから「早く大きくさせればよい」という早期教育的な保育観よりも、むしろ、

「乳幼児期の子どもだからこそ経験できること」や「乳幼児期のうちに経験しておかなければならないこと」の重要性を踏まえた保育観がもたらされるようになりました（森上史朗・柏女霊峰編集『保育用語辞典（第8版）』ミネルヴァ書房、2015、p.281）。

（4）「生涯発達」の視点からみる「ライフサイクル」

　ここで「生涯発達」の観点をより深く理解するために、エリクソンが提唱した「ライフサイクル」という視点を考えてみたいと思います。

　「ライフサイクル」（life cycle）とは直訳すると "人生周期" となりますが、これは一年間を構成する四季を人生にたとえてみる輪廻的な発想に基づき、「個人が一回限りの生涯をたどる」ことと「その個々の生は次の世代へと受け継がれる」という意味をもっています。

　ここで、一つのイメージ（案）として「人生をある平日の一日にたとえてみる」考え方をとってみると、図表1-3を作成することができます。

> ☞ **エリクソン**
> Erik Homburger Erikson（1902～1994）。アメリカの発達心理学者で、精神分析家として知られています。自我（アイデンティティ）の概念から、人間の社会的適応を8つの「発達課題」としてとらえたライフサイクルを提唱しました。

> ☞ **輪廻**
> 人間や動物など生き物が次々に生まれ変わっていくことおよびそのような考え方です。

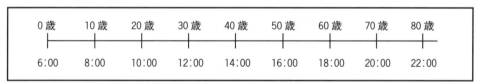

[図表1-3] 人生をある平日の一日にたとえた場合

　この図表1-3に基づきながらそれぞれの年齢に相応する時間帯にふさわしい生活（無理のない生活）の在り方を考えると、6時〜7時にたとえられる乳幼児期とは、人生全体の中でどのような時期と位置づけられるでしょうか。朝は、それ以降の時間のためのすごし方をするものではありません。朝のすごし方は、それ自体がとても大切なものであるといえるでしょう。

　また、エリクソンは、人生を8つの段階に分け、それぞれで経験すべき課題（**葛藤体験**）があるとしました（次頁、図表1-4参照）。これらの課題は、成功のみが評価されるのではなく、失敗を経験する必要性もあるとし、両者をバランスよく経験することで、正常な成長につながるとする考え方に基づいています。

人生周期 （発達段階）	経験すべき課題 （その時期に必要とする葛藤体験）	獲得する心性 （その後の人生の活力）
Ⅰ 乳児期 （0〜1歳）	基本的信頼 vs 不信感	希望
Ⅱ 幼児前期 （1〜3歳）	自律性 vs 恥・疑惑	意志
Ⅲ 幼児後期 （3〜6歳）	自発性 vs 罪悪感	目的
Ⅳ 学童期 （6〜12歳）	勤勉性 vs 劣等感	有能感
Ⅴ 思春期 （12〜18歳）	自我同一性 vs 同一性拡散	忠誠
Ⅵ 初期成人期 （18歳〜20代）	親密性 vs 孤立感	愛
Ⅶ 成人後期 （30〜50代）	生殖性 vs 没我・停滞	世話
Ⅷ 成熟期 （60代以降）	統合性 vs 絶望感	英知

※図表内の用語はあくまで訳語の一つにすぎない。

［図表 1-4］エリクソンの構想した８つの段階

（5）各発達段階で身につけてほしい「心性」と保育者の基本姿勢

　先に示したエリクソンの発達段階において身につけてほしい「心性」とそこから考えられる「保育者の基本姿勢」を学ぶために、図表1-4のⅠ〜Ⅲの乳幼児期にのみ焦点をあてて整理していきましょう。

☞ 心性

　広辞苑では「①こころ、②天性。うまれつき。（以下略）」とあります。ここでは、相対する葛藤体験を経て、獲得してほしい人生の活力となる心を意味します。

① Ⅰ　乳児期：身につけてほしい心性 ──「希望」

　乳児期には、自分の思いを身近にいる大人が受け止めてくれることにより、自分が表現することは意味をもつのだという確信から、大人（ひいては自分を取り巻く世界）に対する信頼をもつようになります。そのような感覚に伴い、いろいろな人に助けてもらいながら生きていける、という希望をもつのです。たとえば、泣いたときにすぐに理由を理解してもらえて得る信頼感と、わかってもらえず得る不信感を繰り返し体験することで、相手に対して伝わることへの希望をもつようになります。

② Ⅱ　幼児前期：身につけてほしい心性 ──「意志」

　幼児前期には、自分の体を自分でコントロールで

きるようになることに伴い、自分の体に対する信用に支えられた信頼（自信）をもちます。また、“自分で”やってみたいという思いを強くもつようにもなります。たとえば、排泄の自立に向けて、自分をコントロールできる体験と、自分にはできるのだろうかという疑惑（不安）や、失敗ははずかしいという体験を繰り返すことによって、自分の意志が大切であることを学ぶのです。

③　Ⅲ　幼児後期：身につけてほしい心性 ──「目的」

幼児後期になると、試行錯誤を繰り返していく中で、失敗をしてもやり直せるという経験を積み重ね、課題に向き合うことのおもしろさとそれを乗り越える達成感を味わうようになります。さまざまな遊びを通して、自分のイメージ世界を広げる中で、希望に支えられた夢をもちます。たとえば、自分でやりたいと思い最後まで一生懸命取り組む経験と、遊びの中ですぐにやめてしまいたいと感じる後悔や友達への罪悪感の狭間で、目的をもって最後まで取り組むことの大切さを学ぶのです。

ここでは、それぞれの時期に経験することと、そこから獲得する心性について学んできました。“プラスの経験”と“マイナスの経験”と簡単に分けることができないさまざまな経験をしつつ、人は育っていくのです。その子ども一人一人の葛藤体験に温かい眼差しを向けることができる保育者を目指してほしいと思います。

Work 1-3

　エリクソンの発達段階での身につけてほしい「心性」を踏まえて、乳児期、幼児前期、幼児後期における保育者に求められる姿勢は具体的にどのようなものかを考えまとめてみましょう。

発達段階	保育者に求められる姿勢
1. 乳児期	
2. 幼児前期	
3. 幼児後期	

Unit 2 保育に関する諸法令など からみる保育の原理

Unit 2 では、公的機関である幼稚園や保育所、認定こども園がどのような管轄に属し、どのような法的根拠に基づいて運営されているのかを具体的に確認していきたいと思います。

1. 保育所・幼稚園・認定こども園とは

(1) 保育所

保育所は、児童福祉法に定められた「児童福祉施設」でこども家庭庁が管轄しています。1歳に満たない乳児から小学校就学の年の満6歳になるまでの保護者の就労などにより、保育を必要とする子どもに入園資格があります。保育所の保育内容は、厚生労働省による保育所保育指針に定められており、保育士資格を有する「保育士」が保育を行います。1日の保育時間は原則8時間ですが、延長保育などそれ以外の時間も保護者のニーズに合わせて保育を行います。保育所保育指針の総則に「養護及び教育を一体的に行うこと」とあるように、長時間保育を行う保育所では、養護と教育の両方が一体となって展開されることが求められています。また、保育所には、在園児の保護者や地域の子育て家庭に対する支援を行うことも役割として明示されています。

保育所への入園の場合は、保育が必要な事由が生じた場合、保育の必要性の認定を受けることが 2015（平成 27）年度より必要となっています。認定は、①事由（就労、妊娠・出産、保護者の疾病・障害、同居親族等の介護・看護、災害復旧、求職活動、就学、虐待や DV の恐れ、育児休業取得時にすでに保育を利用していること、その他市町村が定める事由）、②区分：保育必要量（保育標準時間・保育短時間）、③優先利用（ひとり親家庭、生活保護世帯、生計中心者の失業により就労の必要性が高い場合、虐待や DV の恐れがある場合など、社会的養護が必要な場合、子どもが障害を有する場合、育児休業明け、兄弟姉妹（多胎児を含む）が同一の保育所等の利用を希望する場合、小規模保育事業などの卒園児童、その他市町村が定める事由）の3つを踏まえ、必要性認定・指数（優先順位）づけがなされることになりました。

また、保育所は以前までの「措置」ではなく、「**選択・契約**」できるようになりま

したが、家庭の判断で各保育所に入園を申し込むのではなく、市町村が認定をし、その後利用調整が行われ、入園先が決定していくという流れとなります。年度はじめに入園できる子どもの人数がおそらく一番多いでしょう。しかし、保護者の仕事復帰や離職などの事情により、年度途中で入園する場合や退園する場合も多くあります。

(2) 幼稚園

　幼稚園は、学校教育法に定められた「学校」で文部科学省が管轄しています。しかし、小学校や中学校のような義務教育ではありません。希望する満3歳から小学校就学の年の満6歳になるまでの子どもの入園が可能です。幼稚園の保育内容は、幼稚園教育要領に定められており、幼稚園教諭普通免許状（専修、一種、二種）を有する「幼稚園教諭」が保育を行います。1日の教育時間は4時間を標準として、それ以外の時間も預かり保育などで保育を行う園が近年増えており、子どもたちの在園時間が長くなってきています。また、教育週数というものが定められており、年間、39週を下まわらない形で夏休みや冬休みなどが設けられています。

　幼稚園の場合、家庭の判断で園を選び、入園申し込みをします。同じ幼稚園に入園する場合でも、各家庭の判断で3年間通わせる場合もあれば、2年間通わせる場合もあります。多くの場合、年度はじめに入園します。しかし、近年、満3歳の誕生日から入園できる園も増え、年度途中の入園も見られるようになってきました。

(3) 認定こども園

　認定こども園は、就学前の子どもに関する教育、保育等の総合的な提供の推進に関する法律（通称「認定こども園法」）に定められた幼稚園と保育所の機能を併せもつ施設でこども家庭庁が管轄しています。また、認定こども園には、地域の実情に応じた多様なタイプが定められており、次の4つの類型があります。

【幼保連携型】認可幼稚園と認可保育所が連携して、一体的な運営を行うことにより、認定こども園としての機能を果たすタイプ

【幼稚園型】認可幼稚園が、保育が必要な子どものための保育時間を確保するなど、保育所的な機能を備えて認定こども園としての機能を果たすタイプ

【保育所型】認可保育所が、保育が必要な子ども以外の子どもも受け入れるなど、幼稚園的な機能を備えることで認定こども園としての機能を果たすタイプ

【地方裁量型】幼稚園・保育所いずれの認可もない地域の教育・保育施設[※]が、認定こども園として必要な機能を果たすタイプ（※たとえば、東京都における「認証保育所」など）

Ⅱ 保育実践の現状から学ぶ

check 保育所や幼稚園、認定こども園の生活などは類似する部分が多くありますが、入園式、卒園式という言葉は特に保育所ではあまり使われないようになりつつあります。卒園式ではなく「就学を祝う会」などと称する会が3月中旬に行われ、会の後の3月末まで子どもたちは保育所に通うことが多いようです。

	保育所	幼稚園	認定こども園
法規	児童福祉法　第39条（児童福祉施設）	学校教育法　第22条（学校教育施設）	就学前の子どもに関する教育、保育等の総合的な提供の推進に関する法律
所管	こども家庭庁	文部科学省	こども家庭庁
対象	保育を必要とする乳児・幼児	満3歳から小学校就学の始期に達するまでの幼児（「学校教育法」第26条）	満3歳以上の子どもおよび満3歳未満の保育を必要とする子ども
設置者	地方自治体、社会福祉法人等（児童福祉法35条）	国、地方公共団体、学校法人等（学校教育法第2条）	
運営の基準	「児童福祉施設の設備及び運営に関する基準」（児童福祉法施行令第45条に基づく内閣府令）	「学校教育法施行規則」第36〜39条「幼稚園設置基準」（学校教育法に基づく文部科学省令）	「幼保連携型認定こども園の学級の編制、職員、設備及び運営に関する基準」「認定こども園法」第13条
入園条件	保育の必要性が認められた場合（市町村が認定）	保護者が幼児教育を受けさせることを希望する場合（家庭の判断）	
入園	市町村に保育の必要性の認定を受けるための手続きを申請し、認定を受ける。その後、保育利用希望の申し込み、利用調整後、保護者が市町村もしくは施設・事業者と契約する。	・入園の時期は、学年のはじまり（4月）が一般的である。・満3歳の誕生日から入園できる。・就園を希望する保護者と幼稚園設置者の契約による（直接契約）。	
保育時間	・原則として、1日8時間、その地方における乳幼児の保護者の労働時間、その他家族状況等を考慮して保育所の長が定める（「児童福祉施設の設備及び運営に関する基準」第34条）。・延長保育・夜間保育・休日保育も実施	・毎学年教育週数は、特別の事情がある場合を除き、39週を下ってはならない（「学校教育法施行規則」第37条）。・幼稚園の1日の教育時間は、4時間を標準とすること。ただし、幼児の心身の発達の程度や季節などに適切に配慮すること。	4時間利用ないしは11時間利用
保育内容の基準	保育所保育指針・保育所における保育は養護及び教育を一体的に行うことをその特性とし、その内容については厚生労働大臣が定める指針に従う（「児童福祉施設の設備及び運営に関する基準」第35条）。・学級編成—特に規程はない。	幼稚園教育要領・幼稚園の教育課程その他の保育内容に関する事項は、第22条及び第23条の規定に従い、文部科学大臣が定める（「学校教育法」第25条）。・学級編成—原則同一年齢の幼児で編成することとなっている。	幼保連携型認定こども園教育・保育要領
免許・資格	・指定保育士養成施設卒業・保育士試験（短期大学卒業程度で受験・8科目）・上記の保育士資格を有する者（「児童福祉法」第18条の6）が申請し、保育士登録、保育士登録証交付（「児童福祉法」第18条の18）	・幼稚園教諭普通免許状（「教育職員免許法」）・専修（大学院修了）、1種（大学卒業）、2種（短期大学卒業）	保育教諭（保育士資格および幼稚園教諭普通免許の両免許資格取得者）
学級	保育所の場合は、1学級あたりの乳幼児数の基準はない。しかし、保育士1人あたりの乳幼児の数は乳児は3人、1〜3歳未満児は6人、3〜4歳未満児は20人、4歳以上児は30人（「児童福祉施設の設備及び運営に関する基準」第33条の2）	一学級あたりの幼児数は、原則として35人以下	0〜2歳児に対しては保育所と同様の配置が望ましい。3〜5歳児はおおむね子ども20〜35人に1人
給食	義務（「児童福祉施設の設備及び運営に関する基準」第11条、第32条の2）	任意（幼稚園設置基準第11条）	自園調理が原則（調理室の設置義務あり）

check 学校教育法の2000年の改正前までは、満3歳をすぎた4月から幼稚園に通う4月入園でしたが、この改正により、満3歳の誕生日をすぎた時点での入園も増えました。

check 以前は保育所の入所は「措置」という言葉でしたが、現在は「選択」となり、契約するという意味に変わりました。

check 原則は8時間ですが、一般的な保護者の労働時間が8時間のため、原則の8時間では対応できず、実際には12時間前後の保育が多くなっています。

check 保育所では、学級編成の規程がないため、3・4・5歳児の混合クラス（縦割り保育）や1・2歳児クラスがある園も見られます。

check 教育時間は4時間が標準とされていますが、近年、預かり保育の実施などにより、実際には長時間園ですごす子どもも多くなっています。

[図表 2-1] 保育所・幼稚園・認定こども園の比較

　幼保連携型であれば、学校教育法に基づく「学校」と児童福祉法に基づく「児童福祉施設」の両方の機能、幼稚園型であれば学校教育法に基づく「学校」に保育所の機能が付加、保育所型であれば児童福祉法に基づく「児童福祉施設」に幼稚園の機能が付加されていることになります。地方裁量型は幼稚園や保育所の認可を受けた施設ではありませんが、認定こども園として必要な要件を満たした施設ということになります。本書で認定こども園を指す場合は、幼保連携型認定こども園について解説します（なお、幼稚園型は幼稚園の内容を、保育所型は保育所の内容を参考にしてください）。

　認定こども園では、満3歳以上の子どもと保育が必要な3歳未満の子どもの入園が可能となっています。保育所保育指針、幼稚園教育要領と同様に、認定こども園の保育内容は、**幼保連携型認定こども園教育・保育要領**（以下、教育・保育要領）が示されています。幼保連携型認定こども園は学校教育と保育を一体的に提供する施設であるため、配置される職員としては幼稚園教諭免許と保育士資格の両方の免許資格を有する**保育教諭**が保育を行います。なお、現段階では保育教諭という免許はなく、あくまでも認定こども園で働く保育士資格と幼稚園教諭免許の双方を有する職種名となります。保育時間は、0歳児は保育所と同様となりますが、3歳以上の子どもの保育時間は、短時間（4時間程度）・長時間（8時間程度）について柔軟に選ぶことができます。一般的な認定こども園での一日の生活例を示しましたので見てみましょう。

		7:30	9:00	12:00	14:00	17:00	19:30
		順次登園				順次降園	
0〜2歳児							
3〜5歳児	長時間利用児		← 共通利用時間（4時間程度）→ ※学級による教育活動が共通で行われる。			←たとえば、短時間利用児は14時に一斉降園。その後、必要に応じて預かり保育となる。	
	短時間利用児						

[図表 2-2] 認定こども園の一日の生活の一例

　このように、保育時間の異なる子どもたちが「ともに生活する」ため、さまざまな配慮が必要となってきます。

　ここまで、保育所、幼稚園、認定こども園について説明してきました。前頁図表2-1にそれぞれを比較した一覧表を示しましたので確認しておきましょう。

2. 保育に関連する諸法令の体系

　次に保育所、幼稚園、認定こども園が具体的にどのような法的な体系の中で位置づけられているのか、保育に関する諸法令から学んでいきましょう。

日本国憲法：日本の現行憲法であり、いずれの法令もここにのっとって定められている。

保育所は……

社会福祉法：社会福祉について規定している法律である。

児童福祉法：児童の福祉を担当する公的機関の組織や、各種施設及び事業に関する基本原則を定める法律である。社会福祉六法の1つ。

児童福祉法施行令：児童福祉法に基づき定められた政令であり、児童福祉に関する規定と認可、届出、指定などに関する規定を主に行う。

児童福祉法施行規則：児童福祉法、児童福祉法施行令の下位法として定められた厚生労働省が所管する省令である。

児童福祉施設の設備及び運営に関する基準：児童福祉法の第45条の規定に基づき、厚生労働省が定めた児童福祉施設を設置するのに必要な最低の基準である。

保育所保育指針：厚生労働省が告示する保育所における保育の内容に関する事項及びこれに関する運営事項を定めたものである。

幼稚園は……

教育基本法：①教育についての原則を規定している法律である。②日本国憲法の精神にのっとり、日本の未来を切り拓く教育の基本を確立し、その振興を図るため制定された法律である。

学校教育法：①学校教育制度の根幹を定める法律である。②日本国憲法・教育基本法の理念を受けて、学校制度の基準を定めた法律である。

学校教育法施行令：学校教育法に基づき定められた政令であり、義務教育に関する規定と認可、届出、指定に関する規定を主に行う。

学校教育法施行規則：学校教育法、学校教育法施行令の下位法として定められた文部科学省が所管する省令である。

幼稚園設置基準：学校教育法第3条の規定に基づき、文部科学省が定めた幼稚園を設置するのに必要な最低の基準である。

幼稚園教育要領：文部科学省が告示する幼稚園における教育課程の基準のことである。

幼保連携型認定こども園は……

社会福祉法および教育基本法

児童福祉法および学校教育法

就学前の子どもに関する教育、保育等の総合的な提供の推進に関する法律（通称「認定こども園法」）：認定こども園の制度の根幹を定める法律である。認定こども園の設置における、学校教育法や児童福祉法の特例について規定している。

就学前の子どもに関する教育、保育等の総合的な提供の推進に関する法律施行令：認定こども園法に基づき定められた政令であり、認定こども園に関する規定と認可、届出、指定に関する規定を主に行う。

就学前の子どもに関する教育、保育等の総合的な提供の推進に関する法律施行規則：認定こども園法、同施行令の下位法として定められた内閣府、文部科学省、厚生労働省が所管する省令である。

幼保連携型認定こども園の学級の編制、職員、設備及び運営に関する基準：認定こども園法第13条の規定に基づき、内閣府、文部科学省、厚生労働省が認定こども園を設置するのに必要な最低の基準である。

幼保連携型認定こども園教育・保育要領：内閣府、文部科学省、厚生労働省が認定こども園の保育の内容に関する事項及びこれに関する運営事項を定めたものである。

［図表2-3］保育に関連する諸法令

　図表2-3に示した通り、保育所、幼稚園、認定こども園の保育内容はそれぞれの流れの中で明確に定められているのです。続いて、さらにそれぞれの法令の中で、どのような文言が書かれているのか、確認してみましょう。本書巻末資料やホームページ、書籍などで、自分自身で調べて書き込みながら覚えていくことを大事にしていくこととします。以下の Work の空欄部分にあてはまる言葉を入れていきましょう。

Work 2

　前頁の図表2-3で確認した法令について、ホームページや書籍などで自分で調べて空欄に書き込み表を完成させましょう。

※なお、各法令の条文の掲載順は法令が示す類似する内容が、なるべくとなり合う（近くになる）よう、一部、条文の順序を入れ替えて掲載している。

日本国憲法

第25条
・すべて国民は、（1.　　　　　）で（2.　　　　　）な最低限度の（3.　　　　　）を営む権利を有する。
②国は、すべての生活部面について、社会（4.　　　　　）、社会保障及び公衆衛生の向上及び（5.　　　　　）に努めなければならない。

第26条
・すべての国民は、法律の定めるところにより、その能力に応じて、ひとしく教育を受ける（6.　　　　　）を有する。
②すべての国民は、法律の定めるところにより、その保護する子女に普通教育を受けさせる（7.　　　　　）を負ふ。義務教育は、これを無償とする。

社会福祉法

第1条（目的）
・この法律は、社会福祉を目的とする事業の全分野における（8.　　　　　）を定め、社会福祉を目的とする他の法律と相まつて、福祉サービスの利用者の（9.　　　　　）の（10.　　　　　）及び（11.　　　　　）における社会（12.　　　　　）（以下「地域福祉」という。）の推進を図るとともに、社会福祉事業の公明かつ適正な実施の確保及び社会福祉を目的とする事業の健全な発達を図り、もつて社

教育基本法

第1条（教育の目的）
・教育は、（13.　　　　　）の完成を目指し、平和で民主的な国家及び社会の（14.　　　　　）として必要な資質を備えた心身ともに健康な国民の育成を期して行われなければならない。

第2条（教育の目標）
・教育は、その目的を実現するため、学問の（15.　　　　　）を尊重しつつ、次に掲げる目標を達成するよう行われるものとする。
一　幅広い知識と教養を身に付け、真理を求める（16.　　　　　）を養い、豊かな（17.　　　　　）と（18.　　　　　）を培うとともに、健やかな身体を養うこと。
二　個人の（19.　　　　　）を尊重して、その能力を伸ばし、（20.　　　　　）を培い、（21.　　　　　）及び（22.　　　　　）の

（社会福祉法）

会 福 祉 の （23.　　　　　）
に資することを目的とする。

第3条（福祉サービスの基本的理念）

・福 祉 サ ー ビ ス は、 個 人 の
（24.　　　　　） の 保 持 を 旨
とし、その内容は、福祉サービ
ス の （25.　　　　　） が
心 身 と も に 健 や か に 育 成 さ
れ、 又 は そ の 有 す る 能 力 に 応
じ（26.　　　　　）した日
常 生 活 を 営 む こ と が で き る よ
う に （27.　　　　　） す
るものとして、良質かつ適切
なものでなければならない。

第2条（定義）

・この法律において「社会福祉事業」
とは、第1種社会福祉事業及び第
2種社会福祉事業をいう。

3　次に掲げる事業を第2種社会福
祉事業とする。

二　児童福祉法に規定する障害児通
所支援事業、障害児相談支援事業、
児童自立生活援助事業、放課後児
童健全育成事業、子育て短期支援
事業、乳児家庭全戸訪問事業、養
育支援訪問事業、地域子育て支援
拠点事業、一時預かり事業、小規
模住居型児童養育事業、小規模保
育事業、病児保育事業、子育て援
助活動支援事業、親子再統合支援
事業、社会的養護自立支援拠点事
業、意見表明等支援事業、妊産婦
等生活援助事業、子育て世帯訪問
支援事業、児童育成支援拠点事業
又は親子関係形成支援事業、同法
に規定する助産施設、（28.
　　　　　）、児童厚生施設、児童家庭支
援センター又は里親支援センター
を経営する事業及び児童の福祉の
増進について相談に応ずる事業。

（教育基本法）

精神を養うとともに、職業及び生活との関連を
重視し、（29.　　　　　）を重んずる態度を養う
こと。

三　正義と（30.　　　　　）、（31.　　　　　）
の平等、自他の敬愛と（32.　　　　　）を重
んずるとともに、（33.　　　　　）の精神に
基づき、（34.　　　　　）に社会の形成に参
画し、その発展に寄与する態度を養うこと。

四　（35.　　　　　）を尊び、（36.　　　　　）
を大切にし、（37.　　　　　）の保全に寄与
する態度を養うこと。

五　（38.　　　　　）と（39.　　　　　）を
尊重し、それらをはぐくんできた我が国と郷土
を（40.　　　　　）とともに、他国を尊重
し、国際社会の平和と発展に寄与する態度を養
うこと。

第10条（家庭教育）

・父母その他の（41.　　　　　）は、子の教育
について（42.　　　　　）を有するもので
あって、生活のために必要な（43.　　　　　）
を身に付けさせるとともに、（44.　　　　　）
を育成し、心身の調和のとれた発達を図るよう
努めるものとする。

2　国及び地方公共団体は、家庭教育の
（45.　　　　　） を 尊 重 し つ つ、
（46.　　　　　）に対する学習の機会
及び情報の提供その他の家庭教育を
（47.　　　　　）するために必要な施策を
講ずるよう努めなければならない。

第11条（幼児期の教育）

・幼児期の教育は、（48.　　　　　）にわたる
（49.　　　　　） 形 成 の （50.　　　　　）
を培う重要なものであることにかんが
み、国及び地方公共団体は、幼児の健やか
な成長に資する良好な（51.　　　　　）
の整備その他適当な方法によって、その
（52.　　　　　）に努めなければならない。

本書 p.25「児童福祉法」へ　　　　本書 p.26「学校教育法」へ

児童福祉法

第1条（児童福祉の理念）

・全て児童は、（53.　　　　　　　　　　　　　　　）の精神にのつとり、適切に養育されること、その生活を保障されること、愛され、（54.　　　　　　　　）されること、その心身の健やかな成長及び発達並びにその（55.　　　　　）が図られることその他の福祉を等しく保障される権利を有する。

第2条（児童育成の責任）

・全て国民は、児童が良好な（56.　　　　　）において生まれ、かつ、社会のあらゆる分野において、児童の年齢及び発達の程度に応じて、その意見が（57.　　　　　）され、その（58.　　　　　　　　　）が優先して考慮され、心身ともに健やかに育成されるよう努めなければならない。

②　児童の保護者は、児童を心身ともに（59.　　　　　　　　）育成することについて（60.　　　　　　　　　）を負う。

③　国及び地方公共団体は、児童の保護者とともに、児童を心身ともに健やかにする責任を負う。

第3条（原理の尊重）

・前2条に規定するところは、児童の福祉を保障するための（61.　　　　　　　）であり、この原理は、すべて児童に関する法令の施行にあたつて、常に尊重されなければならない。

第4条（児童の定義）

・この法律で、（62.　　　　　）とは、（63.　　　　　　　　）に満たない者をいい、児童を左のように分ける。

1　乳児　（64.　　　　　　　）に満たない者

2　幼児　（65.　　　　　　　）から、（66.　　　　　　　　　）に達するまでの者

3　少年　（67.　　　　　　）から、（68.　　　　　）に達するまでの者

第39条（保育所の目的）

・保育所は、保育を（69.　　　　　）とする乳児・幼児を日々（70.　　　　　　　　）の下から通わせて保育を行うことを目的とする施設（利用定員が20人以上であるものに限り、幼保連携型認定こども園を除く。）とする。

②　保育所は、前項の規定にかかわらず、特に必要があるときは、保育を必要とするその他の（71.　　　　　）を日々保護者の下から通わせて保育することができる。

第39条の2

・幼保連携型認定こども園は、（72.　　　　　　）及びその後の教育の基礎を培うものとしての満3歳以上の幼児に対する教育（教育基本法（平成18年法律第120号）第6条第1項に規定する法律に定める学校において行われる教育をいう。）及び保育を必要とする乳児・幼児に対する保育を（73.　　　　　）に行い、これらの乳児又は幼児の健やかな成長が図られるよう適当な環境を与えて、その心身の発達を（74.　　　　　）することを目的とする施設とする。

②　幼保連携型認定こども園に関しては、この法律に定めるもののほか、認定こども園法の定めるところによる。

第48条の4（保育所の情報提供等）

・保育所は、当該保育所が主として利用される地域の住民に対して、その行う保育に関し情報の提供を行わなければならない。

②　保育所は、当該保育所が主として利用される地域の住民に対して、その行う保育に支障がない限りにおいて、乳児、幼児等の保育に関する（75.　　　　）に応じ、及び（76.　　　　）を行うよう努めなければならない。

③　保育所に勤務する保育士は、乳児、幼児等の保育に関する相談に応じ、及び助言を行うために必要な（77.　　　　）及び（78.　　　　　）の修得、維持及び向上に努めなければならない。

<table>
<tr><td colspan="2" align="center">**学校教育法**</td></tr>
</table>

第1条（学校の範囲）
・この法律で、学校とは、（79.　　　　　　　）、小学校、中学校、義務教育学校、
　高等学校、中等教育学校、特別支援学校、大学及び高等専門学校とする。

第2条（学校設置者）
②　この法律で、（80.　　　　　）とは、国の設置する学校を、（81.　　　　　）とは、地
　方公共団体の設置する学校を、（82.　　　　　）とは、学校法人の設置する学校をいう。

第22条（幼稚園の目的）
・幼稚園は、義務教育及びその後の教育の（83.　　　　　　）を培うものとして、幼児を
　保育し、幼児の健やかな成長のために適当な環境を与えて、その心身の発達を助長す
　ることを目的とする。

第23条（幼稚園の目標）（省略）

第24条（家庭及び地域への支援）
・幼稚園においては、第22条に規定する目的を実現するための教育を行うほか、幼
　児期の教育に関する各般の問題につき、保護者及び地域住民その他の関係者からの
　（84.　　　　　）に応じ、必要な（85.　　　　　　）の提供及び（86.　　　　　　）
　を行うなど、家庭及び地域における幼児期の教育の支援に努めるものとする。

第25条（教育課程・保育内容）
・幼稚園の教育課程その他の保育内容に関する事項は、第22条及び第23条の規定に
　従い、（87.　　　　　　　　）が定める。（②③省略）

第26条（入園資格）
・幼稚園に入園することのできる者は、（88.　　　　　　　）から、（89.　　　　　　　）
　の（90.　　　　　　　）に達するまでの（91.　　　　　　　）とする。

 ## 3. こども基本法

こども基本法は、こども施策を社会全体で総合的かつ強力に推進していくための包括的な基本法として、2023（令和5）年より施行されました。第1条の「生涯にわたる人格形成の基礎」などの文言は、すでに保育所保育指針や幼稚園教育要領、教育・保育要領に記されているものであるため、保育者にとっては当たり前のことだったといえるでしょう。しかし、このたび、「国の責務等を明らかにし」という文言や「こども施策を総合的に推進することを目的とする」とし、国としての取り組むべき課題として明記されたのは大きな意味をもちます。「こどもまんなか」というスローガンを掲げ、**こども家庭庁**が同年、設置されたことも併せて覚えておきましょう。

☞ **こども基本法の目的（第1条）**

こども基本法の目的として、同法第1条には「この法律は、日本国憲法及び児童の権利に関する条約の精神にのっとり、次代の社会を担う全てのこどもが、生涯にわたる人格形成の基礎を築き、自立した個人としてひとしく健やかに成長することができ、心身の状況、置かれている環境等にかかわらず、その権利の擁護が図られ、将来にわたって幸福な生活を送ることができる社会の実現を目指して、社会全体としてこども施策に取り組むことができるよう、こども施策に関し、基本理念を定め、国の責務等を明らかにし、及びこども施策の基本となる事項を定めるとともに、こども政策推進会議を設置すること等により、こども施策を総合的に推進することを目的とする」と記されています。

Unit 3 保育所保育指針、幼稚園教育要領、教育・保育要領にみる保育の原理

Unit 3 では、Unit 2 で学んだ保育所・幼稚園・認定こども園の共通するところ、異なっているところをより深く学ぶため、それぞれのところで保育をするにあたってガイドラインとして位置づけられている保育所保育指針、幼稚園教育要領、教育・保育要領についてしっかり学んでいくこととしましょう。

1. 幼稚園教育要領、保育所保育指針、教育・保育要領の変遷

戦後、1947（昭和22）年に、児童福祉法と学校教育法が制定され、「保育所」「幼稚園」の新しい歴史がはじまりますが、それに際して、**倉橋惣三**をはじめとする保育・幼児教育の専門家によって、1948（昭和23）年に**保育要領**が刊行されます。副題には「幼児教育の手びき」と記され、幼稚園保育（教育）の手引きならびに保育所保育、家庭の育児の参考書として編集、刊行されました。その中の「幼児の保育内容」には「楽しい幼児の経験」と副題が示されており、子どもの自由で自発的な活動を大切にした内容となっています。

その後、倉橋の理念を引継いだ**坂元彦太郎**を中心に幼稚園教育要領が作成され、のちに**山下俊郎**を中心に保育所保育指針が作成されます。かつては幼稚園教育要領の改訂に合わせる形で改訂されてきた保育所保育指針が、2008（平成20）年、時期を同じくして改訂され、**告示化された**ことは大きな意味をもちます。

そして、2012（平成24）年、認定こども園法の第2条により、幼保連携型認定こども園は、学校および児童福祉施設としての単一の施設であることが示され、2014（平成26）年に内閣府、文部科学省、厚生労働省の3省より教育・保育要領が告示されます。2017（平成29）年には、保育所保育指針、幼稚園教育要領、教育・保育要領のそれぞれが改訂され、現在に至ります。

幼稚園教育要領、保育所保育指針、教育・保育要領の改訂の流れをまとめると、次頁の図表3-1のようになります。

幼稚園 教育要領	保育所 保育指針	教育・ 保育要領	改訂（改定）の主な内容
1956 （昭和31）年	ー	ー	文部省（現：文部科学省）が、教育課程の基準としてより大綱化を図る等の観点から、幼稚園教育要領として保育要領の全面改訂を行った。
1964 （昭和39）年	1965 （昭和40）年	ー	それまでの幼稚園教育要領での実施の経験に即し、幼稚園教育の課程の基準として確立し、幼稚園教育の独自性について明確化にし、教育課程の構成についての基本的な考え方を明示するなどの観点から全面改訂を行った。 また、保育所保育指針は、幼稚園教育要領告示の1年後に厚生省（現：厚生労働省）児童家庭局から、はじめて『保育所保育指針』が刊行された。
1989 （平成元）年	1990 （平成2）年	ー	幼稚園教育要領のこの改訂の主な内容は、「(1) 幼稚園教育の基本を明確に示すことにより、幼稚園教育に対する共通理解が得られるようにすること」「(2) 社会変化に適切に対応できるように重視すべき事項を明らかにして、それが幼稚園教育の全体を通して十分に達成できるようにすること」の2つの観点から全面改訂が行われた。またこれまでの6領域（健康・社会・自然・言語・音楽リズム・絵画製作）から5領域（健康・人間関係・環境・言葉・表現）に再編成された。 保育所保育指針では、保育所保育の特性である「養護と教育の一体性」を基調としつつ、入所児童の「生命の保持」と「情緒の安定」にかかわる事項が記載され、保育内容の年齢区分を細分化するとともに、障害児保育に関する記述も明記された。幼稚園教育要領との整合性を図るため、6領域から5領域に改正された。
1998 （平成10）年	1999 （平成11）年	ー	幼稚園教育要領では、教師が計画的に環境を構成することや幼児の活動の場面に応じて、さまざまな役割を果たすことを明確にすることや、小学校との連携や幼稚園運営の弾力化を明示するなどの観点から改訂が行われた。 保育所保育指針では、地域子育て支援の役割、体罰の禁止やプライバシーの保護、地域や各機関との連携についてもあらたに明記された。保育内容についても「保育士の姿勢と関わりの視点」の項目が加えられた。
2008 （平成20）年	2008 （平成20）年		幼稚園教育要領のこの改訂では、幼稚園における子育て支援について明記され、預かり保育について明示されるようになった。 保育所保育指針では、この改訂（改定）より「通知」から「告示」となり、法的拘束力をもつ改定となった。
ー	ー	2014 （平成26）年	幼保連携型認定こども園における教育および保育の内容等を示したものであり、内閣総理大臣、文部科学大臣、厚生労働大臣名で告示された。1・2・3号認定の子どもたちが共に生活をする場である特性に配慮し、幼稚園教育要領と保育所保育指針の整合性が図られ策定された。
2017 （平成29）年	2017 （平成29）年	2017 （平成29）年	はじめて3法令が同時に改訂され、幼稚園・保育所・認定こども園のいずれも日本の幼児教育施設であることが明示され、共有すべき事項として、「育みたい資質・能力」「幼児期の終わりまでに育ってほしい姿」が同一文言で示された。 保育所保育指針においては、保育所保育の特色である養護と教育の一体の内容を示す「養護」に関しては、第1章総則で触れられている。また、保育所保育指針、教育・保育要領の保育の内容を「乳児保育」「1歳以上3歳未満児」「3歳以上児」の3つに分けて記し、0～2歳児の保育に関する記述を充実させた。

［図表 3-1］ 幼稚園教育要領・保育所保育指針の改訂の流れ

2. 保育所保育指針、幼稚園教育要領、教育・保育要領の比較

　では、現行の保育所保育指針、幼稚園教育要領、教育・保育要領の全体構成および第1章の構成を見ていきましょう。

　図表3-2のとおり、保育所保育指針、幼稚園教育要領、教育・保育要領の章立ては、示されている内容や量には違いがありますが、それぞれ第1章に総則、第2章に保育内容と共通している部分が多くあることに気づきます。また、図表3-3の第1章の構成を見ると、構成の順番などに違いはありますが、第1項目は基本や目標などが共通して示されていることがわかります。

　これら3法令は共通する事柄も多いため、ここでは保育所保育指針および幼稚園教育要領（および学校教育法）の内容について次頁のWorkを行い、具体的に確認していきましょう。

保育所保育指針	幼稚園教育要領	教育・保育要領
第1章　総則	第1章　総則	第1章　総則
第2章　保育の内容	第2章　ねらい及び内容	第2章　ねらい及び内容並びに配慮事項
第3章　健康及び安全 第4章　子育て支援 第5章　職員の資質向上	第3章　教育課程に係る教育時間の終了後等に行う教育活動などの留意事項	第3章　健康及び安全 第4章　子育ての支援

[図表 3-2] 保育所保育指針、幼稚園教育要領、教育・保育要領の全体構成

保育所保育指針	幼稚園教育要領	教育・保育要領
1　保育所保育に関する基本原則 2　養護に関する基本的事項 3　保育の計画及び評価 4　幼児教育を行う施設として共有すべき事項	第1　幼稚園教育の基本 第2　幼稚園教育において育みたい資質・能力及び「幼児期の終わりまでに育ってほしい姿」 第3　教育課程の役割と編成等 第4　指導計画の作成と幼児理解に基づいた評価 第5　特別な配慮を必要とする幼児への指導 第6　幼稚園運営上の留意事項 第7　教育課程に係る教育時間終了後等に行う教育活動など	第1　幼保連携型認定こども園における教育及び保育の基本及び目標等 第2　教育及び保育の内容並びに子育ての支援等に関する全体的な計画等 第3　幼保連携型認定こども園として特に配慮すべき事項

[図表 3-3] 保育所保育指針、幼稚園教育要領、教育・保育要領の第1章の構成

II 保育実践の現状から学ぶ

Work 3-1

　次にあげる保育所保育指針と幼稚園教育要領（および学校教育法）の「保育の目標」に関する事項について空欄を埋め、内容の比較をしてみましょう。

保育所保育指針	幼稚園教育要領・学校教育法
第1章 総則 1 保育所保育に関する基本原則 (2) 保育の目標	**幼稚園教育要領　第1章 総則　第3 教育課程の役割と編成等　2 各幼稚園の教育目標と教育課程の編成**
ア　保育所は、子どもが生涯にわたる人間形成にとって極めて重要な時期に、その生活時間の大半を過ごす場である。このため、保育所の保育は、子どもが現在を最も良く生き、望ましい（1.　　　　）をつくり出す力の基礎を培うために、次の目標を目指して行わなければならない。	教育課程の編成に当たっては，幼稚園教育において（34.　　　　　　　）を踏まえつつ，各幼稚園の教育目標を明確にするとともに，教育課程の編成についての基本的な方針が家庭や地域とも共有されるよう努めるものとする。
（ア）十分に養護の行き届いた（2.　　　　）の下に、（3.　　　　　　　　）の中で子どもの様々な（4.　　　　）を満たし、（5.　　　　　　）及び（6.　　　　　　）を図ること。	
（イ）（7.　　　）、（8.　　　　　）など生活に必要な基本的な（9.　　　　）や態度を養い、心身の健康の基礎を培うこと。	**学校教育法　第23条（目標）** （略） 1　健康、安全で幸福な生活のために必要な基本的な習慣を養い、身体諸機能の調和的発達を図ること。
（ウ）人との関わりの中で、人に対する（10.　　　　）と（11.　　　　）、そして（12.　　　　）を大切にする心を育てるとともに、（13.　　　　　）、（14.　　　　）及び（15.　　　　）の態度を養い、（16.　　　　）の芽生えを培うこと。	2　集団生活を通じて、喜んでこれに参加する態度を養うとともに家族や身近な人への信頼感を深め、（35.　　　）、（36.　　　　）及び協同の精神並びに（37.　　　　）の芽生えを養うこと。
（エ）（17.　　　　）、（18.　　　　　）及び（19.　　　）の事象についての（20.　　　）や（21.　　　）を育て、それらに対する（22.　　　　　　　）や（23.　　　　）の芽生えを培うこと。	3　身近な社会生活、（38.　　　　）及び（39.　　　）に対する興味を養い、それらに対する正しい理解と態度及び思考力の芽生えを養うこと。
（オ）生活の中で、言葉への（24.　　　　　）や（25.　　　　）を育て、話したり、聞いたり、相手の話を理解しようとするなど、（26.　　　　）を養うこと。	4　日常の会話や、絵本、童話等に親しむことを通じて、言葉の使い方を正しく導くとともに、相手の話を理解しようとする（40.　　　）を養うこと。
（カ）様々な体験を通して、豊かな（27.　　　　）や（28.　　　　）を育み、（29.　　　　）の芽生えを培うこと。	5　音楽、身体による表現、造形等に親しむことを通じて、豊かな（41.　　　　）と表現力の芽生えを養うこと。
イ　保育所は、入所する子どもの（30.　　　　）に対し、その（31.　　　　）を受け止め、子どもと保護者の（32.　　　　）した関係に配慮し、保育所の特性や保育士等の専門性を生かして、その（33.　　　）に当たらなければならない。	

Work 3-2

　次にあげる保育所保育指針の「保育の方法」と幼稚園教育要領の「幼稚園教育の基本」に関する事項について空欄を埋め、内容の比較をしてみましょう。

※なお、幼稚園教育要領の掲載順は保育所保育指針の内容に合わせた順（下線部）で示している。

保育所保育指針	幼稚園教育要領
第1章 総則 1 保育所保育に関する基本原則 **(3) 保育の方法** 　保育の目標を達成するために、保育士等は、次の事項に留意して保育しなければならない。 ア　一人一人の子どもの (1.　　　　) や家庭及び地域社会での (2.　　　　) の実態を把握するとともに、子どもが (3.　　　　) と (4.　　　　) を持って活動できるよう、子どもの主体としての (5.　　　　) や (6.　　　　) を受け止めること。 イ　子どもの (7.　　　　) を大切にし、健康、安全で情緒の安定した生活ができる環境や、(8.　　　　) を十分に (9.　　　　) できる環境を整えること。 ウ　子どもの発達について理解し、一人一人の (10.　　　　) に応じて保育すること。その際、子どもの (11.　　　　) に十分配慮すること。 エ　子ども (12.　　　　) や互いに (13.　　　　) する心を大切にし、集団における活動を効果あるものにするよう援助すること。 オ　子どもが (14.　　　　)・(15.　　　　) に関われるような環境を構成し、子どもの (16.　　　　) や子ども相互の関わりを大切にすること。特に、乳幼児期にふさわしい体験が得られるように、生活や遊びを通して (17.　　　　) に保育すること。 カ　一人一人の保護者の状況やその (18.　　　　) を理解、(19.　　　　) し、それぞれの親子関係や家庭生活等に配慮しながら、様々な機会をとらえ、適切に援助すること。	**第1章 総則　第1 幼稚園教育の基本** 　幼児期の教育は、生涯にわたる人格形成の (20.　　　　) を培う重要なものであり、幼稚園教育は、学校教育法に規定する目的を達成するため、幼児期の (21.　　　　) を踏まえ、(22.　　　　) を通して行うものであることを基本とする。 　このため、教師は幼児との信頼関係を十分に築き、(中略) 幼児と共によりよい教育環境を創造するように努めるものとする。これらを踏まえ、次に示す事項を重視して教育を行わなければならない。 　1　幼児は安定した情緒の下で自己を十分に発揮することにより発達に必要な体験を得ていくものであることを考慮して、幼児の (23.　　　　) な活動を促し、幼児期に (24.　　　　) 生活が展開されるようにすること。 　3　幼児の発達は、心身の諸側面が (25.　　　　) に関連し合い、多様な経過をたどって成し遂げられていくものであること、また、幼児の生活経験がそれぞれ異なることなどを考慮して、幼児一人一人の特性に応じ、(26.　　　　) に即した指導を行うようにすること。 　2　幼児の (27.　　　　) な活動としての遊びは、心身の調和のとれた発達の基礎を培う重要な学習であることを考慮して、(28.　　　　) を通しての指導を中心として第2章に示すねらいが (29.　　　　) に達成されるようにすること。

Unit 4　養護と教育の一体化について

　これまで、保育所と幼稚園、認定こども園はどのような法体系のもとに位置づけられているのか、また、何がどのような記述で示されているのかについて学びました。類似している部分、異なる部分が明確になったのではないでしょうか。これらのガイドラインには「保育」という言葉が各所に出てきますが、すべて同じ意味合いで使われているのでしょうか。そこで Unit 4 では、あらためて「保育」という言葉のもつ意味を確かめることからはじめ、その基本をおさえていきましょう。

1. 養護と教育の一体化した営みとしての保育

（1）「保育」という言葉のもつ意味を確かめる

児童福祉法、学校教育法における「保育」という言葉の使い方を見てみましょう。

> 児童福祉法第 39 条
> 　保育所は、保育を必要とする乳児・幼児を日々保護者の下から通わせて保育を行うことを目的とする施設（中略）とする。
>
> 学校教育法第 22 条
> 　幼稚園は、義務教育及びその後の教育の基礎を培うものとして、幼児を保育し、幼児の健やかな成長のために適当な環境を与えて、その心身の発達を助長することを目的とする。
>
> （下線、傍点筆者）

　このように、同じ「保育」という言葉を使っていますが、その意味合いが若干異なっていることがわかります。下線部の「保育」は、家庭における育児としての保育の意味合いが強く、傍点部の「保育」は、保育所や幼稚園における集団での保育の場を意味しています。

　辞書で「保育」という言葉を見てみましょう。広辞苑では「保育」とは「乳幼児を保護し育てること」と記載されており、このように、「保育」という言葉の中には、養護を含んだ教育作用であると一般的な辞書にも記されています。

(2) 保育所保育指針の記述から

では保育所保育指針の記述から次の Work を行い「養護」と「教育」の意味について確認していきましょう。

Work 4-1

次に示すものは、保育所保育指針で「養護」と「教育」に関する箇所を抜粋し、まとめたものです。空欄に適する語句を調べて書き込みましょう。

保育所保育指針　第1章 総則　1 保育所保育に関する基本原則　(1) 保育所の役割

ア　保育所は、児童福祉法第39条の規定に基づき、保育を必要とする子どもの保育を行い、その健全な心身の発達を図ることを目的とする児童福祉施設であり、入所する子どもの（1.　　　　　　　　）を考慮し、その福祉を積極的に増進することに最もふさわしい（2.　　　　　　　　）でなければならない。

イ　保育所は、その目的を達成するために、保育に関する専門性を有する職員が、家庭との緊密な連携の下に、子どもの状況や発達過程を踏まえ、保育所における環境を通して、<u>養護及び教育を一体的に行うこと</u>を特性としている。

保育所保育指針　第2章 保育の内容

この章に示す「ねらい」は、第1章の1の（2）に示された保育の目標をより具体化したものであり、子どもが保育所において、安定した生活を送り、充実した活動ができるように、保育を通じて育みたい資質・能力を、子どもの生活する姿から捉えたものである。また、「内容」は、「ねらい」を達成するために、子どもの生活やその状況に応じて保育士等が適切に行う事項と、保育士等が援助して子どもが環境に関わって経験する事項を示したものである。

保育における**「養護」**とは、子どもの（3.　　　　　　　）及び（4.　　　　　　　　）を図るために保育士等が行う援助や関わりであり、**「教育」**とは、子どもが健やかに成長し、その活動がより豊かに展開されるための発達の援助である。本章では、保育士等が、「（5.　　　　　　　）」及び「（6.　　　　　　　）」を具体的に把握するため、主に（7.　　　　　　　）に関わる側面からの視点を示しているが、実際の保育においては、<u>養護と教育が一体となって展開されること</u>に留意する必要がある。

（下線、強調筆者）

保育所保育指針においては、**「養護及び教育を一体的に行うこと」**が保育所保育の特性であると明記されており、その後に、「養護とは何か」「教育とは何か」が解説されています。よく誤解されることとして、保育所では教育は行われていないというものがありますが、それは誤りであることを確認しておきましょう。

（3）幼稚園教育要領の記述から

次に幼稚園教育要領の記述から次の Work を行い「教育」の意味について確認していきましょう。

 Work 4-2

次に示すものは、幼稚園教育要領の総則です。先にも確認しましたが、再度「教育」の意味について考えるため、空欄に適する語句を調べて書き込みましょう。

幼稚園教育要領　第1章 総則　第1 幼稚園教育の基本

　　幼児期の教育は、生涯にわたる（1.　　　　　　　　　　　　　　　）を培う重要なものであり、幼稚園教育は、学校教育法に規定する目的及び目標を達成するため、幼児期の特性を踏まえ、環境を通して行うものであることを基本とする。

　　このため教師は、幼児との（2.　　　　　　　　　　）を十分に築き、幼児が身近な環境に主体的に関わり、環境との関わり方や意味に気付き，これらを取り込もうとして、試行錯誤したり、考えたりするようになる幼児期の教育における見方・考え方を生かし、幼児と共によりよい（3.　　　　　　　　　）を創造するように努めるものとする。これらを踏まえ、次に示す事項を重視して教育を行わなければならない。

1　幼児は<u>安定した情緒の下で</u>自己を十分に（4.　　　　　）することにより発達に必要な体験を得ていくものであることを考慮して、幼児の<u>主体的な活動</u>を促し、（5.　　　　　　　　　　　　　）が展開されるようにすること。

2　幼児の（6.　　　　　　　　　　　　）は、心身の調和のとれた発達の基礎を培う<u>重要な学習</u>であることを考慮して、<u>遊びを通しての指導を中心として</u>第2章に示すねらいが<u>総合的に達成されるようにすること</u>。

3　幼児の発達は、心身の諸側面が相互に関連し合い、多様な経過をたどって成し遂げられていくものであること、また、（7.　　　　　　　　　　　　）がそれぞれ異なることなどを考慮して、幼児一人一人の特性に応じ、発達の課題に即した指導を行うようにすること。

（下線筆者）

幼稚園教育は、小学校以降の教育とは異なり、**子どもは自発的な活動としての遊びの中でさまざまな側面が育っていく**ということが明記されています。そのためには安定した情緒や主体的な活動が保障される物的・空間的環境が必要であり、それを構成するのは保育者であるため、一人一人の子どもの姿をきちんと把握することが大切になってきます。小学校以降の教育と異なる本質をきちんと読み取りましょう。

☞ **遊びの定義**

　遊びの定義としては、ヨハン・ホイジンガとロジェ・カイヨワの定義が一般的に知られています。カイヨワは、①自由な活動、②隔離された活動、③未確定の活動、④非生産的活動、⑤規則のある活動、⑥虚構の活動の6つの特徴をあげています。保育者として遊びをどうとらえるかは大切な視点です。

（4）教育・保育要領の記述から

　次に教育・保育要領の記述から次の Work を行い「教育」および「保育」の意味について確認していきましょう。

 Work 4-3

　次に示すものは、教育・保育要領の総則です。「教育」および「保育」の意味について考えるため、空欄に適する語句を調べて書き込みましょう。

幼保連携型認定こども園教育・保育要領　第1章 総則
第1　幼保連携型認定こども園における教育及び保育の基本及び目標等
　1　幼保連携型認定こども園における教育及び保育の基本
　　乳幼児期の教育及び保育は、子どもの（**1.**　　　　　　　　　　　　）を図りつつ生涯にわたる人格形成の基礎を培う重要なものであり、幼保連携型認定こども園における教育及び保育は、（中略）、乳幼児期全体を通して、その特性及び保護者や地域の実態を踏まえ、（**2.**　　　　　　　　　　　）ものであることを基本とし、家庭や地域での生活を含めた園児の生活全体が豊かなものとなるように努めなければならない。
　　このため（**3.**　　　　　　　　　）は、園児との信頼関係を十分に築き、園児が自ら安心して身近な環境に主体的に関わり、環境との関わり方や（**4.**　　　　　　）に気付き、これらを取り込もうとして、試行錯誤したり、考えたりするようになる幼児期の教育における見方・考え方を生かし、その活動が豊かに展開されるよう環境を整え、園児と共によりよい（**5.**　　　　　　　　　　）の環境を創造するように努めるものとする。これらを踏まえ、次に示す事項を重視して教育及び保育を行わなければならない。
（1）乳幼児期は周囲への（**6.**　　　　　　　）を基盤にしつつ自立に向かうものであることを考慮して、周囲との信頼関係に支えられた生活の中で、園児一人一人が安心感と信頼感をもっていろいろな活動に取り組む体験を十分に積み重ねられるようにすること。
（2）乳幼児期においては（**7.**　　　　　　　　　）が図られ安定した情緒の下で自己を十分に発揮することにより発達に必要な体験を得ていくものであることを考慮して、園児の主体的な活動を促し、乳幼児期にふさわしい生活が展開されるようにすること。
（3）乳幼児期における自発的な活動としての遊びは、心身の調和のとれた発達の基礎を培う重要な（**8.**　　　　　　　）であることを考慮して、（**9.**　　　　　　　　　　　）を中心として第2章に示すねらいが総合的に達成されるようにすること。
（4）乳幼児期における発達は、心身の諸側面が相互に関連し合い、多様な経過をたどって成し遂げられていくものであること、また、園児の生活経験がそれぞれ異なることなどを考慮して、園児一人一人の特性や発達の過程に応じ、（**10.**　　　　　　　　　）に即した指導を行うようにすること。

　　幼保連携型認定こども園は学校および児童福祉施設としての法的位置づけをもつ施設であるため、保育所保育指針と幼稚園教育要領に書かれている双方の内容が教育・保育要領にしっかりと盛り込まれています。

　Work4-3 は、Work4-1 と Work4-2 の確認後であれば何も参照せず、空欄を埋めることができる内容であると気づくでしょう。

2. 保育における「養護」と「教育」の意味

　保育所保育指針、幼稚園教育要領、教育・保育要領に記されている文言から「養護」と「教育」について確認をしてきました。いずれも、「遊び」を中心におき、「教育」を説明している、といえるでしょう。そして、幼稚園教育要領の中に「養護」という言葉は記されていませんが、「安定した情緒の下で」という表記があり、保育所保育指針で指す「養護」と同様の内容が記されています。したがって、乳幼児の園生活の中で大事にすべき

事項を語る上では、**養護の視点と教育の視点が欠かせない**、ということが明確になったといえるでしょう。

　子どもが自己を十分に発揮できるよう、健康、安全で情緒の安定した生活ができるように援助することと、自発的な活動としての遊びが豊かに展開されるために援助することは保育者として子どもの最善の利益を考慮すること、幼児期にふさわしい生活が展開されるようにすることの具体的な中身であるといえるでしょう。それらが基盤となり、子どもたちは幼児期の終わりまでに育ってほしい姿に結果的に近づいていくのです。これらの 10 の姿は、5 領域のねらいおよび内容に基づく生活全体を通して、資質・能力が育まれている幼児の具体的な姿であり、保育者が保育をする際に考慮するものであるとされていますが、子どもの生命の維持および情緒の安定がなければ 10 の姿を願うことはできないでしょう。

　保育には、養護の視点と教育の視点が含まれていて、保育所では教育が行われていないのではない、幼稚園では養護がないがしろにされているわけではない、ということを正しく理解しましょう。

Unit 5　保育実践の基本構造について

 1. 乳児保育と保育内容

（1）乳児保育の基本

　2017（平成 29）年の保育所保育指針および教育・保育要領では、保育内容の中に乳児（0 歳児）の保育内容が示されています。まず、保育所保育指針の第 2 章に示されている「保育の内容」の記述を確認していきましょう。

> 保育所保育指針　第 2 章　保育の内容
> 1　乳児保育に関わるねらい及び内容　（1）基本的事項
> 　ア　乳児期の発達については、視覚、聴覚などの感覚や、座る、はう、歩くなどの運動機能が著しく発達し、特定の大人との応答的な関わりを通じて、情緒的な絆が形成されるといった特徴がある。これらの発達の特徴を踏まえて、乳児保育は、愛情豊かに、応答的に行われることが特に必要である。
> 　イ　本項においては、この時期の発達の特徴を踏まえ、乳児保育の「ねらい」及び「内容」については、身体的発達に関する視点「健やかに伸び伸びと育つ」、社会的発達に関する視点「身近な人と気持ちが通じ合う」及び精神的発達に関する視点「身近なものと関わり感性が育つ」としてまとめ、示している。
> 　ウ　本項の各視点において示す保育の内容は、第 1 章の 2 に示された養護における「生命の保持」及び「情緒の安定」に関わる保育の内容と、一体となって展開されるものであることに留意が必要である。

　発達の特徴を踏まえ、愛情豊かに、応答的に行われることが特に必要であること、発達の特徴を踏まえた「ねらい」および「内容」が明記されていること、「養護」の側面の重要性が明記されていることが読み取れます。「養護」と「教育」は一体となって展開されるものでありますが、乳児を保育する上では、保育者等が行う援助やかかわり、すなわち「養護」の側面がとても重要であるといえるでしょう。

（2）３つの視点での保育

　１歳以上３歳未満児のための５つの領域の「ねらい及び内容」が保育所保育指針および教育・保育要領に、３歳以上児のための５つの領域の「ねらい及び内容」が幼稚園教育要領、保育所保育指針、教育・保育要領に明記されています。しかし、１歳未満児、すなわち、乳児（０歳児）だけは、５領域という考え方ではなく、３つの視点として「ねらい及び内容」が保育所保育指針および教育・保育要領に記されています。これら３つの視点は、その後の５領域につながるものであるととらえることができます。まず、３つの視点について確認していきましょう。

> ＜乳児保育における３つの視点＞
> ・身体的発達に関する視点「健やかに伸び伸びと育つ」
> 　➡健康な心と体を育て、自ら健康で安全な生活を作り出す力の基礎を培う。
> ・社会的発達に関する視点「身近な人と気持ちが通じ合う」
> 　➡受容的・応答的な関わりの下で、何かを伝えようとする意欲や身近な大人との信頼関係を育て、人と関わる力の基礎を培う。
> ・精神的発達に関する視点「身近なものと関わり感性が育つ」
> 　➡身近な環境に興味や好奇心をもって関わり、感じたことや考えたことを表現する力の基盤を培う。

　また、図表5-1 にあるように３つの視点はそれぞれがのちの５領域と密接に関係しています。たとえば、乳児が手触りのよい遊具を手にし、手や腕を動かし音を鳴らしながら心地よさを感じ、渡してくれた人にほほえみ、喃語を発しながら遊ぶ様子を思い浮かべてみましょう。この乳児の姿は３つの視点からとらえることができますし、１歳以上の「領域」（５領域）へつながるであろうことがイメージできるでしょう。

　このように３つの視点は、いずれも、今後の力の基盤であることが読み取れます。

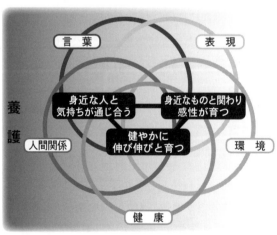

※生活や遊びを通じて、子どもたちの身体的・精神的・社会的発達の基盤を培う

社会保障審議会児童部会保育専門委員会（第10回）会議資料、2016

[図表 5-1] 乳児の保育内容

2. 1歳以上3歳未満児の保育内容

（1）1歳以上3歳未満児のための5つの領域の 「ねらい及び内容」等がある意味と5領域の位置づけ

　先にも述べたように保育所保育指針および教育・保育要領には、1歳以上3歳未満児のための5つの領域の「ねらい及び内容」が示されています。ここでは、保育所保育指針第2章「2　1歳以上3歳未満児の保育に関わるねらい及び内容」の記述を確認していきます。

> 保育所保育指針　第2章　保育の内容
>
> 2　1歳以上3歳未満児の保育に関わるねらい及び内容　（1）基本的事項
>
> ア　この時期においては、歩き始めから、歩く、走る、跳ぶなどへと、基本的な運動機能が次第に発達し、排泄の自立のための身体的機能も整うようになる。つまむ、めくるなどの指先の機能も発達し、食事、衣類の着脱なども、保育士等の援助の下で自分で行うようになる。発声も明瞭になり、語彙も増加し、自分の意思や欲求を言葉で表出できるようになる。このように自分でできることが増えてくる時期であることから、保育士等は、子どもの生活の安定を図りながら、自分でしようとする気持ちを尊重し、温かく見守るとともに、愛情豊かに、応答的に関わることが必要である。
>
> イ　本項においては、この時期の発達の特徴を踏まえ、保育の「ねらい」及び「内容」について、心身の健康に関する領域「健康」、人との関わりに関する領域「人間関係」、身近な環境との関わりに関する領域「環境」、言葉の獲得に関する領域「言葉」及び感性と表現に関する領域「表現」としてまとめ、示している。
>
> ウ　本項の各領域において示す保育の内容は、第1章の2に示された養護における「生命の保持」及び「情緒の安定」に関わる保育の内容と、一体となって展開されるものであることに留意が必要である。

　ここに書かれている5つの領域は、乳児保育の内容の3つの視点および保育所保育指針、幼稚園教育要領、教育・保育要領に共通して書かれている3歳以上児の保育の内容における5つの領域の間の、大切なつなぎとなる位置づけだといえるでしょう。

　この時期の子どもの発達を適切にとらえ、子どもにとってふさわしい生活ができるよう、また、子どもにとって充実した遊び環境となるよう工夫をしながら、子どもに眼差しを向けていくことが必要です。そのための、子どもの育ちを見る5つの視点（領域）が明示されています。

また『保育所保育指針解説』においては、以下のような記述がなされています。

> また、著しい発達の見られる時期であるが、その進み具合や諸側面のバランスは個人差が大きく、また家庭環境を含めて、生まれてからの生活体験もそれぞれに異なる。生活や遊びの中心が、大人との関係から子ども同士の関係へと次第に移っていく時期でもある。保育においては、これらのことに配慮しながら、養護と教育の一体性を強く意識し、一人一人の子どもに応じた発達の援助が求められる。
>
> 厚生労働省『保育所保育指針解説』フレーベル館、2018、p.122

上記からは、前述のように、3歳以上児の保育の内容における5つの領域へつながるものであるが、年齢的な特徴やさまざまな個人差があること、対大人とのかかわりから、子ども同士のかかわりが徐々に見られるようになることを踏まえること、そして、3歳未満児だからこそ、よりいっそう、養護と教育の一体性をきちんと意識しながら保育を行うことの重要性が明記されているといえるでしょう。

（2）乳児保育における3つの視点と1歳以上児の5領域について

Work 5-1

p.38にあげた以下の乳児の姿から、保育所保育指針の3つの視点と1歳以上3歳未満児の5領域の「ねらい」から関連する「ねらい」を当てはめてみましょう。

乳児の姿：手触りのよい遊具を手にし、手や腕を動かし音を鳴らしながら心地よさを感じ、渡してくれた人にほほえみ、喃語を発しながら遊ぶ

「健やかに伸び伸びと育つ」	例）伸び伸びと体を動かし、はう、歩くなどの運動をしようとする。
「身近な人と気持ちが通じ合う」	
「身近なものと関わり感性が育つ」	

「健康」	例）自分の体を十分に動かし、様々な動きをしようとする。
「人間関係」	
「環境」	
「言葉」	
「表現」	

次は保育所保育指針、幼稚園教育要領、教育・保育要領に共通で記載されている3歳以上児の保育内容を学ぶことになりますが、その前に、保育を学ぶみなさんの"今"について、考えてみましょう。

Work 5-2

「学生生活における意欲と感性」についての下記15項目の質問について、○か×で答えてみましょう（ただし、△等の回答ならびに回答保留はしないこと）。

No.	項目	○ or ×
①	あなたは日ごろから明るく伸び伸びと行動し、充実感を味わっていますか？	
②	あなたは学生生活を楽しみ、自分の力で行動することの充実感を味わっていますか？	
③	あなたは日ごろから身近な環境に親しみ、自然とふれあう中でさまざまな物事に興味や関心をもとうとしていますか？	
④	あなたは日ごろから自分の気持ちを言葉で表現することの楽しさを味わっていますか？	
⑤	あなたはいろいろなものの美しさなどに対する豊かな感性をもっていますか？	
⑥	あなたは日ごろから自分の体を十分に動かし、進んで運動しようとしていますか？	
⑦	あなたは身近な人と積極的にかかわる中で、愛情や信頼感をもてていますか？	
⑧	あなたは日ごろから身近な環境に自分からかかわり、発見を楽しんだり、考えたりして、それを生活に取り入れようとしていますか？	
⑨	あなたは人の言葉や話などをよく聞き、自分の経験したことや考えたことを話すなど、伝え合う喜びを味わっていますか？	
⑩	あなたは日ごろから自分の感じたことや考えたことを自分なりに表現して楽しんでいますか？	
⑪	あなたは健康、安全に必要な習慣や態度を身につけ、実行していますか？	
⑫	あなたは社会生活における望ましい習慣や態度を身につけ、実行していますか？	
⑬	あなたは身近な物事を見たり、考えたり、扱ったりする中で、ものの性質や数量、文字などに対する感覚を豊かにしていますか？	
⑭	あなたは日常生活に必要な言葉をつかいこなし、文学作品などにもふれ、友人や教師など身近な人と心を通わせていますか？	
⑮	あなたは日ごろから生活の中でイメージを豊かにし、さまざまな表現を楽しんでいますか？	

　みなさんに○×をつけてもらったのは、保育所保育指針、幼稚園教育要領、教育・保育要領の3歳以上児に共通するねらいとしてあげられている内容です。みなさんが自分のことに置き換えて考えやすいように少し言葉を変えています。

　子どもたちに育ってほしいと願うものが、当然、私たちに身についているものではないことを自覚し、私たちも日常において意識し自覚していきたいものです。

3. 保育内容のもつ基本的な特質① ── 共同性

（1）幼稚園教育要領における「ねらい」の特徴

　幼稚園教育要領における「ねらい」の1つめの特徴は、**方向目標**です。方向目標とは、達成すべきこととして立てられる目標とは異なり、結果的にその方向へ向かって

いってほしいと願う目標です。では具体的に確認してみましょう。

Work 5-3

幼稚園教育要領の第2章で示されている「ねらい」とはどのようなものか書き出してみましょう。

　幼稚園教育要領に示されている「ねらい」とは、ある特定の時期までに子どもが学習しなければならない（あるいは、教師が指導しなければならない）ような到達目標ではなく、「幼稚園教育において育みたいもの」という方向目標としてとらえられているのが読み取れます。

　次に小学校学習指導要領「生活科」と幼稚園教育要領「領域 環境」の記述内容の比較から「ねらい」について考えてみましょう（図表5-2参照）。

　図表5-2に記載されている事柄については、下線部のように、類似する内容のものも見受けられます。

　しかし、小学校学校指導要領の文言と比較してみると、幼稚園教育（保育）は、「～ができ」という到達目標の記述はなく、より子どもの目線に立って、「ねらい」がとらえられていることがわかります。

小学校学習指導要領　第2章　第5節 生活　第2	幼稚園教育要領　第2章 ねらい及び内容　環境
（第1学年及び第2学年） 1　目標 (1) 学校、家庭及び地域の生活に関わることを通して、自分と身近な人々、社会及び自然との関わりについて考えることができ、それらのよさやすばらしさ、自分との関わりに気付き、地域に愛着をもち自然を大切にしたり、集団や社会の一員として安全で適切な行動をしたりするようにする。	1　ねらい
(2) 身近な人々、社会及び自然と触れ合ったり関わったりすることを通して、それらを工夫したり楽しんだりすることができ、活動のよさや大切さに気付き、自分たちの遊びや生活をよりよくするようにする。	(1) 身近な環境に親しみ、自然と触れ合う中で様々な事象に興味や関心をもつ。 (2) 身近な環境に自分から関わり、発見を楽しんだり、考えたりし、それを生活に取り入れようとする。
(3) 自分自身を見つめることを通して、自分の生活や成長、身近な人々の支えについて考えることができ、自分のよさや可能性に気付き、意欲と自信をもって生活するようにする。	(3) 身近な事象を見たり、考えたり、扱ったりする中で、物の性質や数量、文字などに対する感覚を豊かにする。

[図表 5-2] 小学校学習指導要領と幼稚園教育要領の比較 （下線、傍点筆者）

　すなわち、幼稚園教育（保育）全般が、子どもの主体性を重要視し、その主体性を育む（育ちを支える）営みであることがわかります。次にある園のある日の日常を連絡ボードに書かれた記述から考えてみましょう。

事例 ピーマンの花は何色？

　数日前、園庭の野菜ホーム（野菜を育てている場所）で、育てているピーマンに花が咲きそうだったので、子どもたちに、「さて、ピーマンの花は何色でしょう？」と聞くと、「みどり‼」が一番人気。「赤ピーマンの花は？」「赤‼」そして、「黄色ピーマンの花は？」「黄色‼」その他、シルバー‼　ピンク‼　ゴールド‼　といった声もあがりました。

　午前中、ピーマンの花が咲いたことを伝えると、みんな大急ぎで園庭の野菜ホームへ。「あーっ！　白だぁー！」「みんな白なの⁉」と、みんなで苗を囲み大騒ぎでした。正解は、"白"でした。

　学校で植物を育てる場合、観察日記を書く（文字と絵で表す）という経験を、みなさんは当たり前にしてきたのではないでしょうか。

　一方で、園で植物を育てる場合、全員が観察日記を書くことを課せられることはないでしょう。植物を育てながら、子どもたちは一人一人がどのような経験をするか、また、何に興味をもつか、どのような気づきをするか、保育者も楽しみながらともに育てていくはずです。子ども"が"、という視点が重要視されるのです。ピーマンの花の色を教えることは簡単ですが、子どもたちがワクワクしながら見に行って、自分たちで確認をして知る、また、そこから他のものへの興味を広げていくことが何よりも大切なはずなのです。子どもの知的好奇心を刺激しながら、保育者も一緒に生活をしていく、それが園生活なのです。

　ここで、Work5-2の「学生生活における意欲と感性」（本書 p.41、参照）に関する調査に戻ってみましょう。養成校の教員も、保育者になろうと勉強をしているみなさんも、必ずしも幼稚園教育要領に示されている「ねらい」に相当する方向目標を達成できていないのが現状ではないでしょうか。そのことを踏まえると、幼稚園教育要領に

おける「ねらい」とは、単に子どもたちにのみ課すものではなく、保育者も子ども
も、「共に」生活する中で感じ、「共に」具体的な体験を通して感じ、「共に」達成し
ていこうとすること、いわば「**共同──創造的生活目標**」としての性格をもつものと
してとらえられることでしょう。

　以上のことから、保育内容のもつ基本的な特質の第一として、「**共同性**」があげら
れます。

（2）保育所保育指針と幼稚園教育要領の「ねらい」の比較

　ここでは、保育所保育指針と幼稚園教育要領に示されている「ねらい」の部分につ
いて、比較してみましょう（次頁、図表5-3参照）。

　保育所保育指針における「ねらい」のうち、3歳以上の保育にかかわる「ねらい」
については、幼稚園教育要領における5領域に関する「ねらい」のとらえ方（① 到達
目標ではなく方向目標であること、② 子どもたちにのみ課すことではなく、保育者との共同──
創造的生活目標であること）と同じであることがわかります。

　一方で、保育所保育指針における養護に関する基本的事項の中の「ねらい」につい
ては、幼稚園教育要領において相当するものが見あたりません。ここで、保育所は、
養護および教育を一体的に行うことを特性としている、ということが明確に読み取れ
るでしょう。

　また、この養護にかかわる「ねらい」の文言の「主語」に着目すると、他の「ねら
い」の文言と異なる方向性をもつことに気づくことでしょう。

　これは、乳児期から入所し、ま
た幼稚園に比べると長時間、そこ
で生活するという特徴をもつ保育
所において、子どもたちが「健康、
安全で情緒の安定した生活ができ
る環境を用意」するために保育者
が行わなければならないこと（言
い換えれば、生活環境の基盤を構成
するための基礎的事項）をあらため
て意識するために記載されている
こととしてとらえられるのです。

		保育所保育指針	幼稚園教育要領
「養護に関わるねらい」		**ア 生命の保持** ①一人一人の子どもが、快適に生活できるようにする。 ②一人一人の子どもが、健康で安全に過ごせるようにする。 ③一人一人の子どもの生理的欲求が、十分に満たされるようにする。 ④一人一人の子どもの健康増進が、積極的に図られるようにする。	
		イ 情緒の安定 ①一人一人の子どもが、安定感をもって過ごせるようにする。 ②一人一人の子どもが、自分の気持ちを安心して表すことができるようにする。 ③一人一人の子どもが、周囲から主体として受け止められ、主体として育ち、自分を肯定する気持ちが育まれていくようにする。 ④一人一人の子どもがくつろいで共に過ごし、心身の疲れが癒されるようにする。	
「1歳以上3歳未満児の保育に関するねらい」		**ア 健康** ①明るく伸び伸びと生活し、自分から体を動かすことを楽しむ。 ②自分の体を十分に動かし、様々な動きをしようとする。 ③健康、安全な生活に必要な習慣に気付き、自分でしてみようとする気持ちが育つ。	
		イ 人間関係 ①保育所での生活を楽しみ、身近な人と関わる心地よさを感じる。 ②周囲の子ども等への興味や関心が高まり、関わりをもとうとする。 ③保育所の生活の仕方に慣れ、きまりの大切さに気付く。	
		ウ 環境 ①身近な環境に親しみ、触れ合う中で、様々なものに興味や関心をもつ。 ②様々なものに関わる中で、発見を楽しんだり、考えたりしようとする。 ③見る、聞く、触るなどの経験を通して、感覚の働きを豊かにする。	
		エ 言葉 ① 言葉遊びや言葉で表現する楽しさを感じる。 ② 人の言葉や話などを聞き、自分でも思ったことを伝えようとする。 ③ 絵本や物語等に親しむとともに、言葉のやり取りを通じて身近な人と気持ちを通わせる。	
		オ 表現 ① 身体の諸感覚の経験を豊かにし、様々な感覚を味わう。 ② 感じたことや考えたことなどを自分なりに表現しようとする。 ③ 生活や遊びの様々な体験を通して、イメージや感性が豊かになる。	
「5領域に関するねらい」	「3歳以上の保育に関わるねらい」	**ア 健康** ①明るく伸び伸びと行動し、充実感を味わう。 ②自分の体を十分に動かし、進んで運動しようとする。 ③健康、安全な生活に必要な習慣や態度を身に付け、見通しをもって行動する。	**健康** (1) 明るく伸び伸びと行動し、充実感を味わう。 (2) 自分の体を十分に動かし、進んで運動しようとする。 (3) 健康、安全な生活に必要な習慣や態度を身に付け、見通しをもって行動する。
		イ 人間関係 ①保育所の生活を楽しみ、自分の力で行動することの充実感を味わう。 ②身近な人と親しみ、関わりを深め、工夫したり、協力したりして一緒に活動する楽しさを味わい、愛情や信頼感をもつ。 ③社会生活における望ましい習慣や態度を身に付ける。	**人間関係** (1) 幼稚園生活を楽しみ、自分の力で行動することの充実感を味わう。 (2) 身近な人と親しみ、関わりを深め、工夫したり、協力したりして一緒に活動する楽しさを味わい、愛情や信頼感をもつ。 (3) 社会生活における望ましい習慣や態度を身に付ける。
		ウ 環境 ①身近な環境に親しみ、自然と触れ合う中で様々な事象に興味や関心をもつ。 ②身近な環境に自分から関わり、発見を楽しんだり、考えたりし、それを生活に取り入れようとする。 ③身近な事象を見たり、考えたり、扱ったりする中で、物の性質や数量、文字などに対する感覚を豊かにする。	**環境** (1) 身近な環境に親しみ、自然と触れ合う中で様々な事象に興味や関心をもつ。 (2) 身近な環境に自分から関わり、発見を楽しんだり、考えたりし、それを生活に取り入れようとする。 (3) 身近な事象を見たり、考えたり、扱ったりする中で、物の性質や数量、文字などに対する感覚を豊かにする。
		エ 言葉 ①自分の気持ちを言葉で表現する楽しさを味わう。 ②人の言葉や話などをよく聞き、自分の経験したことや考えたことを話し、伝え合う喜びを味わう。 ③日常生活に必要な言葉が分かるようになるとともに、絵本や物語などに親しみ、言葉に対する感覚を豊かにし、保育士等や友達と心を通わせる。	**言葉** (1) 自分の気持ちを言葉で表現する楽しさを味わう。 (2) 人の言葉や話などをよく聞き、自分の経験したことや考えたことを話し、伝え合う喜びを味わう。 (3) 日常生活に必要な言葉が分かるようになるとともに、絵本や物語などに親しみ、言葉に対する感覚を豊かにし、先生や友達と心を通わせる。
		オ 表現 ①いろいろなものの美しさなどに対する豊かな感性をもつ。 ②感じたことや考えたことを自分なりに表現して楽しむ。 ③生活の中でイメージを豊かにし、様々な表現を楽しむ。	**表現** (1) いろいろなものの美しさなどに対する豊かな感性をもつ。 (2) 感じたことや考えたことを自分なりに表現して楽しむ。 (3) 生活の中でイメージを豊かにし、様々な表現を楽しむ。

[図表 5-3] 保育所保育指針と幼稚園教育要領の「ねらい」の比較

ねらい	第1章の1の（2）に示された保育の目標をより具体化したものであり、子どもが保育所において、安定した生活を送り、充実した活動ができるように、保育を通じて育みたい資質・能力を、子どもの生活する姿から捉えたもの
内容	「ねらい」を達成するために、子どもの生活やその状況に応じて<u>保育士等が適切に行う事項</u>と、保育士等が援助して子どもが環境に関わって経験する事項を示したもの

（下線筆者）

[図表5-4] 保育所保育指針「第2章　保育の内容」に示されている「ねらい」と「内容」

　図表5-4の実線部は「養護に関わる内容」、波線部は「教育に関する内容」であるといえるでしょう。この双方の内容、すなわち養護と教育が一体的となって展開されることに留意する必要があります。

　もっとも、視点を少し変えて、「養護に関わるねらい」に相当する事項が実現できていない保育所へ、安心して自分の子どもを託すことができるだろうか……と想像してみましょう。そうすれば、前頁の図表5-3に示されている事項も、あくまで「最低限、行わなければならないこと」であるということが確認できることでしょう。

　つまり、これらの内容は、すでに勤務している保育者のみならず、実習生として保育に携わることになるみなさんにも、常に求められることとして意識する必要があるのです。

Work 5-4

　ここでは、保育所保育指針と幼稚園教育要領の「ねらい」の記述について確認しました。教育・保育要領では、教育に関するねらいの記述は若干の言葉の違いはありますが、保育所保育指針および幼稚園教育要領と同様に記されています。では、養護に関する記述はどこに示されているか、該当する章や節を書き出してみましょう。書き出したら、どのように記述されているか、内容を確認しましょう。

- -

- -

- -

4. 保育内容のもつ基本的な特質② ― 総合性

前項で基本的な特質①「共同性」で確認した「領域」について考えるため、以下のことについて確認をしていきましょう。

(1) 保育所保育指針、幼稚園教育要領にみる 「領域」の基本的性格

保育所保育指針や幼稚園教育要領、教育・保育要領の文言からは読み取りにくい部分ですので、ここでは、『保育所保育指針解説』『幼稚園教育要領解説』に記されている内容から考えていきましょう。なお、『幼保連携型認定こども園教育・保育要領解説』にも表現の違いはありますが、『幼稚園教育要領解説』とほぼ同様の内容が記載されています。

> 　小学校以降の教育は、各教科等の目標や内容を、資質・能力の観点から整理して示し、各教科等の指導のねらいを明確にしながら教育活動の充実を図っている。
> 　一方、保育所保育では、遊びを展開する過程において、子どもは心身全体を働かせて活動するため、心身の様々な側面の発達にとって必要な経験が相互に関連し合い積み重ねられていく。つまり、乳幼児期は諸能力が個別に発達していくのではなく、相互に関連し合い、総合的に発達していくのである。
> 　保育所保育において育みたい資質・能力は、こうした保育所保育の特質を踏まえて一体的に育んでいくものである。　　　『保育所保育指針解説』フレーベル館、2018、p.61（下線、傍点筆者）

> 　幼稚園教育要領第２章の各領域に示している事項は、教師が幼児の生活を通して総合的な指導を行う際の視点であり、幼児の関わる環境を構成する場合の視点でもあるということができる。
> 　その意味から、幼稚園教育における領域は、それぞれが独立した授業として展開される小学校の教科とは異なるので、領域別に教育課程を編成したり、特定の活動と結び付けて指導したりするなどの取扱いをしないようにしなければならない。領域の「ねらい」と「内容」の取扱いに当たっては、このような幼稚園教育における「領域」の性格とともに、領域の冒頭に示している領域の意義付けを理解し、各領域の「内容の取扱い」を踏まえ、幼児の発達を踏まえた適切な指導が行われるようにしなければならない。
> 　　　『幼稚園教育要領解説』フレーベル館、2018、p.143（下線、傍点筆者）

就学前である保育所、幼稚園では、遊びを中心とした生活が学習であるということはすでに学んできました。しかし、ただ遊ばせておけばよいというわけではなく、子どもの姿を５つの領域から総合的にとらえ、心身のさまざまな側面の発達を５つの視点（５領域）から的確に読み取って援助していく保育者の力量が問われていることが、

これらの文言から読み取れます。**総合的にとらえる視点、領域としてとらえる視点**の双方が保育者には求められているのです。

(2)「教科」と「領域」の違いについて

ここまで見てくると、まず確認しておかなければならないこととして、小学校以上の学校教育における「教科」と、保育所や幼稚園、認定こども園における保育および教育において取り上げられている「領域」というものの違いがあげられます。そこで、まず「教科」とは何かということを確認するために、『保育用語辞典』を開いてみると、「教科」という項において、次のように記されています。

> 学校の教育課程を構成する単位である。教育課程は教科及び教科外活動で構成されている。各教科は、科学・技術・芸術等の文化遺産を教育の観点から精選し、学年を考慮して学習内容を配列編成したものである。教科名や編成法は国によって異なる。（後略）　森上史朗・柏女霊峰編集『保育用語辞典（第8版）』ミネルヴァ書房、2015、p.373

子どもに教育を行うにあたり、大人の考える豊かな人生を送る上で必要な知識・技術・考え方などをあげていくと、その総量は膨大なものとなります。そこで、より効率的な教育が行われるようにするために、これら教えるべき内容をいくつかの枠組みに整理し、系統的に伝えていく工夫が必要となるのです。

そして、こうした枠組みが「教科」と呼ばれているわけです（図表5-5参照）。

それは単に小学校における教育のみならず、たとえば、保育者養成教育においても、専門家として求められるさまざまな知識・技術・考え方を学ぶために、さまざまな教科を通じて学ぶことと同じです。

しかし、ここまで繰り返し確認してきたように、保育内容を構成する「領域」とは、これと異なる考えに基づいています。

そこで、次にそのことについて、保育の中での大切な活動である「遊び」に焦点をあてながら、考えていくことにしましょう。

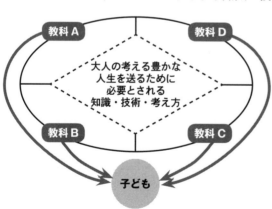

［図表 5-5］子どもへの教授内容と教科のイメージ

（3）遊びの意義と保育の専門家として求められること

　子どもがある遊びに対して楽しそうに熱中する姿は、端から見ていてもほほえましく、保育の専門家でなくとも、そのような光景を見て楽しそうだという "全体的な印象" を受ける人は少なくありません。

　しかし、保育の専門家を志すのであれば、この「遊び」のもつ意義を十分に理解し、また、その「遊び」を通して、子どもたちが具体的に体験していることをとらえる目が求められます。

　そこで、数名の子どもたちが箱積み木を使って消防署をつくり、そこをベース（基地）としてレスキュー隊ごっこをしているような場面を例に考えてみることにしましょう。

　ごっこ遊びは、端から見ていてもダイナミックで楽しそうなものとしてとらえられますが、さらに、そこで子どもたちが何を経験しているのか（どのようなことを楽しみながら、その遊びに取り組んでいるか）、その内容を深く読み取ると、次のようなことがあげられます。

　a．消防署ができあがった後はレスキュー隊になりきって救助に向かうべく走っていくなど、思い切り体を動かす充実感を味わっている。
　b．お互いに役割を分担しながら協力して箱積み木を運んだり、積み重ねるなど、共同の遊具を大切にしながらみんなで使ったり、友達と協力して取り組む楽しさを味わっている。
　c．消防署が安定したものになるよう、箱積み木を適切なバランスで積み重ねるために、その形状や大きさの違いに気づきながら、いろいろと試してみることを楽しんでいる。
　d．遊びの中で生まれてくるさまざまなアイディアを表現し、また、協力しながら遊びを進めていく中で、互いの思いを言葉に表してやりとりすることを楽しんでいる。
　e．園庭にある草むらを事故現場に見立てたり、大きなビニール袋を使って防火服をつくったりしながら、さらにイメージをふくらませていき、それを実現しようとする楽しさを味わっている。

　そして、"結果として" この遊びを通して、体力やコミュニケーション力、さらには知的好奇心やボキャブラリー、想像力・創造力などが育まれることが期待されるのです。このように、子どもたちの自発的な活動としての遊びを、単に楽しそうなものとしてとらえるだけでなく、そこでの体験内容をより深く理解することが保育者には求められます。そして、そのために、**遊びをより深くとらえるための視点が「領域」**ということになるわけです。

　ちなみに、上記の例にあげたa．からe．は、それぞれ「健康」「人間関係」「環境」「言葉」「表現」に対応しており、それを図示すると次頁の図表5-6のようになりま

す。

　以上のことから、保育内容のもつ基本的な特質の第2として、「**総合性**」があげられます。

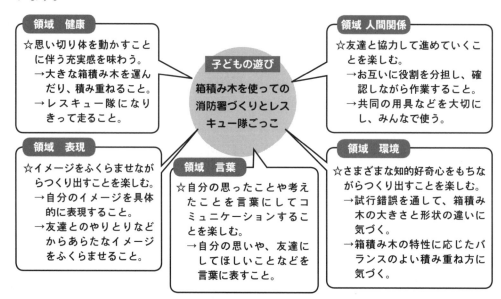

[図表 5-6] 子どもの遊びをとらえる視点としての「領域」イメージ図

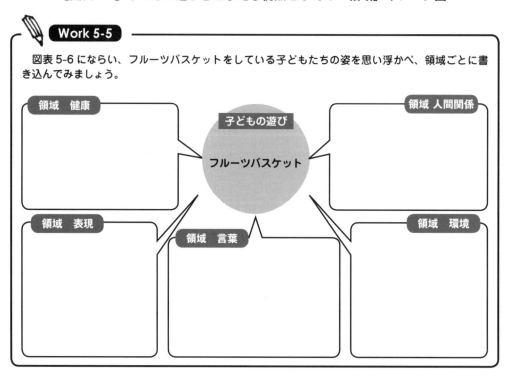

Work 5-5

　図表 5-6 にならい、フルーツバスケットをしている子どもたちの姿を思い浮かべ、領域ごとに書き込んでみましょう。

5. 保育内容のもつ基本的な特質③ ── 計画性

　前項で、保育内容のもつ基本的な特質②として、「総合性」について確認しました。「総合性」を大切にするためには、保育者の計画（見通し）が重要となってきます。具体的に確認していきましょう。

（1）保育所保育指針、幼稚園教育要領にみる
「計画（見通し）」の必要性

　前項同様に、保育所保育指針、幼稚園教育要領の文言からは読み取りにくい部分ですので、『保育所保育指針解説』および『幼稚園教育要領解説』から考えていくことにします。なお、『幼保連携型認定こども園教育・保育要領解説』にも表現の違いはありますが、『幼稚園教育要領解説』とほぼ同様の内容が記載されています。

> 　保育所において、保育の目標を達成するためには、子どもの発達を見通しながら、保育の方法及び環境に関する基本的な考え方に基づき、計画性のある保育を実践することが必要である。保育所における保育は、計画とそれに基づく養護と教育が一体となった保育の実践を、保育の記録等を通じて振り返り、評価した結果を次の計画の作成に生かすという、循環的な過程を通して行われるものである。
> 　保育において子どもの主体性を尊重することは、子どものしたいようにさせて保育士等は何も働きかけないようにするということではない。子ども自らが興味や関心をもって環境に関わりながら多様な経験を重ねていけるようにするためには、保育士等が乳幼児期の発達の特性と一人一人の子どもの実態を踏まえ、保育の環境を計画的に構成することが重要となる。その上で、子どもが安心して様々なことに取り組み、充実感や達成感を得て更に好奇心や意欲を高めていけるよう、一人一人の心身の状態に応じて適切に援助することで、子どもの育とうとする力は発揮される。
> 『保育所保育指針解説』フレーベル館、2018、p.38（下線、傍点筆者）

　『保育所保育指針解説』を見てみると、「循環的な過程」「子どもの主体性を尊重」「保育の環境を計画的に構成する」「子どもの育とうとする力」という言葉がキーワードになっていることがわかります。

　では、次に『幼稚園教育要領解説』を見てみましょう。

> 　幼児は遊ぶことが好きであるからといって、教師は幼児が遊ぶのをただ放っておいてよいわけではない。（中略）どのような環境にいかに関わるかを、全て幼児自身にゆだねていたのでは、偶然の出来事に頼ることとなり、発達に必要な体験を保障することが困難な場合も生じてくる。また、幼児は一人一人興味や関心を向けるものが異なる。一人一人の幼児に幼稚園教育のねらいが着実に実現されていくためには、幼児が必要な体験を積み重ねていくことができるように、発達の道筋を見通して、教育的に価値のある環境を計画的

に構成していかなければならない。一人一人の幼児が関わっている活動の各々の展開を見通すとともに、学期、年間、さらに、入園から修了までの幼稚園生活、修了後の生活という長期的な視点に立って幼児一人一人の発達の道筋を見通して現在の活動を位置付け、幼児の経験の深まりを<u>見通す</u>ことが大切である。そして、望ましい方向へ向かうために必要な経験ができるよう環境を構成していく必要がある。

　<u>見通し</u>をもち、計画を立てることによって初めて、幼児が今行っている経験の意味を理解し、発達を促す関わりや環境の構成を考えることができる。<u>しかし、幼児の活動の展開は多様な方向に躍動的に変化するものであり、常に見通しと一致するわけではない。したがって、計画を立てて環境を構成すればそれでよいというわけではない。常に活動に沿って環境を構成し直し、その状況での幼児の活動から次の見通しや計画をもち、再構成し続けていくことが必要となるのである。</u>

『幼稚園教育要領解説』フレーベル館、2018、p.41（下線、傍点筆者）

　以上の部分を読むと、「見通し（見通す）」という言葉と「環境を構成する・再構成する」という言葉がキーワードとしてあげられるでしょう。

　これらの記述から、保育には「計画（見通し）」の必要性が重要であることがわかります。

（2）育ちの見通しをもち環境を構成する

　少し、具体的に考えていくことにしましょう。

　0歳児から就学前までの育ちを見通して日々の生活をデザインする、ということを子どもと遊具とのかかわりを通して考えてみましょう。みなさんも、子どものころ、ままごと遊びをしたと思います。そのとき、たとえば、エビフライやハンバーグなどといった食べ物は、どんな素材のものだったか、覚えていますか？　プラスチック素材で、そのものの形に見えるもので遊んだ記憶がある人、木でできたもの、布でできたもの、さまざまな素材のものが浮かんだのではないでしょうか。これは、必ずしも偶然ではなく、そのものを使ってどのように遊んでほしいと保育者が願っていたかによっても保育室におかれていた遊具が違っていたといえるのです。年齢によって、子ども同士でイメージの共有がしやすいように、そのものの形に見える遊具を用意する場合もあれば、そのものの形でなくとも子どもたちがイメージを言い合い、共通のイメージをもてるころになると、あえてそのものの形でなくさまざまな色の素材を用意し、子どもたちが相談をし決めていけるよう、イメージをつくり上げて遊べるような遊具を保育室においていることが考えられます。た

☞ 生活（保育）をデザインする

　保育の計画を立て、子どもたちの園生活の計画を立てるのは、保育者の役割です。しかし「計画」という言葉のもつ「決められたとおりに実行する」というニュアンスが強いと考え、戸田雅美（2004）は、「計画」を「デザイン」という言葉におき換えて「保育をデザインする」と表現しました。

とえ同じままごとの食べ物であっても、見通しをもって、子どもたちに経験してほしい遊び方をイメージしながら、保育者の判断に基づき、遊具がおかれるのです。そのように考えると、保育室においてある遊具一つとってみても、保育者は計画的にものをおき、「環境を構成している」といえます。

　言い換えると、「見通し」をもちつつも、一方で「させる」「やらせる」保育にならないようにするためには、**適切な環境を構成する**という視点が大切になってくるのです。以下、『幼稚園教育要領解説』の文章を見てみましょう。

> 　教育は、子供のもつ潜在的な可能性に働き掛け、その人格の形成を図る営みであり、それは、同時に、人間の文化の継承であるといわれている。環境を通して行う教育は、幼児との生活を大切にした教育である。幼児が、教師と共に生活する中で、ものや人などの様々な環境と出会い、それらとのふさわしい関わり方を身に付けていくこと、すなわち、教師の支えを得ながら文化を獲得し、自己の可能性を開いていくことを大切にした教育なのである。幼児一人一人の潜在的な可能性は、幼児が教師と共にする生活の中で出会う環境によって開かれ、環境との相互作用を通して具現化されていく。それゆえに、幼児を取り巻く環境がどのようなものであるかが重要になってくる。
> 　したがって、環境を通して行う教育は、遊具や用具、素材だけを配置して、後は幼児の動くままに任せるといったものとは本質的に異なるものである。もとより、環境に含まれている教育的価値を教師が取り出して直接幼児に押し付けたり、詰め込んだりするものでもない。環境の中に教育的価値を含ませながら、幼児が自ら興味や関心をもって環境に取り組み、試行錯誤を経て、環境へのふさわしい関わり方を身に付けていくことを意図した教育である。それは同時に、幼児の環境との主体的な関わりを大切にした教育であるから、幼児の視点から見ると、自由感あふれる教育であると言える。
>
> 『幼稚園教育要領解説』フレーベル館、2018、p.30（下線、傍点筆者）

　計画性のある保育といっても、計画を子どものほうへ押しつけるのではなく、子どもの姿をとらえながら、子どもにとって“無理なく”“自然に”必要な体験ができるよう配慮することが求められているのです。この限りにおいて、保育者はその思う方向へと子どもを“直接的に”指導するのではなく、子どもたちの自由感（もしくは、自分が主人公になっているような気持ちで自分は遊んでいるという実感）を大切にしながら、保育者は「環境」を通して、“間接的”なアプローチを行い、計画的に保育をする、といえるのです。

（3）保育の計画とは

　これまで、保育は計画性（見通し）をもって行う必要があることについては確認してきました。では、保育の計画にはどのようなものがあるのか確認していきたいと思います。

　保育の計画には子どもの在園期間を見通した幼稚園や認定こども園における**教育課**

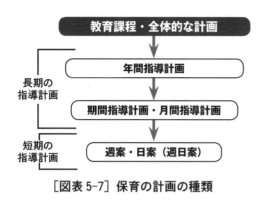

[図表 5-7] 保育の計画の種類

程、保育所や認定こども園における**全体的な計画**があります。次に年間の計画である**年間指導計画**、期間の計画である**期間指導計画**（期案、期の計画）、月間の計画である**月間指導計画**（月案、月の計画）など、**長期の指導計画**があります。そして、週の計画を示した**週案**や日の計画である**日案**（週と日の計画を同時に示した**週日案**）などの**短期の指導計画**があります（図表 5-7 参照）。これらの計画は教育課程や全体的な計画から長期の指導計画、短期の指導計画に向かうに従い、より詳細な計画、具体的な一人一人の子どもの姿を思い浮かべての計画になっていくことがわかります。

幼稚園教育要領には教育課程について次のように記されています。

> 「幼稚園教育要領」第1章　総則　第3　教育課程の役割と編成等
> （前略）教育課程に基づき組織的かつ計画的に各幼稚園の教育活動の質の向上を図っていくこと（以下「カリキュラム・マネジメント」という。）に努めるものとする。

教育・保育要領にも同様な内容が記されており、計画の編成、実施、評価、改善を図る**カリキュラム・マネジメント**の重要性が示されています。保育所保育指針にはカリキュラム・マネジメントという言葉は出てきませんが、「第1章　総則」「3　保育の計画及び評価」で「保育の内容が組織的・計画的に構成され、保育所の生活の全体を通して、総合的に展開されるよう、全体的な計画を作成しなければならない」と記されており同様の内容が示されています。つまり、保育の計画は作成された計画どおりに進めるためのものではなく、子どもの実態に即して立案し、計画と子どもの姿が異なる場合には、計画を見直したり修正したりし、よりよい保育を行うことに意味があり、保育後の評価・改善を通して保育の質が向上することが大切なのです。

ここでは保育の計画にはどのようなものがあるのかについて確認しましたが、それぞれの計画が意味する「計画性」については、保育原理を学んだあとに、保育における計画を詳細に学ぶ科目で、さらに詳しく学んでいきましょう。

以上から、保育内容のもつ基本的な特質の第3として、「**計画性**」があげられます。

ここで確認した保育内容のもつ「共同性」「総合性」「計画性」を十分に理解し、この3つの特性を日々の保育に生かしていくことが大切です。

Unit 6　多様な保育内容とその方法

　保育所や幼稚園、認定こども園では、Unit 5で紹介した保育実践の基本構造を踏まえ、保育が展開されていますが、だからといって全国どこの園でも同じ保育内容というわけではありません。地域の特徴（子どもが少ない、祖父母との同居家庭が多い、外国籍児童が多い、共働き家庭が多く長時間保育児童が多い等）によっても保育内容は異なりますし、同じ地域であっても、何を大切に保育するかという園の考え方によっても保育内容は異なります。そこで、ここでは、3つの園の保育実践を紹介しながら、多様な保育内容とその方法をとらえていくことにしましょう。

1. A保育園の実践について

　1つめは、千葉県にあるA保育園です。この園では、「一人一人の子どもが今を生きることに喜びを感じ、心身ともに健やかで“育つ幸せ”を実現すること」を保育理念におき、遊びを中心とした保育を展開しています。

　子どもたちは登園後、思い思いに遊びはじめます。仲間と昨日の遊びの続きを思う存分する子もいれば、保育者が行っている大工仕事に興味をもち、まねてチャレンジしようとする子ども、小さい子どもの世話をしたいと乳児クラスをたずねる子どももいます。ここでは、クラスの枠にとらわれず、一人一人の子どもの思いを尊重し、子どもが自らさまざまな体験ができるよう保育者は援助しています。

事例　**子どもの気持ちを大切に見守る**

　秋になると、時折園庭ではたき火が行われます。近所の農家からいただいたサツマイモを焼いたりします。子どもたちは、たき火の準備をする保育者の姿に、そしておいしそうなにおいに誘われて集まってきます。靴を履いて園庭に出た1歳児クラスの男児2人は、

火や昇っていく煙に興味をもち、たき火に2～3歩近寄ったところで止まり、じーっと見ています。それに気づいた年長児クラスの女児は、「焼き芋焼いてるんだよ」と教えています。その姿を後ろで見守っていた保育者も「焼き芋だって。おいしく焼けるかな」と言葉をかけます。

　保育者は、子どもが火に近寄ろうとする前に、危ないと先まわりして止めずに、子どもが危なくない位置で止まるかどうか、後ろで見守っていました。安全に注意を払いながら、何より**子どもの心の動きを読み取り、その子どもの気持ちを大切にしている**ようです。

事例　自ら決めることを大切に

　昼食はクラスで一斉に食べるのではなく、自分の思う存分遊び、満足した子どもから食べはじめます。子どもたちは、それぞれ自分のタイミングで遊びに区切りをつけて、ランチルームへ向かうのです。4歳児、5歳児はごはんもおかずも自分たちで盛りつけます。

　A保育園では、何をどのくらい食べるか、自分がどうしたいかなどを決めることを大事にしているそうです。どこでご飯を食べるかも、自分で決めます。ときには、担任の保育者を誘い、外にテーブルやクロスを用意して食べている子どもたちもいます。

　5歳児になると、クラスで話し合いをすることも増えていきます。お泊り保育で何をするのかも子どもたちと話し合いながら決めていきます。ある年、夕食に何を食べるかで子どもたちの意見が分かれました。こんなとき、みなさんならどんな決め方を思いつきますか？　よく、「小学校や中学校で、多数決で決めたな」と思い出された人も多いのではないでしょうか。多数決はさまざまな場面で多く行われていますが、実は、多数決とは、少数派でも強く思い入れがあった人のその気持ちを無視する可能性が高いことを忘れてはいけません。ここで、子どもたちが取った方法は、お互いがいいと主張するメニューのよいところを伝え合うという方法だったそうです。その方法も子どもの提案によってはじまりました。たとえば「チャーハンはご飯がパラパラでおいしいよ」とか、「カレーは甘口でつくればおいしいよ」などさまざまです。そ

の主張に心が動けば、移動していくという形で、全員が納得するまで時間をかけて、話し合いを行ったそうです。そこに立ち会った保育者は、子どもたちが主張を押しつけ合うのではなく、相手の意見も聞き入れ、相手の思いをくみながら話し合いをしていることに感動したと話していました。

2. B保育園の実践について

　2つめは、北海道にあるB保育園です。この保育園では、「自然を愛し、未来を切り開くたくましい人間像を目指します」という、育ってほしい青年像を保育理念に掲げ、保育実践を行っています。

　夏には、近くの川で遊んだり園庭の築山を中心としたダイナミックな泥遊びが展開されます。特に園庭での泥遊びは、「昼寝の後も午前中の続き！」といわんばかりに自ら水着に着替え、園庭へ飛び出していき、お迎えが来るまで遊びは続きます。保育者は、子どもたちと一緒になって思いっきり遊んでいます。

事例 「もうちょっと！」

　ある2歳の女児は、水遊びに満足してテラスに戻ってくると、自分で水着を脱ごうと必死です。濡れた水着はとても脱ぎにくく、簡単には脱ぐことができませんが、その子どもはあきらめる様子はありません。近くで他の子どもの着替えを手伝っていた保育者は、その様子を見て、「もうちょっと！」とエールを送ります。

　保育者はその子どもの"自分で"という思いを尊重し、手を出さないことを決めたようです。とても大変そうでしたが、何とか自分の力で脱ぐことができました。そのとき、保育者に満面の笑みを向けます。その子どもに心を寄せていた保育者は、「できたね！」と喜びいっぱいに応えます。保育者は子どもと一緒に思いっきり遊ぶ一方で、ていねいに子どもに寄り添い、何事も自分でやってみることを尊重しています。さて、脱ぎにくい水着を脱ぐ姿に、ここにいた保育者は見守ることを選択しました。みなさんならこんなときはどうしますか？　近くで見ていた筆者は、少し手伝ってしまうかもしれないと、感じていました。園長は、「子どもはみんな育とうとする力を

もっているけれど、今は大人が先まわりして子どものことをやってしまうことで、その芽を摘んでしまっていることもあるのではないか」と話していました。

また、冬には園庭や河川敷の土手で、雪遊びが行われます。園庭の築山は雪山となり、そりすべりや、そりをスノーボードに見立てて、上手に乗りこなしている子どもや、そりを連結してスピードを楽しむ子どももいます。また、雨の日でもカッパを着て外に散歩に出かけます。それは1歳児でも5歳児でも同じです。雨の日に出かけることや冬の寒い日でも外で遊ぶことに"なぜだろう？"と疑問に思う人もいるでしょう。雨も冬の寒さも逃げずに受け止めることは、自然を受け止めるだけではなく、事実をありのまま受け止めることにつながる、という思いがあるそうです。

事例　けんかへのかかわり

　4歳児の男児たちは、鬼ごっこの中で「タッチしたのに鬼にならない」とけんかがはじまりました。全身を使って、感情を表現し合い、それでも双方気持ちが収まらず、取っ組み合いのけんかになることもあります。しかし、お互いに叩いたりはせず、力で押し合いながら、気持ちを吐き出しています。力の差があるにもかかわらず、強い思いからか何度も向かっていきます。まわりの子どもたちは、お互いの気持ちを代弁しようとしたり、静かに見守ったり、気持ちを寄せている姿が見られます。

集団の中で生活していると、ときにはけんかになることもあります。

保育者は、近くで様子を見守り、押し合いの決着がついたところで、ていねいに双方の意見を聞きながら、納得するまでとことん時間をかけて対応していました。結局、タッチされた子どもは、鬼ごっこから抜けていたと主張していたので、そういうときはみんなに聞こえるようにいったらよいという意見がまわりにいた子どもから提案され、お互いに納得しました。その後は、けんかがあったことが嘘のように2人を交えた鬼ごっこが再開しました。大人の価値観でどちらが悪かったと決めたりせずに、**子ども同士、お互いの思いに気づき、納得していく過程を大事にしている**ことがわかります。

3. C保育園の実践について

　3つめは鹿児島県にあるC保育園の保育内容を見ていきます。ここの園は、子どもの能力を引き出す独自の保育方法を実践している園です。「子どもは皆天才であり（能力をもっている）、ダメな子なんて一人もいない」という信念をもち、「自立を目指す」ことを目的におき、保育を展開しています。ここでいう自立とは、学ぶ力を存分に発揮し、できることを一つずつ増やしていくこととしています。

　また、学ぶことの基礎は、自主学習であるという思いから、読み書き計算などの基礎学力、体力、心の力と3つを育んでいくことを大切にしていると掲げています。具体的には、3歳から個別の学習机に座り、ひらがなや数を学んでいきます。年齢を重ねるにつれ、難易度が上がり、5歳では小学校2年生の漢字まで覚えたり、かけ算やそろばんにも取り組んでいます。子どもたちは3歳でひらがなを読めるようになると、保育者が絵本を読み聞かせするのではなく、簡単な絵本から自分で読み、中には卒園までに2,000冊の絵本を読むようになるそうです。

　また、体操の時間があり、全員が側転や逆立ち歩きができ、跳び箱を10段跳べるようになるそうです。跳び箱の12段にチャレンジする子どもや宙返りをする子どももいます。この園では、幼児期は小脳の発達が早く、運動神経ができあがる時期であることから、その時期に体で覚えると小脳にインプットされ、子どもたちはどんどんできるようになる、といいます。

　さらに、子どもの学ぶ力を引き出すポイントを、子どもが天才になる4つのスイッチと称し、「子どもは競争したがる」「子どもはまねをしたがる」「子どもはちょっとだけむずかしいことをしたがる」「子どもは認められたがる」の4点を紹介しています。そして、10歳までが能力を伸ばすゴールデンタイムであり、その時期にこのやる気スイッチをうまく入れてあげることが大切であると考えており、その上で**できることを増やしておくことが、その後の自立へとつながる**という考えのもと保育を展開しています。

4. 園の理念によって保育内容が変わる

　ここまで、3つの園の保育内容を簡単に紹介してきましたが、似ている点もあれば、まったく異なる点もあったと思います。実は、これほどまでに保育内容が違うにもかかわらず、共通する点が一つあります。それは、**「子どもには育つ力がある」**という思いです。

　A保育園では、ホームページに子どもの育つ力を大切にしていると掲げています
し、B保育園の園長は、「子どもは力をもっているけれど、それを大人が削いでしま
うことがある」と述べています。また、C保育園の理事長は、「子どもは皆天才、学
ぶ力＝育つ力をもっている」と話しています。すなわち、「子どもには、育つ力があ
る」という思いと、「その力を存分に発揮し、よりよく育ってほしいと願っている」
ことは、共通しているといえるでしょう。これは保育に携わるすべての大人の願いで
もあります。その部分が共通していても、なぜ、これほどまでに保育内容の違いが生
まれているのでしょうか。それは、よりよく育ってほしいと願う先にイメージする子
どもの姿に違いがあるからです。

　では、その点について、もう一度、3つの園でどのように考えられているか、見て
いきましょう。

（1）子どもが自ら育とうとすることを大切にする

　A保育園では、「今を生きることに喜びを感じ、子どもが育つ幸せを感じる」とい
う理念を掲げています。それは具体的にどういうことなのでしょうか。A保育園の
保育内容を見ていくと育つ幸せを感じることとC園のいう「できるようになること
が増える」ということには違いがあることがわかるでしょう。A園では保育者が子
どもの育つ力を信じ、寄り添い、ていねいに気持ちをくみ取り、その子どもの思いが
実現できるよう、ともに試行錯誤していきます。それはA園の事例を見てもわかり
ます。

　しかし、子どもにとって自分と友達のしたいことが違い、思いが衝突し、葛藤する
ことがしばしばあります。子どもは、ときには保育者の力を借りたり、友達の力を借
りて、折り合いをつけていきます。その過程を経て、大人にいわれたからではなく、
自分自身で考え、判断する姿を大切にしています。それは、5歳児の話し合いのエピ
ソードからも読み取ることができるでしょう。

（2）葛藤を乗り越え生きる力を育む

　B保育園では、自然を愛し、未来を切り開くたくましい青年像を目指し、その土台
となる幼児期に、さまざまな経験を通して、心や体を耕すことを大切にしています。
ときには厳しい自然をも受け止め、それをものともしない心と体が育つことを願って
います。また、友達関係も友達と笑ったり、泣いたり、ぶつかったり、自分の思いを
表現し、また友達の思いを受け入れていく中で、対等な人間関係が育まれると考えて
います。その思いは、4歳児のけんかの場面からも感じます。保育者も思いっきり子
どもと遊び、全身で表現する子どもの心を正面から受け止めるとともに、子どもが納

得して進むことを大切にしています。子どもたちは保育者に見守られる中で、ありのままの自分を表現し、ときには葛藤しながらも納得して折り合いをつけていくことで、しなやかな心と体が育まれ、これが未来を切り開く力のベースになると考えているのでしょう。

（3）できることを増やし自立を目指す

C保育園では、「子どもは皆天才であり（能力をもっている）、ダメな子なんて一人もいない」という信念のもと、18歳くらいまでに自立できることを目指して保育を行っています。3歳から15歳までの間に大人が子どもにできることは、できることを一つずつ増やしてあげることであり、できることが確実に増えることで、18歳には一人立ちできる能力が身につくと考えています。

そのため、何ごとも繰り返し取り組むことを通して、できるようになることに重きがおかれているともいえるでしょう。できたときの達成感が自信につながり、さらにむずかしいことにチャレンジしていこうとする気持ちを育んでいることはC園の実践から伝わります。その内容は、読み書き計算や体操などで、それらができるようになるばかりでなく、さらにチャレンジしていこうとすることがC保育園で目指している姿であることが読み取れます。

このように、園で何を大切にしようとしているのか、どんな子どもに育ってほしいと願っているかによって、これほどまでに保育内容が異なるのです。もちろん、こんな子どもに育ってほしいという思いは、「ねらい」と同じように方向目標ですから、保育者のよいと思う子どもの姿になるよう型にはめていくことではありません。しかし、保育者が何を "善きこと" とするのか、園で何を大切にしているか、どんな子どもに育ってほしいという願いをもって実践しているかによって、その価値観は、確実に保育の中に表れていくものです。それは、紹介した3つの園の保育内容や保育者の姿からも感じることができるでしょう。

したがって、自分が何を "善きこと" と思っているのか、何を大切にしたいと思っているのか、それを自覚していくことは、保育を行う上で重要な手がかりとなるでしょう。

Work 6

　Unit 6では3つの保育園の保育内容を例に各園の保育内容について見てきました。では幼稚園や認定こども園の保育内容はどうでしょうか。実習先やみなさんの身近な幼稚園や認定こども園の保育内容について、どのような願いや実践が行われているか、ホームページや園のパンフレットから調べてまとめてみましょう。

①　園名	
保育目標	
どのような保育が行われているか	
大切にしている保育者の願いとして考えられること	

②　園名	
保育目標	
どのような保育が行われているか	
大切にしている保育者の願いとして考えられること	

Unit 7 子育て支援について学ぶ

　ここまでは、子どもとのかかわりにおいての保育者の役割について考えてきましたが、Unit 7 では、保育者に求められる社会的な役割について学んでいくこととします。目の前の子どもと向き合うことのみでなく、保育者は、子どもの保護者に対する役割、子どもが生きている社会（地域社会）に対する役割も担っています。そこに目を向けていくことにしましょう。

1. 保護者に対する支援

　では、まずはじめに、保育所保育指針の「第4章　子育て支援」の部分を見ていきたいと思います。まずは、保育所保育指針をしっかり読みながら、下記の Work を行ってみましょう。

 Work 7-1

　次にあげる保育所保育指針の「第4章　子育て支援」の空欄にあてはまる語句を書き込んでみましょう。

保育所保育指針「第4章　子育て支援」
　保育所における保護者に対する子育て支援は、全ての子どもの（1.　　　　　　　　）を実現することができるよう、第1章及び第2章等の関連する事項を踏まえ、子どもの育ちを（2.　　　　　　）と連携して支援していくとともに、保護者及び地域が有する子育てを自ら（3.　　　　　　）の向上に資するよう、次の事項に留意するものとする。
1　保育所における子育て支援に関する基本的事項
（1）保育所の特性を生かした子育て支援
　ア　保護者に対する子育て支援を行う際には、各地域や家庭の実態等を踏まえるとともに、保護者の気持ちを受け止め、相互の（4.　　　　　　）を基本に、保護者の（5.　　　　　　）を尊重すること。
　イ　保育及び子育てに関する知識や技術など、保育士等の（6.　　　　　　）や、子どもが常に存在する環境など、保育所の特性を生かし、保護者が子どもの成長に気付き子育ての喜びを感じられるように努めること。

（2）子育て支援に関して留意すべき事項

ア　保護者に対する子育て支援における地域の関係機関等との（7.　　　　　　　　）
及び（8.　　　　　　　　）を図り、保育所全体の体制構築に努めること。

イ　子どもの利益に反しない限りにおいて、保護者や子どものプライバシーを保護
し、知り得た事柄の（9.　　　　　　　　）を保持すること。

2　保育所を利用している保護者に対する子育て支援

（1）保護者との（10.　　　　　　　　）

ア　日常の保育に関連した様々な機会を活用し子どもの日々の様子の伝達や収集、保
育所保育の意図の説明などを通じて、保護者との相互理解を図るよう努めること。

イ　保育の活動に対する保護者の積極的な参加は、保護者の子育てを自ら実践する
力の向上に寄与することから、これを促すこと。

（2）保護者の状況に配慮した個別の支援

ア　保護者の就労と子育ての両立等を支援するため、保護者の多様化した保育の
需要に応じ、（11.　　　　　　　　）など多様な事業を実施する場合に
は、保護者の状況に配慮するとともに、子どもの福祉が尊重されるよう努め、
子どもの（12.　　　　　　　　）を考慮すること。

イ　子どもに障害や発達上の課題が見られる場合には、市町村や関係機関と連携及
び協力を図りつつ、保護者に対する個別の支援を行うよう努めること。

ウ　外国籍家庭など、（13.　　　　　　　　）を必要とする家庭の場合には、
状況等に応じて個別の支援を行うよう努めること。

（3）（14.　　　　　　　　）等が疑われる家庭への支援

ア　保護者に育児不安等が見られる場合には、保護者の希望に応じて個別の支援を
行うよう努めること。

イ　保護者に不適切な養育等が疑われる場合には、市町村や関係機関と連携し、要
保護児童対策地域協議会で検討するなど適切な対応を図ること。また、虐待が疑
われる場合には、速やかに市町村又は（15.　　　　　　　　）に通告し、
適切な対応を図ること。

3　地域の保護者等に対する子育て支援

（1）地域に開かれた子育て支援

ア　保育所は、児童福祉法第48条の4の規定に基づき、その行う保育に支障がない
限りにおいて、地域の実情や当該保育所の体制等を踏まえ、地域の保護者等に対
して、保育所保育の専門性を生かした子育て支援を積極的に行うよう努めること。

イ　地域の子どもに対する（16.　　　　　　　　）などの活動を行う際には、
一人一人の子どもの心身の状態などを考慮するとともに、日常の保育との関連に
配慮するなど、（17.　　　　　　）に活動を展開できるようにすること。

（2）地域の関係機関等との連携

ア　市町村の支援を得て、地域の関係機関等との積極的な連携及び協働を図るとと
もに、子育て支援に関する地域の人材と積極的に連携を図るよう努めること。

イ　地域の要保護児童への対応など、地域の子どもを巡る諸課題に対し、
（18.　　　　　　　　　　　　　）など関係機関等と連携及び
協力して取り組むよう努めること。

　2008（平成20）年の保育所保育指針から「保護者に対する支援」が一つの章として構成され、2017（平成29）年の保育所保育指針では「子育て支援」として章立てされています。2000（平成12）年の保育所保育指針には「保育所における子育て支援及び職員の研修など」という章がありましたが、それ以前の保育所保育指針にはこれにあたる章はありません。すなわち、年々、**子育て支援の必要性**が叫ばれるようになり、それが保育者の職務として明記されるようになってきたといえるのです。

2. 保護者支援・地域子育て支援

　保育所保育指針に明記されている保育所における保護者に対する子育て支援は、2つあります。「①全ての子どもの健やかな育ちを実現することができるよう」、そして、「②保護者及び地域が有する子育てを自ら実践する力の向上に資するよう」サポートすることです。

　いずれも、入所しているかいないかにかかわらず、すべての子ども、保護者および地域の児童の保護者に対して、専門職であるスタッフが自らの専門性に基づいて、支援することを意味します。ここでいう専門職であるスタッフとは、保育士のみを指すものではありません。保育所は、調理員のほか、看護師、栄養士、保健師などの専門職も働いている場所であり、また子どものための環境構成がなされている場であるので、実際の保育現場を見てもらうことも一つの援助となり、見学をすすめることもあります。特別なことを意味するのではなく、専門的な知見を広く地域の方々にも提供し、保護者および地域の子育て力の向上をサポートすることだと理解するとよいでしょう。

（1）保護者支援・地域子育て支援の必要性

　まず、保護者支援・地域子育て支援の必要性の背景について確認していきましょう。

　近年の子どもや保護者を取り巻く社会状況は大きく変わりつつあり、一昔前のような社会ではなくなってきています。子どもたちの遊び場一つをとってみても、また、親子の生活様式を例にあげてみても、大きく変わってきたといえるでしょう。また、近所づきあいが少なくなり、核家族化してきた現代社会の中で、孤立無援で子育てをしている母親が社会問題になった時期もありました。ものは豊かになった現代ですが、必ずしも、子どもが健やかに育つために望ましい社会になった、とはいえないのです。そのため、子育てをする保護者に対し、社会ができるだけ子育てのための支援をすることが求められるようになりました。子育てに奮闘する保護者（親）にとっての社会といったとき、もっとも身近な社会資源が保育所だといえるのです。専門職であるスタッフが支援をするとき、大切なことは保護者のありのままの気持ちを真摯

に受け止めることであり、一方的に教え導くことではないので注意しましょう。ていねいにかかわる中で、信頼関係が形成されるのです。毎日かかわる入所児の保護者への援助の仕方と、地域の子育て家庭への援助の仕方は一様ではないはずです。ときには、園だけで問題や悩みを抱えるのではなく、地域社会との連携が必要なケースもあるかと思います。**状況を把握しどのような支援ができるのかを考え、判断していくことも**専門職である保育者には必要です。

（2）地域社会との連携の必要性

　そこで、次は具体的な連携先を考えてみましょう。子育て支援として、身近な場所である保育所での相談や助言は重要な役割を担っています。しかし、保育所内だけでは対応できないものも少なくないので、**さまざまな社会資源を的確に把握し、適切に連携を図っていく**ことが求められます。連携先として考えられるものとして、児童相談所、福祉事務所（保健所）、市町村相談窓口、市町村保育担当部局、市町村保健センター、児童委員・主任児童委員、児童発達支援センター、教育委員会、小学校、警察署、病院などの専門機関があげられます。これらの他機関と日ごろから関係をつくり、必要なときに連携できる体制をつくっておくことが望ましいといえます。

　地域の子育て支援としての一時保育は園単独で担う子育て支援でありますが、ときには他機関との連携の中で引き受けるケースもあります（他機関からすすめられる形で利用する保護者も実際いるのです）。園がまわりと連携を取りながら保護者を支えていくケースは多様であることをみなさんはこれから学んでいくことになるでしょう。

🖋 3. さまざまなニーズへの対応

　保育所においては、保護者一人一人の働き方が多様化する中で、延長保育、病児保育、夜間保育、休日保育、一時預かりなど、多様な保育ニーズが高まっているのが現状です。各家庭やそれぞれの地域によってのニーズも異なるため、各自治体で保育ニーズをしっかりと把握し、対応を検討していくことが求められています。ニーズに応えることが子育て支援の充実を図っていく結果になることもあるでしょう。また、近年では、障害のある子どもの保育の実施のみならず、医療的ケアが必要な子どもやその保護者が保育園等の利用を希望するケースも増え、受け入れるための体制を整備している自治体も多くなっています。

　幼稚園においては、「**預かり保育**（幼稚園教育要領においては、「教育課程に係る教育時間の終了後等に行う教育活動」）のニーズ増加が、次頁の図表 7-1 の数値に表れているといえるでしょう。社会状況の変化の中で、女性の働き方や生き方が多様化しているこ

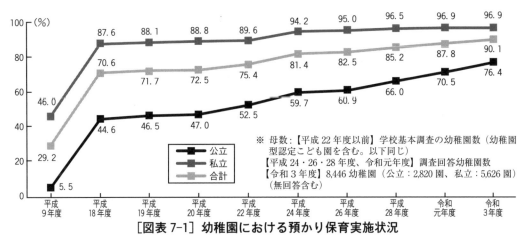

[図表 7-1] 幼稚園における預かり保育実施状況

（文部科学省「令和3年度幼児教育実態調査」）

とを物語っています。

　最後に「子育て支援」という章立てがあると、子育てをしている保護者は支援すべき対象である、という誤解へつながる危険があります。保育者が保護者を一方的に支える、という考え方ではなく、保育者と保護者は、ともに子育てをしていく同士（同志）である、という認識を必ず頭の片隅においておきましょう。もちろん、保育者は専門性を有している者として保護者を支えるケースも多々あるはずですので、職務として意識する必要はありますが、立ち位置を見誤らないよう気をつけましょう。

　ここでは、保育所保育指針をベースに、子育て支援を考えてきました。保育所保育指針においては、一つの章で以上の内容を取り上げています。一方で、幼稚園教育要領には、同様の内容の章は見あたりません。しかし、幼稚園教諭にはこのような役割が求められていない、ということではありません。幼稚園でも保護者を支え、地域の子育てを支える実践が行われています。幼稚園教育要領「第3章　教育課程に係る教育時間の終了後等に行う教育活動などの留意事項」の2において、子育ての支援についての記述がありますので、確認してみましょう。

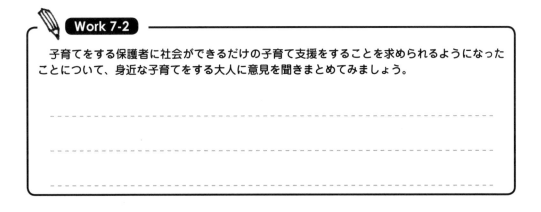

Work 7-2

　子育てをする保護者に社会ができるだけの子育て支援をすることを求められるようになったことについて、身近な子育てをする大人に意見を聞きまとめてみましょう。

Unit 8 西洋と日本の保育の創成期

　私たちが目指す保育の在り方について、より深く理解するために、保育の歴史（思想と意義）を学びましょう。それら保育の思想や意義を手がかりとしながら、あなたがもっている保育に対する考え方である「保育観」について整理しましょう。

　まずはじめに、あなたはどのような思いをもって保育者を志しましたか。「子どもが好きだから」「子どものころに出会った保育所・幼稚園の先生に憧れて」という動機をもつ人は少なくないでしょう。

　次の Work に示す 2 つの質問に答えながら、あなたが考える理想の保育者像を考えてみましょう。

Work 8-1

次の質問を手がかりに、今あなたが考える理想の保育者について考えてみましょう。

1. これまでに出会った好きな保育者はどのような保育者でしたか？

＜理由を具体的に書いてみましょう＞

2. 自分の子どもをどんな保育者にみてもらいたいですか？

＜理由を具体的に書いてみましょう＞

3. 今、あなたの考える理想の保育者はどのような保育者ですか？

　さて、何を思い、どのような保育者像を思い描いたでしょうか。2つの質問を通して、教えられる立場（例：生徒や学生）と子どもを育てる立場（例：保護者）から、「理想の保育者」を考えてもらいました。そして、何よりも「"子どもにとって"どのような保育者が望ましいか」ということ、つまりは子どもの立場に立って考え、理想の保育者像を記述したことでしょう。

　このように"子どもにとって"ということを第一に考える保育観をもっていることは、子ども・保育のことを学んできたあなたにとって、必然といえるでしょう。しかしそれは、当然のことではありません。かつての社会では、守り育てられるべき対象としての子どもは存在せず、大人を中心とした社会の中で一日も早く大人と同様になることが求められていました。

　つまり、今日、私たちが子どもという存在を認めて、発達段階に応じた特別な配慮のもと、保育や幼児教育と呼ばれる特別な方法をもって子どもを守り育てようとすることには、歴史的な背景があり、裏づけがあるのです。もう少し正確にいえば、私たちの保育観は、「子どもの興味や自発的活動に基づいて行おうとする保育の理念や実践」であるところの「**児童中心主義保育**」の思想があるわけです。

　さらに、結論を先取りする形でいえば、この児童中心主義保育の思想は、現在の日本の保育実践におけるガイドラインである保育所保育指針ならびに幼稚園教育要領の基本的な考え方にも受け継がれています。国が保育実践を担う者であることを社会的に保障するところの「免許」（license）ならびに「資格」（qualification）の取得を目指すのであれば、この「児童中心主義保育」の思想を、より深く理解するとともに、その考え方に関するしっかりとした根拠を学ぶ必要があります。

　ここでは、「児童中心主義保育」の思想の源流とその発展過程をとらえることで、すでに私たちが潜在的にもっている保育観に対する「歴史的な裏づけ」を学んでいくことにしましょう。

1. ヨーロッパにおける保育の創成期

　一言に「保育」といっても、古来より育児という営みはあり、地域や親族といった集団の中で子どもを育てること、いわゆる実子以外の子どもを育てるという意味での「保育」は、史料に残されているよりもはるか昔から行われてきました。

　ここでは、現在、保育実践が展開されている代表的な場としての「保育所」ならびに「幼稚園」の起源を探ることにします。具体的には、西洋において乳幼児のための教育論や保育施設が創設された18世紀ころの歴史を学びます。今日の児童中心主義保育の保育所・幼稚園の創成期について学んでいくことにしましょう。

まずは、保育の源流をさかのぼるにあたり、「保育所」ならびに「幼稚園」に相当する保育施設の創設に携わった2人の実践家をおさえておきましょう。

Work 8-2

教育実践（太字下線部）を手がかりに調べ、空欄に人物名を記入しましょう。

1. (1.　　　　　　　　　　　　　　　　)（イギリス：1771～1858）

イギリスの社会改革者で、人間の活動は環境によって決まるとする環境決定論を主張した人物です。幼少期から劣悪な環境に育ち、6歳で長時間労働に従事させられる労働者階級の子どもたちの実態を通して、子どもの生活環境と教育の充実がなければ社会はよくならないと考えるようになり、幼児のための教育施設の開設を目指します。そして1816年に、自身の経営する紡績工場の中に**性格形成学院**を開設します。学院内で1歳から5歳の子どもに教育を施した**幼児学校（Infant School）**では、子どもの自発的活動が重視され、学習方法として遊びを取り入れました。

幼児学校の教育理念と実践は、イギリス国内およびアメリカにも伝えられ、現在の「保育所」のはじまりとして認識されています。ただし、これ以前、社会改革の主旨から子どものための保育施設を開設した人物として、**オーベルラン**があげられます。

2. (2.　　　　　　　　　　　　　　　　)（ドイツ：1782～1852）

ドイツの教育学者で幼児教育の祖といわれ、小学校就学前の子どもたちのための教育に一生を捧げた人物です。人間の素晴らしい本性を発揮するためには、とりわけ幼児期の経験が重要であり、一方で当時の幼児に対する教育の場であった家庭では不十分であるという認識から、幼児のための教育施設の開設を考えます。そしてさまざまな試行錯誤を経て、1837年に一般ドイツ幼稚園を開設し、その後、1840年に**キンダーガルテン（Kindergarten）**と改称します。この1840年が世界で最初の幼稚園が開設された年として認識されています。

その後、彼が開発した教材の**恩物は、その理念と方法とともに世界に広まっていきます。**ただし**後年は、その方法が形骸化するとともに教条化することになり、批判の対象**となります。

☞ **オーベルラン**

Oberlin, J.F.（1740～1826）。ドイツで生まれ、フランスの牧師であったオーベルランは、貧しい農家の幼児のために、フランスのアルサスローレンに、1769年に学校を設立しました。学校は3段階に分かれており、幼児には言語教育など、6歳からの中間学校では読み書きや農業など、大人の学校では母親に編み物を教えており、世界最初の保育所（託児所）「幼児保護所」といわれています。

☞ **恩物**

1838年に創案された、子どもが率先して活動できるような材料を子どもたちに提供するようデザインされた教材です。恩物には、第1恩物から第20恩物まで20種類あります（本書p.73～74、参照）。

2. 乳幼児期の教育に影響を与えた人物

　ヨーロッパにおける保育の創成期に影響を与えた実践家について確認しました。ここでは彼らに影響を与えた教育史に名を残す思想家についてもおさえておきましょう。

Work 8-3

教育思想に関する著書（太字下線部）を手がかりに調べ、空欄に人物名を記入しましょう。

1.（1.　　　　　　　　　　　　　　　　）（チェコ：1592 ～ 1670）

　現在のチェコの一地方モラビア生まれの教育思想家です。

　1657 年に発刊された主著『**大教授学**』は世界最初の教育学に関する体系的書物とされ、近代教育学の祖と呼ばれています。学校の全面的な改革原理を提案した『大教授学』の中で、6 歳までの幼児期は、家庭での母親の膝に象徴される「母親学校」において、適切な教育が施されるべきであると論じています。

　子どもにとって教育が必要であることを説き、乳幼児の教育方法について、楽しさを感じながら、知識を感覚的に体験する方法が望ましいと考え、学習方法として遊びの重要性を説きました。

2.（2.　　　　　　　　　　　　　　　　）（フランス：1712 ～ 1778）

　封建的な当時の社会から、民主的で人間的な世の中の在り方を論じた『社会契約論』を著した啓蒙思想家です。そして、民主的な社会にふさわしい人間を育てるという観点から、子どもの教育について考えます。1762 年に出版した教育小説『**エミール**』において、自分という人間の本性を取り戻すための教育「自然主義教育（消極的教育）」の意義を説きました。

　子どもは子どもであるという児童観を示し、子どものための教育の在り方を説いた功績は「子どもの発見」であるとされ、今日の「児童中心主義保育」の思想の源流といわれています。その後、ペスタロッチにも大きな影響を与えました。

☞『エミール』

　1762 年に出版された教育小説です。子どもにとって望ましい教育方法を説くために、主人公の男の子エミールの誕生から成人までの成長を家庭教師の立場から描いたフィクションです。近代の教育思想を学ぶ上で代表的な書物となっています。

☞ 自然主義教育（消極的教育）

　子どもが自ら学ぶことを保障することであり、その学習内容や方法は人間の発達段階に応じて与えられるとした教育の考え方のことです。乳幼児の学習について、まずは知識と結びつけずに探索（経験）によって「知る」ことが重要であり、探索はおもしろさからくる知的好奇心によって成立すると考えたことから、学習方法として遊びに着目しています。当時の教育は、教師による伝統的な教授内容の教え込みであったことから、「自然主義教育」の考え方は、伝統的な教育の在り方を否定する内容でした。

☞　ペスタロッチ

　Johann Heinrich Pestalozzi（1746 ～ 1827）。スイスの教育実践家で、フランス革命後の混乱の中でスイスの孤児や貧民の子どもたちの教育に従事した人物です。スイスで農業改良の事業に携わりながら、著述活動を進めました。その後、貧民学校や孤児院の開設・運営を経て、ブルクドルフやイヴェルトンに初等学校を開設します。この学校では、後に世界最初の幼稚園を開設するフレーベルが通算 2 年にわたって学び、また、すでに 1816 年に保育所（性格形成学院）を開設していたオーエンも 1818 年に視察しています。

　これら学校・施設における集団保育の中で、児童中心主義保育の実践に着手した創成期の人物についてはしっかりと調べて、覚えておきましょう。

3. 日本における保育の創成期

　ヨーロッパで生まれた保育思想とその機関（とりわけ、幼児のための学校としての「幼稚園」という考え方）は、明治維新に伴う開国とともに、日本にも導入されました。

　そこで、日本における「幼稚園」のはじまりとともに、そこから派生する形で、現代の児童福祉施設としての「保育所」につながる実践を行った園と、そこに携わった人々をおさえていくことにしましょう。

Work 8-4

空欄には教育施設名または人物名が入ります。下線太字箇所を手がかりに記入しましょう。

1. 幼稚園のはじまり（1.　　　　　　　　　　　　　　　　　　）
　・開設：1876（明治 9）年
　・性格：上流階級の子女のための学校
　・関連する人物：　　　創設当時の主任保姆※　　（2.　　　　　　　　）
　　　　　　　　　　　創設当時の保姆　　**豊田芙雄**（とよだふゆ）
　　　　　　　　　　　創設当時の監事（園長）　（3.　　　　　　　　）
　　　※保姆は幼稚園・保育所（託児所）を問わず、保育に携わる者に対して用いられ
　　　　ていた呼称で、1947（昭和 22）年の児童福祉法制定まで一般的に使用された。
　・保育内容：時間割ごとに設定された課題活動※を中心とする（p.74、図表 8-1 参照）
　　　※課題活動は、フレーベルが考案した恩物（p.74、図表 8-2 参照）を使用した手
　　　　技と呼ばれる活動だった。恩物は、日本では「二十遊嬉」と呼ばれ、フレーベ
　　　　ルに直接指導を受けたドイツ人の松野クララによって伝えられた。
　・保育者に対する期待：欧米風の教育の考え方や教え方を身につけ、子どもに教え
　　　　　　　　　　　　ることを中心とする。
　・備考：この段階ではまだ、幼稚園が学校の一つとして国の教育体系に組み込まれ
　　　　　ていなかった。

2. 保育所のはじまり　　二葉幼稚園※

- ・開設：1900（明治33）年
- ・性格：下層階級の子弟のための福祉・教育施設
- ・関連する人物：森島峰（美根）とともに二葉幼稚園を設立（4.　　　　　）
- 　　　　　　　　　二葉幼稚園の発展に貢献　　　　　　（5.　　　　　）

　※二葉幼稚園は後に二葉保育園と改称する。「保育所」が福祉制度上の正式な
　　名称として用いられるようになるのは、児童福祉法が制定された1947（昭和
　　22）年でそれまでは保育に欠ける児童を保育する施設の呼称として、主に「託
　　児所」などが用いられていた。

- ・保育内容：子どもの実態を踏まえ、遊戯（好きな遊び）を主とし、その上で他の幼
- 　　　　　　稚園と同じように手技や唱歌を行う。
- ・保育者に対する期待：経済的に困窮している家庭の子どもを保護・養育するとと
- 　　　　　　　　　　　もに、そうした家庭への啓蒙（親教育）を行うこと。
- ・備考：日本最初の保育所としては、1890（明治23）年（6.　　　　　）
- 　　　　らによって開設された新潟市の「新潟静修学校」付設の託児所（後の
- 　　　　守孤扶独幼稚児保護会）とされることもある。

　明治の日本政府は、すべての国民に等しく教育の機会を与えるとした高い志のもとに、欧米のすぐれた教育制度・方法を積極的に取り入れました。**恩物**も、世界的にすぐれた幼児教育の方法であり、日本最初の幼稚園で幼児教育のモデルとなった「**東京女子師範学校附属幼稚園**」に導入され、その後、幼稚園保育及設備規程（1899（明治32）年）に保育内容として恩物による活動「手技」が位置づけられたことで定着しました（本書p.74参照）。

　同園創設時の保育時間表（次頁、図表8-1参照）は、現在の日案と週案にあたる内容を示しています。しかし、小学校以上の教科教育と同様に、時間割のように保育内容が組まれていました。これはモザイク案と呼ばれ、1日4時間とされる保育時間の中に30～45分の設定活動が隙間なく計画されていました。この設定活動の多くが、恩物を取り扱う活動

☞ **東京女子師範学校附属幼稚園**

　「東京女子師範学校附属幼稚園」は今日に至るまで、下記のように改称されています。本書ではわかりやすさを考慮し「東京女子師範学校附属幼稚園」と統一して解説しています。

- ・「東京女子師範学校附属幼稚園」1876（明治9）年の開園～1885（明治18）年
- ・「東京師範学校女子附属幼稚園」1885（明治18）年
- ・「高等師範学校女子部附属幼稚園」1886（明治19）年～1890（明治23）年
- ・「女子高等師範学校附属幼稚園」1890（明治23）年～1908（明治41）年
- ・「東京女子高等師範学校附属幼稚園」1908（明治41）年～1952（昭和27）年
- ・「お茶の水女子大学文教育学部附属幼稚園」1952（昭和27）年～1980（昭和55）年
- ・「お茶の水女子大学附属幼稚園」1980（昭和55）年～現在

です。恩物による保育が主流であった明治期は、1日1時間～1時間半、保育の核となる時間帯（10時から昼食まで）が恩物による活動にあてられていました。

　フレーベルが考案した恩物は、全部で20種類あります。第三ノ組（いわゆる3歳児クラス）に見られる「球ノ遊（第一箱）」は第1恩物、「三形物」は第2恩物にあたります（次頁、図表8-2参照）。恩物には、まり（球体）や大小の積み木（三角形・四角形）、直

線の棒や板があり、その物の形状を生かしてさまざまな形（立体）を構成したり、模様（平面）を描くといった遊び方により、形のもつ性質を知ることを目的としました。そのため彩色程度のシンプルなつくりで、その特性を十分に理解できるように、一つの恩物に多様な遊び方があります。保姆はその遊び方を示し、子どもはそれを恩物机に向かってまねしながら探求するという遊び方が基本となっていました。日本では、第1〜10までを保育者が取り扱い方を示す恩物、第11〜20までを子どもたちが自ら探求する作業（手技作業）と区別して、指導が行われました。

第一ノ組　小児満五年以上満六年以下

	三十分	三十分	四十五分	四十五分	一時半
月	室内会集	博物修身等ノ話	形体置キ方（第七箱ヨリ第九箱ニ至ル）	図画及ヒ紙片組ミ方	遊戯
火	同	計数（一ヨリ百ニ至ル）	形体積ミ方（第五箱）及ヒ小話	針画	同
水	同	木箸細工（木箸ヲ折リテ四分ノ一以下分数ノ理ヲ知ラシメ或ハ文字及ヒ数字ヲ作ル）	剪紙及ヒ同貼付	歴史上ノ話	同
木	同	唱歌	形体置キ方（第九箱ヨリ第十一箱ニ至ル）	畳紙	同
金	同	木箸細工（豆ヲ用ヒテ六面形及ヒ日用器物等ノ形体ヲ模造ス）	形体積ミ方（第五箱ヨリ第六箱ニ至ル）	織紙	同
土	同	木片組ミ方及ヒ粘土細工	環置キ方	縫画	同

但シ保育ノ余間ニ体操ヲ為サシム

第二ノ組　小児満四年以上満五年以下

	三十分	三十分	四十五分	四十五分	一時半
月	室内会集	体操	形体置キ方	図形（三角形等ニ至ル）	遊戯
火	同	同	博物修身等ノ話及ヒ図画	針画	同
水	同	同	形体積ミ方（第三箱ヨリ第四箱ニ至ル）	縫画（三倍線等）	同
木	同	唱歌	計数（一ヨリ二十二ニ至ル）及ヒ体操	織紙（第十二号ニ至ル）	同
金	同	体操	木箸置キ方（六本ヨリ二十本ニ至ル）	畳紙	同
土	同	同	歴史上ノ話	形体積ミ方（第四箱）	同

第三ノ組　小児満三年以上満四年以下

	三十分	三十分	四十五分	四十五分	一時半
月	室内会集	体操	球ノ遊（第一箱）	図画（三倍線ノ直角等）	遊戯
火	同	同	小話	貝ノ遊ヒ	同
水	同	同	三形物（球・円柱・六面体）	畳紙（第一号ヨリ第四号ニ至ル其他単易ノ形）	同
木	同	唱歌	計数（一ヨリ十二ニ至ル）及ヒ体操	鎖ノ連接	同
金	同	体操	形体積ミ方（第三箱ニ至ル）	針画	同
土	同	同	画解	木箸置キ方（六本ニ至ル）	同

[図表 8-1]　東京女子師範学校附属幼稚園「幼稚園規則」保育時間表

（「白書　学制百年史」五　幼稚園の創設、文部科学省 HP）

＜第1恩物＞

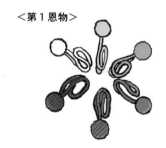

子どもが握れる大きさの毛糸のまり。6色（赤橙黄緑青紫）あり、ひもの有無がある。転がしたり、振り子のように揺らす遊び方がある。

＜第2恩物＞

直径6cmの木製の球・高さ6cmの円柱、一辺6cmの立方体がある。回転用ひも、組み立てる棒を使った遊び方がある。

[図表 8-2]（第1恩物・第2恩物）

Unit 9　西洋の保育実践の発展過程

　Unit 8では保育所・幼稚園の源流をさかのぼる方向で、保育の創成期に焦点をあてながら、児童中心主義保育の思想を形づくり、その実践に着手した人々を紹介しました。

　保育実践の歴史は、ペスタロッチにはじまり、オーエンやフレーベルによる保育所・幼稚園の創設により、学習方法としての「遊び」や「生活」の在り方が示されました。これらの提案は、伝統的な子ども観・学習観への問題提起となり、ヨーロッパからアメリカへと保育の思想と実践の模索が広がり、深まることにつながります。

　ここでは、研究と実践を積み重ねることで、現代にも受け継がれる「児童中心主義保育」に影響を与えた人々を紹介していくことにします。

1. 欧米でさまざまな実践を試みた人物

　イギリスにおける**オーエン**の**幼児学校**（保育所）と、ドイツにおける**フレーベル**の**キンダーガルテン**（幼稚園）の実践は、今日、高く評価されていますが、当時のヨーロッパ社会においては、あまりにも斬新であったことから定着はしませんでした。2人の実践は、新大陸として国がおこったアメリカにおいて受け入れられ、乳幼児のための教育施設の普及や実践の模索を引き起こします（図表9-1参照）。また、ヨーロッパにおいてもあらたな実践がおこります。

教育活動・運動	創始者	内容・特徴
キンダーガルテン	フレーベル（ドイツ）	すべての子どもに幼児教育の場を開くことを目指して幼稚園を開設。知的な学びは、子どもの主体的な活動に基づくとして、幼児の教育方法は遊びであると考え「恩物（20種類）」を開発する。
保育学校	マクミラン姉妹（イギリス）	保育は子どもの幸福を援助することであり、健康や安全に配慮された養護的な環境を用意し、屋外での活動や体を使った活動を重視した。労働者階級の貧困家庭の子育てを支えた。
進歩主義教育	デューイ（アメリカ）	個々人の可能性が開発される教育が社会を改善するとして、教育そのものの意義を唱え、教育は探究・挑戦・成長の機会であるとして子どもの自発性と経験による学習を重視した。

［図表9-1］20世紀において世界的潮流となった乳幼児教育の内容

　フレーベルとオーエンによりヨーロッパで生まれた児童中心主義保育の思想と実践はアメリカに広がり、アメリカから日本にも伝わります。そして、現代にも受け継がれる児童中心主義保育の思想と実践の模索がはじまります。

　前頁の図表9-1にあげた3つの教育実践は、子どもの主体性を重視した保育、養護と教育が一体となった保育など、今日の乳幼児のための保育に通じる理論をもっており、世界的な影響を与えました。

　では、欧米における実践の中で日本の児童中心主義保育に大きな影響を与えた3人についてWorkで確認していきましょう。

Work 9-1

空欄に人名を記入しましょう。手がかりは、彼らが行った教育実践（下線太字）です。

1. （1.　　　　　　　　　　　　　　　）
イギリス：レイチェル：1859 〜 1917 ／マーガレット：1860 〜 1931

　イギリスにおける**保育学校（Nursery School）**の創設者です。保育学校の創設は、1911年、ロンドンにある自宅の庭を開放し、共働き家庭の5歳以下の乳幼児を対象とした戸外保育にはじまります。オーエンによって提起された貧困層の子どもたちに対する乳幼児期からの生活環境の改善（**養護**）を含めた教育の問題に取り組みました。保育学校はイギリスの学校教育制度に組み込まれ、国内各地へと広まっていきました。そして、アメリカにおいても貧困層の幼児教育機関（保育所）として普及します。

2. （2.　　　　　　　　　　　　）アメリカ：1859 〜 1952

　プラグマティズム（実用主義）思想の哲学者・教育思想家です。子どもを学習の主体ととらえ、経験に基づく教育の重要性を説き、シカゴ大学附属実験学校における実践において、**進歩主義教育運動（新教育運動）**の教育の在り方（次頁、図表9-2参照）を示したことにより、運動を推進しました。

　教育思想と実践は、キルパトリックやヒル（本書 p.78、参照）に受け継がれ、恩物を中心としたフレーベル主義の幼稚園にかわって進歩主義幼稚園がアメリカ国内に広がりました。進歩主義幼稚園の実践は、児童中心主義の保育のさらなる実践の模索に影響を与えました。

3. （3.　　　　　　　　　　　　）イタリア：1870 〜 1952

　イタリア史上初の女性の医学博士です。障害児の教育の研究から出発し、ローマのスラム街における**子どもの家（Casa dei Bambini）**での実践は、一つの保育方法として理論化されており、世界的な影響を与えました。その保育方法は、幼児保育一般にも適用されるとする生活の中のさまざまな仕事と、**感覚教具**などを用いた遊びから構成されます。

　彼女は、子どもに対する注意深い観察の結果から、子どもたちは本質的に動機づ

けられた存在であり、適切な学習環境を与えれば、自ら探究するという確信をもちます。そして、自発性と敏感期（発達の過程において、幼児自身がある時期に特定の対象に強い関心をもつこと）を生かすことで、教育において大きな効果を得られることを発見しました。適切な学習環境については、さまざまな教具を子どもたち自身が選べるように棚に整理して提示すること、活動の際には、子どもたちが自分の関心に対して誠実に向き合えるように静かで秩序づけられた環境を整えるように配慮する必要があると考えました。

このような考えから教師（directress）は観察者であり、案内役（guide）であるとして、まずは教師が教具の取り扱いなどを修得することが必要であると考えたことから、彼女の保育方法と理論の厳密な伝授を軸とした養成教育の充実にも力を注ぎました。しかし一方では、知的能力の向上といった教育効果とそれを促す感覚教具の指導法のみが着目され、知的早教育の方法として導入される状況もありました。

アメリカで普及していたフレーベル主義の幼稚園は、形骸化した恩物によって活動内容や自発性が制限され、子どもの主体性に基づいた教育方法ではなくなっていました。**進歩主義教育運動**（**新教育運動**）は子どもの主体性を取り戻すことで、一人一人の可能性が発揮される社会の実現を目指した社会改革の中で行われた教育改革の運動です。進歩主義教育運動により、ルソーやフレーベルにはじまった児童中心主義保育の思想は、教育の一つの在り方として、世界的な潮流になりました。このようにして、教育のあらたな意義が見出され、現在の教育観につながっているのです。

	旧来の教育観	新しい教育観
子ども観	子どもは受け身的な存在であり、一人一人は集合体や「群れ」として取り扱うように整えられている。	子どもは本質的に個性的な存在であり、自らの興味に基づいて能動的に探究しようとする創造的な存在である。
学習観	子どもの学習の在り方としては「聞くということ」にのみ基本がおかれている。	子どもの学習の在り方としては、"試みること"と"受けたこと"（意味を実感すること）から成り立つ「経験」に基本がおかれている。
意義	教育とは、既存社会の伝統的な価値観を伝搬し社会の一構成員をつくるための手段にすぎない。	教育はよりよい社会を求めて考え、行動する一人一人をつくるための方法であり、社会を変えることができる。

[図表 9-2] 教育の新しい意義（新旧教育観の比較）

 # 2. 児童の福祉と教育の発展に貢献した人物

Work9-1 で確認した児童中心主義保育に大きな影響を与えた人物の他にも彼らの影響を受け、さまざまな実践を行った人たちがいます。それらの人々について紹介したいと思いますので、確認していきましょう。

（1）児童福祉・児童研究の発展に貢献した人物

①エレン・ケイ（スウェーデン：1849 ～ 1926）

　スウェーデンの社会思想家、教育学者で、教職に就きながら、婦人解放運動に取り組みました。母性と児童の尊重を基軸に社会問題を論じ、教育の重要性を説きました。1900 年に刊行された『児童の世紀』は、その後の教育・児童福祉運動に大きな影響を与えました。

> ☞『児童の世紀』
> 　エレン・ケイが、子どもをもつすべての親に向けて、児童教育と婦人の使命について説いた書籍です。家庭教育の大切さや個性の尊重など、現在の教育の在り方に通じる内容です（翻訳版は同名で小野寺信・小野寺百合子翻訳、冨山房 1979）。

　彼女の功績は、子どもは社会全体で護り育てる必要があることを訴え、児童福祉を起こしたことです。

②ホール（アメリカ：1846 ～ 1924）

　アメリカの心理学者で、実証に基づいて発達心理学を確立した人物です。20 世紀はじめにホールが中心となって起こした児童研究運動は、世界に広まり、日本にも影響を与えました。児童研究の祖と呼ばれています。

　幼児教育においては、恩物に偏重したフレーベル主義を批判し、自由保育に対して心理学的な根拠を提供しました。

（2）デューイの思想と教育方法を受け継いだ人物

①キルパトリック（アメリカ：1871 ～ 1965）

　アメリカの教育学者です。コロンビア大学でのデューイの弟子であり、同僚でもありました。1919 年、デューイとキルパトリックは、学外活動様式であるプロジェクト・メソッドを提唱し、デューイが亡くなるまでともに研究した人物です。

> ☞ プロジェクト・メソッド
> 　子ども自らが自発的に計画し問題解決の活動を行うことで、知識と経験を総合的に体得させようとする学習法や構案法のことです。

②ヒル（アメリカ：1868 ～ 1946）

　アメリカの教育学者です。コロンビア大学において、デューイやキルパトリックの思想を受け継ぎ、幼児教育の改善や向上などに尽力しました。フレーベル主義を批判し、「ヒルの積み木」と呼ばれる大型積み木を考案した人物でもあります。

Work 9-2

　これまでに話題になった日本あるいは海外の保育や、育児の方法について調べ、実践する立場として客観的に分析してみましょう。

　1. 調べた保育方法の内容についてまとめましょう。
　（例：モンテッソリ・メソッド、恩物、完全母乳育児、添い寝など）

私が調べたのは（　　　　　　　　　　　　　　　　　　　　　　　　　）についてです。
調べた保育方法の概要

　2. 調べた保育方法について批評してみましょう。

　　①よいと思ったところ（例：期待できる子どもの育ち、保護者の育ち等）

　　②悪いと思ったところ（例：実践する上で課題になること、実践できないと思う内容等）

Unit 10 日本の保育実践の発展過程

　Unit 9 では、ヨーロッパで生まれた「児童中心主義保育」の思想と実践がアメリカに伝わり、現代にも受け継がれる思想として根づき、実践の模索がはじまったことを確認しました。

　日本においては、明治維新により欧米からさまざまな文化がもち込まれる中で、児童中心主義保育の思想や方法が伝えられました。そして、欧米を模範とした日本初の幼稚園が創設され、それとは別に制度で定められた保育所もまた託児所として誕生しました。

　乳幼児の教育・保育に関する取り組みがはじまったのは明治期です。そして、日本独自の乳幼児のための教育・保育の思想や実践の模索が広がり、また制度が充実するのは大正期のことです。Unit10 では、明治・大正期の日本における保育所・幼稚園に関する制度の充実と児童中心主義保育思想・実践の発展過程を学びましょう。

1. 日本における保育の発展期①
── 保育の実践を支える制度に焦点をあてて

　日本において保育所や幼稚園が乳幼児のための教育機関・保育機関として教育・福祉体系に据えられる過程を、各種法令の制定から確認していきましょう。まず、その前に、明治期の日本における乳幼児教育の意義、実践が起こった背景を日本で最初の学校制度を定めた教育法令である「学制」を通して確認しましょう。

> **「学制」：日本における学校教育の在り方を示したはじめての法令**
> ・公布：1872（明治 5）年
> ・意義：国として教育の重要性とその在り方（つまり学校教育）を示したこと

　明治期（1868 ～ 1912 年）は、世界の産業革命に遅れをとっていた日本において、急速に近代化が進められた時代です。明治政府は、欧米と同等の文化・経済水準になることを目指した国づくりの中で、教育を重視し、欧米の先進的な理論・方法を取り入れた教育を実現するために、学制を公布しました。

学制は、6歳までの子どもに対する教育の場として「幼稚小学」という施設を示しましたが、小学校の普及が急務であったことから、実現には至りませんでした。

幼児教育施設での保育の歴史は、日本初の公立幼稚園「東京女子師範学校附属幼稚園」の創設を契機として、全国に「幼稚園」としてさまざまな保育施設が充実します。この実態に応じて、まずは幼稚園のための制度が整備されました。

保育所（託児所）は、明治期の産業革命等による貧困問題の対策としてはじまり、後に社会福祉事業として発展します。

（1）幼稚園の充実

1876（明治9）年、東京女子師範学校附属幼稚園の創設を契機として、明治期は国公立幼稚園が全国に開設され、制定されたのが「**幼稚園保育及設備規程**」です。

①幼稚園保育及設備規程

これは、日本における幼稚園に関するはじめての法的基準（文部省令）です。その具体的な内容は下記のとおりです。

- 公布：1899（明治32）年
- 保育の目的：幼児ヲ保育スルニハ其心身ヲシテ健全ナル発育ヲ遂ケ善良ナル習慣ヲ得シメ以テ家庭教育ヲ補ハンコトヲ要ス
- 保育内容：保育4項目
  ① 遊嬉：随意遊嬉（好きな遊び）と共同遊び（歌曲に合わせて共同で行う）から成る
  ② 唱歌：平易な歌を歌うことで聴覚器・発声器・呼吸器の発育を育てる
  ③ 談話：保育者の話を通して、観察力・注意力を養い、正しい言葉を習得させる
  ④ 手技：恩物を用いて手と眼の訓練をなし、心身の発育を助ける

明治期の保育は、保育室内に並べられた机の上で、恩物を取り扱う手技を中心とした保育が行われていました（本書、p.73参照）。

また、近代以前の幼児教育は、家庭において主に母親が行うものであり、母親による教育が望ましいとされていました。保育目的にあるように、幼稚園は家庭教育を補うものであり、家庭教育の代替であると考えられていました。

②幼稚園令

　幼稚園における教育について単独で取り扱った最初の勅令（勅令とは省令よりも重要度が高いもの）になります。その具体的な内容は下記のとおりです。

- ・公布：1926（大正 15）年
- ・戦前・戦中期の幼稚園制度の基本法となる（※戦後は昭和 22 年に制定された学校教育法）
- ・保育の目的：幼稚園ハ幼児ヲ保育シテ其ノ心身ヲ健全ニ発達セシメ善良ナル性情ヲ涵養シ家庭教育ヲ補フヲ以テ目的トス（幼稚園令第 1 条）
- ・保育内容：遊戯・唱歌・観察・談話・手技等（幼稚園令施行規則第 2 条）

　大正期に入ると、恩物による形式的な保育に対する批判が高まり、子どもの興味や自発性に基づく保育の方法として「遊び」の模索がはじまります。保育内容にあらたに加えられた「観察」には、戸外での自然観察などがあります。保育内容に「観察」として戸外の活動が取り入れられたこと、手技に「等」がつけ加えられたことからも、保育内容の自由度が広がっていることがわかります。しかし、幼稚園の位置づけが、家庭教育を補うもの、代替であるとの位置づけは変わりませんでした。

Work 10-1

保育所・幼稚園の魅力についてあなたの考えをまとめてみましょう。

1. 家庭にはない保育所・幼稚園ならではの環境（人的環境・物的環境）を箇条書きであげてみましょう。

---

2. 上記にあげたことを踏まえて、保育所・幼稚園だから経験できること、その経験から身につくことや学ぶことについてあなたの意見をまとめてみましょう。

（2）保育所の充実

　保育所（託児所）は明治中期の産業革命の中で、都市部においては貧困層の子どもを対象として、郡部においては農作業中の託児所などとして誕生します。名称も、幼稚園や託児所など統一されていませんでした。「保育所」として名称が統一され、児童福祉施設として制度に組み込まれるのは、1947（昭和22）年の児童福祉法制定を待ちます。

①私立保育所の開設と普及

　保育所は、幼稚園が普及する中で、幼稚園では補うことができない、貧困家庭の子どもに対する養育環境の改善や保護者の就労による日中の養護および教育を目的として誕生しました。その役割は、現状を受けて地域の篤志家（社会奉仕などを実行支援する人）によって開設された私立の保育所（託児所）が担っていました。

　そのため都市部と郡部では創設の動機が異なりますが、いずれも貧困家庭の保護者の就労を可能にするなど「慈善・救済事業」（charity）として普及し、貧困対策の取り組みとして助成を受けていました。

②公立託児所の開設と普及

　関東大震災などの天災や災害、戦争によって生じた孤児の問題から、子どもは社会において養護・教育する必要があるとして、保育所（託児所）は「社会事業」（social-work）へと転換されます。

　これにより、公立保育所（託児所）の普及が進められました。そして、1919（大正8）年に大阪市に日本最初の公立託児所（鶴町第一託児所・桜宮託児所）が開設され、1921（大正10）年には東京にも開設されました。

　　＜東京市の公立託児所の発足＞

・開設年：1921（大正10）年　江東橋託児場が開設され、都内に普及する。
・保育内容：開設当初→保育4項目（遊戯・唱歌・談話・手技）に限定。

　　　　　　　　　　　　　　　　（東京市託児保育規定：1921年）

　　　　　　　後に改訂→「衣服・毛髪・爪・虱の駆除・傷の手当」「栄養給
　　　　　　　　　　　　食」「身体検査」「日光浴」「午睡」「自由遊び」「自
　　　　　　　　　　　　然科学的保育」（遠足や観察）ならびに「初歩的な
　　　　　　　　　　　　衛生的習慣」「正しい言葉の使い方」などが追加さ
　　　　　　　　　　　　れる（上記規定1930年・1934年の改訂による）。

2. 日本における保育の発展期②
—— 保育を探究し、さまざまな実践を試みた人物

　日本における児童中心主義の保育は、「①形骸化した恩物による保育への批判」、「②恩物に象徴される課題活動ではない保育の在り方を求めた保育理論の模索」、「③恩物に代わる保育方法の模索」によって、展開・発展していきます。

　まずはじめに、恩物による保育を批判し、あらたな保育理論を模索した人物を紹介します。下記の Work で、日本における児童中心主義保育思想の源流といえる5人の人物をおさえておきましょう。

 Work 10-2

太字に示した著作物や代表的な事柄（下線太字）を手がかりに、人物名を記入しましょう。

1. (1.　　　　　　　　)（1872 ～ 1958）

　東京女子師範学校に勤務し、東京女子師範学校附属幼稚園の批評係に任命されたことをきっかけに、これまで附属幼稚園で行われていた欧米の保育手法をそのまま実践する保育をあらため、自由で児童中心的な保育へと変えた人物です。

　恩物主義の保育を批判し、1904（明治 37）年には日本人によるはじめての体系的な保育理論書である『**幼稚園保育法**』を著しました。

2. (2.　　　　　　　　)（1876 ～ 1954）

　東京女子師範学校の教員として、1908（明治 41）年に『**幼児教育法**』（中村五六との共著）を、1913（大正 2）年に『幼児保育法』を著した人物です。

　その後、同校を去り、自分の幼児教育を実践するために 1915（大正 4）年には目白幼稚園を、1930（昭和 5）年にはよりよい保育者の養成を目指して**目白幼稚園保母養成所**（現在の東京教育専門学校）を設立し、幼児教育界の先駆者として活躍しました。

3. (3.　　　　　　　　)（1882 ～ 1955）

　1917（大正 6）年より、東京女子師範学校教授ならびに同附属幼稚園監事（園長）を務めた人物です。形式主義的な保育の在り方を徹底的に批判し、**日本における「児童中心主義保育」の理論化と普及**に貢献しました。第二次世界大戦後の 1948（昭和 23）年には、現在の幼稚園教育要領や保育所保育指針の原型となる保育の手引き書「保育要領」をつくりました。**日本保育学会**の創設に携わり、**初代会長**を務めました。

4. (4.　　　　　　　　)（1893 ～ 1985）

　1936（昭和 11）年、**保育問題研究会**を結成し、保育の実践者と研究者の共同研究を進め、新しい保育の在り方を模索した人物です。家庭教育と保育所・幼稚園における保育は目的が異なると考えており、幼児教育の本質は家庭にあるとした倉橋を

批判しました。

　　また、保育者が子どもの要求に応えることに終始・偏重した児童中心主義保育の在り方を批判し、保育者の指導の在り方を考えるようになります。そして、子どもは現実社会に生きる社会的な存在であることに着目し、本性のままに生活するだけでは十分に自己発揮することはできないと考え、保育は社会生活を学習する場であるとした、<u>社会中心主義保育理論</u>を唱え、研究を推進・指導しました。

5. (5.　　　　　　　　　　)（1903 ～ 1982）

　　保育・幼児心理学者。倉橋惣三に師事し、その志を継いで<u>日本保育学会第2代会長</u>（1955 ～ 1982 年）を務めました。日本最初の保育所保育指針（1965 年：昭和 40年）の編纂に尽力し、戦後の保育学の発展に貢献しました（保育所保育指針の礎となる保育要領の作成にも尽力しています）。

　　彼は幼児心理学の立場から、「子どもが自ら遊ぶのでなければ、遊びによって子どもが伸びていくことはない」とした「児童中心主義」を主張しました（『幼児の家庭教育』大理書房、1944、p.150 より）。

　　次に、日本において、児童中心主義保育の新しい実践を模索した人物を Work で確認していきましょう。

Work 10-3

　1. ～ 6. の実践内容に合う人物名を記入しましょう。実践内容（太字）を手がかりに調べることができるでしょう。

事柄	人物名
1. 1890（明治 23）年からおよそ 20 年にわたり東京女子師範学校附属幼稚園主事を務め、簡易幼稚園（どの家庭の子どもも入園可能な幼稚園）の普及や保育は子どもの内面を教育することであると主張するなど、日本独自の幼児教育の発展に尽力した。著書には、『**幼児教育法**』がある。	
2. 1912（大正元）年、フレーベルの恩物に代わり、屋外での遊びを通して自然・社会に直接ふれ、体験や生活による保育の重要性を主張した『**分団式動的教育法**』を著した人物である。	
3. リズミカルな歌曲に動作を振りつけた「**律動遊戯**」を考案し、倉橋惣三と協力し、大正期における児童中心主義保育の発展に寄与した人物である。	
4. 1922（大正 11）年に戸外保育の理念に基づく外国の幼稚園を手本として、子どもの自主性を重視した「**家なき幼稚園**」を展開した人物である。	
5. 1923（大正 12）年に渡仏し、創始者ダルクローズのもとで**リトミック**を学び、日本で最初に幼児教育にリトミックを導入した教育者。幼児期に自由で芸術的な音楽教育を受けることの重要性を説き、リトミックの普及に努めた。著書に『**幼な児の為のリズムと教育**』がある。	
6. 1947（昭和 22）年制定の「学校教育法」の草案をつくり、幼稚園教育要領の作成に尽力するなど、倉橋惣三の志を継いで戦後の保育を支えた人物である。著書には『**幼児教育の構造**』や『**倉橋惣三・その人と思想**』がある。	

3. 大正期における教育運動とその背景

　日本における児童中心主義保育の実践が、とりわけ大正期に充実した背景には、2つの運動があります。1つは、アメリカのデューイを中心とした新教育運動の影響です。新教育運動の影響を受けて、日本でもフレーベル主義の保育、つまり恩物による保育に批判の声が上がりました。これにより、欧米の保育方法をまねる保育の在り方に問題提起がなされました。

　2つめは、大正デモクラシーといわれる民主化を求める運動の中で、新しい時代を創る教育の在り方を求めて、教師中心の教え込みによる教育を批判し、子どもの個性、発達、興味を尊重した教育・保育の模索が日本国内から起こったことです。そして日本独自の実践の誕生には、**児童文化運動**の影響があります。

> ☞ **大正デモクラシー**
> 　民主主義社会の実現を求めて、1910年代から1920年代にかけて起こった政治・社会・文化の運動、風潮、思潮の総称です（大正時代は1912年7月〜1926年12月まで）。

　大正期に豊かな保育実践が生まれた背景には、大正デモクラシーの中で起こった児童文化運動により、児童文化財が充実したことがあげられます。次のWorkで確認していきましょう。

Work 10-4

空欄にあてはまる言葉を書き込み時代背景について確認しましょう。

　児童文化運動においては（1.　　　　　　　　）が主潮となり、1918（大正7）年に刊行された鈴木三重吉による雑誌『（2.　　　　　　　　）』をきっかけに、童話や（3.　　　　　　　　）が普及するとともに、山本鼎の自由画教育運動に象徴される子どもの個性尊重を志した芸術自由教育運動と呼応してさまざまな実践が試みられている。

> ☞ **自由画教育運動・芸術自由教育運動**
> 　国家主義体制下の日本では、芸術活動においても個人の表現の自由は認められていませんでした。そのため、芸術教育は模倣を中心とした内容で、子どもたちは手本をまねて絵を描いていました。
> 　民主主義社会の実現を求める大正デモクラシーの機運の中で、表現としての芸術という考え方が日本にも芽生え、芸術を自己表現の方法として指導する教育運動「芸術自由教育運動」が起こります。この運動の中心となったのが、仏留学から帰国した山本鼎（版画家）が推進した「自由画教育運動」です。絵画製作などの芸術活動は子どもの感性や個性を表現する機会であるとして、子どもの表現としての自由画を目指して芸術教育を行いました。

　児童文化運動により、日本独自の子どものための物語や歌が創作されたことで、海外の保育方法をまねる保育ではなく、日本独自の乳幼児に対する教育・保育実践が発展していきました。

Unit 11 倉橋惣三に学ぶ
——児童中心主義の保育を探る

　倉橋惣三は、現在の保育所保育指針や幼稚園教育要領の基底をなす考え方である「児童中心主義保育」の理論化と普及に力を尽くし、日本のフレーベルと呼ばれた人物です。先にも解説したように「児童中心主義保育」とは、「子どもの興味や自発的活動に基づいて行おうとする保育の理念や実践」のことです。

　倉橋の著作は「倉橋惣三選集」（これまでに5巻刊行）にまとめられていますが、この中に収録されているいくつかの著書が「倉橋惣三文庫」としてフレーベル館より刊行されています。いずれも児童中心主義保育の思想を深く学ぶ上で重要なものとなっています。ここでは『幼稚園真諦（ようちえんしんてい）』から、児童中心主義保育の一つの実際として「誘導保育」の考え方を学びます。

> ☞ 倉橋惣三
>
> 　1882～1955、静岡県出身。子どもの自発と心情を重視する自然主義的児童観によって、明治期以来の形式的な恩物主義（フレーベル主義）を排し、自由遊びを重んじた。子どもの生活と遊びに根ざした「自己充実」を目指し、そのため保育の在り方に「誘導」を示し、東京女子師範学校附属幼稚園において実践した。戦後は、教育刷新委員会の委員として、幼稚園を学校教育機関に組み入れるなど、幼児教育の意義を社会に示した人物です。

　これまで「児童中心主義保育の思想」の根拠を探るために、多くの思想家・実践者がさまざまな思索と試行錯誤を重ねてきた事実にふれました。しかし一方で、そのような思想や保育の方法が、形ばかりのマニュアルとして受け継がれた事実も明らかになりました。

　このような、マニュアル化によって子どもから離れて、大人本位で展開されるようになった保育の問題に取り組み、より子どもの視点に立った保育の在り方を構想した人物が倉橋惣三です。倉橋の著書『幼稚園真諦』の内容から、子どもの視点に立った子どものための保育方法「誘導保育論」を学び、「誘導保育」の理論を手がかりとして、あなた自身の保育の在り方に対する考え方「保育観」を整理しましょう。

1. 『幼稚園真諦』の「序」にみる保育の基本姿勢

　倉橋が保育者の仕事としての保育をどのようにとらえていたのか、保育そのものの考え方といった、保育に対する基本姿勢を『幼稚園真諦』の「序」より見ていきましょう。

序（抜粋）

　保育法真諦とは、われながら、おこがまし過ぎる僭称である。識者の笑いを買うをおそれる。実は、保育法に関する一つの考え方というべきであろう。ただその考え方が自分としては、これ以上動かせないのである。身を幼稚園に置くこと久しい。疑惑と攻究と、又いつも付きまとう遅蹰とを経て、やっとここに落ちついた考え方なのである。自分だけでは、少くも今のところ、これを真諦と信じている。

　フレーベルの精神を忘れて、その方法の末のみを伝統化した幼稚園を疑う。定型と機械化とによって幼児のいきいきしさを奪う幼稚園を慨く。幼児を無理に自分の方へ捕えて幼児の方へ赴き即こうとするこまやかさのない幼稚園を忌む。つまりは、幼児を教育すると称して幼児を先ず生活させることをしない幼稚園に反対する。──しかも之れ皆、他に対してのみいう言葉ではない。そこで、私は思い切って従来の幼稚園型を破ってみた。古い殻を破ったら、その中から見つけられたものが、此の真諦である。

　この小さい本は、幼稚園保育の全体系を取り扱っているものではない。その方法に関してだけ語っているに止まり、それも、方法の各種問題を一つ一つ列べ挙げて示そうとしていない。幼稚園というものを、その真の面目に於て生かすべき、実際的要契を捕えたいとしている。この意味に於て、保育法の平な概説ではなく、寧ろつきつめた主張の書である。先ず丹念に、私の言おうとしているところを汲みとって頂きたい。そして、何とか実現して頂きたい。理論的の組み立てや基礎づけではなくして、どこまでも実際を実際に即して、諸君と共に見つめたいと希っているのであるから。(p.3〜4)

（倉橋惣三『幼稚園真諦』（倉橋惣三文庫版）フレーベル館、2008）
※以下、頁表記は同上書引用箇所。なお、ルビおよび傍点、ゴシック表記は筆者。以下同様。

　当時の社会において、保育者の仕事は単に子どもの遊び相手であるとされ、気楽な仕事であると考えられていました。また、フレーベルが考案した恩物による保育の方法も、一つの型としてまねる状況が蔓延し、目的を見失った幼児教育とはいえない状況がありました。その中で倉橋は、幼児教育として保育の意義を社会に示し、保育者の仕事は幼児教育であることを説いた人物です。

　冒頭の文書では、保育者の仕事、つまり保育の在り方

> ☞ 倉橋惣三の
> 　フレーベルに対する見解
> 　倉橋のフレーベルに対するくわしい見解を知りたい人は、倉橋惣三「フレーベル主義新釈」『幼稚園雑草（下）』（倉橋惣三文庫版、フレーベル館、2008、p.123〜130）を参照してみましょう。

について語られています。保育は、保育者の意図に基づく教育活動でありながらも、その方法は机に向かわせるような保育者主導の強制的指導ではなく、子どもにとって自然の営みである生活の中で実践し、目標を達成する指導を目指すとした、「児童中心主義保育」への決意表明なのです。

2. 倉橋の保育に対する理念と方法論

『幼稚園真諦』の構成は図表 11-1 のとおりです。

<第1編　幼稚園保育法>
1．教育における目的と対象　2．幼児生活と幼稚園生活形態　3．生活へ教育を　4．幼児生活の自己充実　5．幼児生活の充実指導　6．幼児生活の誘導　7．幼児生活の教導　8．幼児生活の陶冶　9．幼児の個性　10．幼稚園における先生の在り方
<第2編　保育案の実際>
1．無案保育　2．保育案の意義　3．誘導保育案　4．保育案のよりどころ　5．保育案と保育内容　6．保育案の立案度及び徹底度　7．保育案と自由遊び　8．保育案と先生　9．先生の創造性　10．先生の生活性
<第3編　保育過程の実際>
1．幼稚園の朝　2．自由遊びから仕事へ　3．個・分団・組　4．個の時間割　5．生活態度による分団の組合せ　6．流れ行く一日　7．流れの向け方　8．生活における偶発性　9．日々の実際生活の尊重　10．おかえり

[図表 11-1]『幼稚園真諦』の目次構成

本書では、「第1編　幼稚園保育法」について取り上げます。

具体的な内容を読み解く前に、倉橋の保育に対する理念と方法論についてまとめておきます。

倉橋の保育理念を象徴するキーワードとして「**生活を 生活で 生活へ**」という言葉があげられます。それは、「教育としてもっている目的を、対象にはその生活のままをさせておいて、そこへもちかけていきたい心」(p.23) という言葉で語られています。これは「序」に確認したように、遊びを中心とした子どもの生活によって保育をするということです。

具体的な保育方法論としては、「**誘導保育論**」をあげています。その指導の展開は、「……幼稚園という所は、生活の自由感が許され、設備が用意され、懇切、周到、微妙なる指導心をもっている先生が、充実指導をして下さると共に、それ以上に、さらに子供の興味に即した主題をもって、子供たちの生活を誘導して下さるところでなければなりません」(p.47) としています。

倉橋の「誘導保育論」の指導の展開は、次のような流れになります。

幼児さながらの生活 ➡ 自由・設備 ➡ 自己充実 ➡ 充実指導 ➡ 誘導 ➡ 教導

[図表 11-2]「誘導保育論」の指導の展開

3.『幼稚園真諦』にみる誘導保育論

　保育の在り方は、「指導」の在り方を考えることといえます。次の文章には、「子供の匂い」ということに対して、「幼稚園くさい臭い」という言葉が出てきます。この「臭い」は、不適当な指導の考え方を象徴しています。"子どもの匂いがする保育"と"幼稚園くさい臭いのする保育"について考えながら、読み進めましょう。

＜第1編　「幼稚園保育法」のまとめより＞

・幼稚園に、子供のほんとうの匂いがしないで、幼稚園くさい臭いが鼻につく。そのくさみはどこからくるのかと言えば、方法にくっついているくさみなのではないでしょうか。いわんや、その方法が十年来毎日毎日ちっとも変らないとすれば、方法くさい上に古くさい臭いもぷーんときましょう。あるいは、七月に使っていた方法を、休みの間、どこかにしまっておいて、九月になってまたそのままを持ち出して使うということになれば、その間に多分黴（かび）くさくもなりましょう。そこで、古い方法を変えて新しい方法にしていけば、その古くささは減るのでありますけれども、しかし、では如何に新しい方法になっても、もともと、方法の方を先に立てておいて、それを子供にあてがうということでは子供の身の丈に合わない、既製品の古着で、そのくさみが鼻につくのを免れますまい。

・ところで、しかし、こうはこともなげに言いますけれども、これが実に幼稚園のむずかしいところで、**仮に方法が定まっていて、その方法を適用したやり方の工夫だけならば、根からそんなにむずかしいことではありませんが、一人ひとりの子供から方法が生まれてくると考えるところに、ここにこそ、幼稚園が終始生きている所以（ゆえん）を生じ、**従って、幼稚園というものの固有のくさみなるものがどこにもなくなるので、そのあたりまえのことが、実はむずかしいのではありますまいか。

・これは後のお話につなぐ問題として、ここではこれだけのことを先ず考えておき、これで幼稚園保育の真諦の根本の梗概（こうがい）を終り、さらに実際に進んで、もう一度考えていくことにいたしましょう。（p.60 ～ 61）

　"子どもの匂いがする保育"とは、子どもの実態に応じて考えられ、子どもとの関係の中で行われる保育のことです。つまり、目の前の子どもの実態から成長・発達の課題を見つけ、それに基づいて立てられた計画が、子どもとの関係の中で柔軟に展開する保育のことです。子どもの実態に応じて計画は見直され、子どもの実態に応じた方法を取りながら、目標が達成されます。

　それとは反対に"幼稚園くさい臭いのする保育"は、子どもの実態よりも、保育所・幼稚園や保育者の意向・都合で考えられた大人本位の計画を、子どもに対して計画どおりに指導する、保育者主導の保育といえるでしょう。倉橋の指摘にもありますが、そのような"幼稚園くさい臭いのする保育"を生み出す原因の一つに、保育計

画・指導内容が伝統的に受け継がれる中で、マニュアル化することがあげられます。

　児童中心主義保育の実践をする上で、常に課題となるのが"保育者の計画・指導性"と"子どもの実態・自発性"の関係を考えることです。保育のマニュアル化に見られるように、"保育者の計画・指導性"が強くなれば、子どもの実態や自発性が軽視される事態に陥るといえます。また一方で、"子どもの実態と自発性"を重視するだけでは、そのときどきの子どもの様子に反応するだけの対処となり、子どもの成長発達を促すという目的をもった"保育"とはいえないでしょう。

　このむずかしい関係について、指導の在り方から一つの答えを示したのが、倉橋の「誘導保育論」です。誘導保育論にみる保育者の指導の展開をおさえながら、児童中心主義保育における保育の在り方を探りましょう。現行の保育所保育指針や幼稚園教育要領のポイントを思い浮かべながら、内容をおさえましょう。

(1) 子ども観と保育方法としての遊び——「幼児さながらの生活」

　次に倉橋の「どの子も自ら育つ力をもつ」とした子ども観と「保育方法としての遊び」に対する考え方について見ていきましょう。

＜1＞幼児さながらの生活

・幼稚園を、ただ教育目的の場所と簡単に考え、その教育内容にさえ誤りがなければ、それでいいと考えるだけでは済みません。幼稚園が、幼児の生活の場として、その生活の形態が、幼児に適していなければなりますまい。それが先決問題でしょう。目的さえよければいいというものではない。それだけで済むのなら、幼稚園はしろうとにでも出来ることです。**私たち幼稚園の専門家は、保育に対して少しの無理もないことを先ず心配しなくてはなりません。**自分の目的だけに立って、考えているときには、幼児の生活に無理をさせていることに気がつかないかもしれません。否、それどころか、多少無理があっても仕方がないと考えるかもしれません。幼稚園は昔からこういうものだと考えるかもしれません。ところが対象を凝視し、対象を忠実に考えるときには、どうも、これは少し無理だなと気のつくことが多く、平気ではいられない点があるでしょう。(p.19)

・特に**教育の場所である前に、子供自身の場所であるのが幼稚園ではないでしょうか。**しからば、どういうふうにその溜り場を作ってやるか、それには**子供自身が自分の生活を充実する工夫を自ら持っていることを信用して、それを発揮出来るようにこしらえておいてやりたいのです。**すなわち、こちらの目的を子供に押しつけるに都合のいいように仕組むのではなくして、子供が来て、・ラ・ク・に、自分たちのものと感ずるようにしておいてやりたいのです。喜ぶように、うれしがるように、あるいはことさらうれしくも楽しくも思わないほど、子供が自然な満足を感ずるように、そういうように、心をつくしておいてやりたいのです。(p.26)

・可愛い子供たちが自然のまま遊んでいる中に、**いつのまにか、するすると教育に入らせるようにする工夫はないものでしょうか**。そのくらいの思いやりを子供にしなければ、この道のくろうととは言えませんね。少なくも新しいくろうととは言えません。いわんやこの道の達人とは、言えますまい。(p.29)

　倉橋は、子ども自らのもつ自己を充実する力を発揮して、自己充実を経験することが保育であると考えました。この理念に基づき、子どもが自ら目的をもって取り組むことができる自発的な活動である「遊び」に生きる生活、遊びを中心とした生活こそが保育の方法であると考えました。

　「自発的な活動としての遊び」を尊重し、「遊びを通しての総合的な指導」を行うとした、これら倉橋の保育理論の中核にある考え方は、今日の保育の考え方にも確認することができます。

(2) 遊びの指導に対する考え方──「自由　設備」「自己充実」

　遊びの目的となる子どもの興味は移ろいやすく（刹那的）、気まぐれ（断片的）です。そこで、子どもの遊びが自己充実の経験となるためには、保育者による遊びの指導が必要です。しかし、遊びの指導はむずかしいものです。なぜなら、遊びを主導するのは子どもであり、一人一人に応じたオーダーメードの指導を用意しなければならないからです。遊びの指導の前提を確認しましょう。

＜2＞自由　設備　　＜3＞自己充実

・幼児の生活を十分生活らしさにおいて害（そこ）なわないためには、幼稚園生活の形態に、**いわゆる自由の要素をできるだけ多くもたせるということが先決であります**。（中略）すなわち、子供の生活そのままの動きを不自然な点を出来るだけ避けることです。(p.31)

・さて、幼児の生活それ自身の自己充実に**信頼**して、それを出来るだけ発揮させていくということに、保育法の第一段を置くとして、それには幼稚園として適当な設備を必要要件とします。（中略）この意味において、幼稚園というところはまた、こうも言えます。すなわち、**先生が自身直接に幼児に接する前に、設備によって保育するところであります**。(p.32)

・不十分な設備といえども、子供たちがその不十分な設備をぐんぐん利用してくれるときに、この設備の効用がだんだん拡大されていきます。もしもその使い方が束縛されている場合においては、その設備は、その設備の持っているだけの効力を一ぱいに発揮することは出来ません。これを裏がえしに言えば、**幼児の自由感こそ設備をよく生かしていくもとです**。(p.33)

　遊びの保育実践の準備段階、いわばレベル０の段階に「自由　設備」があります。これは今日の「環境による保育」といわれる部分で、間接的な遊びの指導です。子どもの自由感が保障され、子どもの遊びたいという欲求に応える環境（さらには、子ど

もたちが遊び出したくなるような環境）のある中で、子どもが自ら遊び、遊びたいという欲求が満たされる環境を用意することです。そして、遊びたいことができた喜びが「自己充実」であり、遊びの指導を考えるための大前提であり、視点になります。なぜなら、子ども自身がやりたい遊びを見つけ、それが実現できたという「自己充実」なしに、さらなる遊びの深まりや展開を求めて援助をすることは不可能だからです。

(3) 自発的な活動としての遊びの指導——「充実指導」

　好きな遊びの時間を中心としたいわゆる「遊びの保育」と呼ばれる保育は、しばしば「放任する保育」と同義にとらえられることがあります。子どもにおいては、遊ぶこと自体が目的になり得ますが、保育としての遊びは、ただ遊んでいればよいということではありません。遊びを通して子どもが自ら工夫し、自己充実する経験として十分に遊び込むことがなければ、保育としての遊びは成立しません。その上で、保育者による直接的な遊びの指導が必要になります。次に自発的な活動としての遊びの指導のポイントを確認しましょう。

＜４＞充実指導
・ところが、出来るだけの設備が与えられ、幼児の生活的自己充実が一ぱいに発揮させられたとしても、**自己充実そのものだけでは足りません。幼稚園としては、これをもう一つ手伝わなくてはなりません。**その点を私は充実指導という言葉で挙げてみたのであります。(p.35)
・私が特に充実指導と申すのは、**子供が自分の力で、充実したくても、自分だけでそれが出来ないでいるところを、助け指導してやるという趣旨であります。**(p.38)
・充実を助けるために、先生は少し出てきますけれども、自分も子供になって、——子供の内に入って——、子供のしている自己充実を内から指導していくだけですから、その**先生の所在は、子供にも見物人にもちっとも目立たないでしょう。それでいいし、それでこそ、ほんとうなのです。**(p.41)

　子どものやりたいという気持ちに基づきつつ、しかし、子どもだけでは乗り越えられない壁を、保育者が子どもとともに遊ぶ関係（雰囲気）を保ちながら、解決のヒントを示唆し、子どもが遊びの中で自ら壁を越えていけるよう援助することです。具体的な援助としては、子どもが楽しんでいるところを言葉で表すことで遊びの目的を明確にしたり、その遊びが子どもにとってより楽しくなるようなさらなる道具や環境を用意することがあげられます。

(4) 教育としての遊びの展開——「誘導」「教導」

　一つ一つの遊びが充実してくると、となり合う遊びと遊びがつながり、もう一段階違う楽しさや充実感のある遊びへと発展することがあります。個々の遊びの魅力が反

応して少し新しい遊びが生まれる、この化学反応を起こすのが「誘導」の段階です。秋も深まった5歳児の保育室を想像しながら確認していきましょう。

＜5＞誘導

・その次に至って幼児生活の誘導ということが始まってきます。（中略）幼児生活というものは、その大きな特色として、実に**刹那的であり断片的であるものです。その刹那的であり断片的であるということは、幼児の生活として決して咎むべきではありませんけれども、そのために、真の生活興味が、もっと味わえそうなのが味わえないでいるのは遺憾なことであります。**（p.43）

・子供が断片的に生活していくことは、それぞれとしてはよろしいが、その**断片性に、あるいは中心を与え、あるいは系統をつけさせてやることが出来ましたら、興味が一段と広く大きくなってくるだろうと考えられます。**（p.44）

・（充実）指導だけならば「ああそれかい。それをこうしようとするのかい。ブランコを漕ぎたいのかい。絵が描きたいのかい。」と言って、その子のその時を指導していればいいのですが、誘導となるとそれ以上のことです。ここの幼稚園で、皆様ご覧になりますように、いろいろの室のいろいろなものがこしらえてあります。入って直ぐのお部屋には水族館が出来ています。その隣のお部屋には鉄道のステーションを中心としたいろいろのものが出来ています。（中略）ところで、ああは出来ていますが、あの部屋の子供たちが何をしても素より構わないのです。朝その室に来た以上、何が何でも水族館に関係あることをしなければならぬとか、とにかく鯛様鮪様にご挨拶申上げなければならぬとかいうのではありません。庭で遊んでも構わない。あるいは水族館とは関係のないことに、**家を出るときから興味をもって入って来ましたら、先生はその子その子のすることに向って、充実指導の態度を執られるのです。けれども、そうでない何の積極興味ももっていない幼児に対しては——そういう子供が普通です——あの部屋では、夏向きの水族館が作ってやってあるのであります。**またあの組の先生は、何も魚類学者でもないし、子供に動物学を教えようとしているものでもなく、あれで子供の興味を暫く誘導していこうとしていられるのであります。（p.46～47）

　「誘導」とは、移ろいやすく断片的に終わってしまう子どもの遊びがさらに持続したり、発展するように、さまざまな遊びがつながるテーマを提案することです。

　たとえば、保育室内に点在するお家ごっこやお店屋さんごっこに、「まち」というテーマを付与することで、遊びの間に買い物といったつながりが生まれ、つながることで新しい楽しみを子どもたちが見つけて、よりダイナミックに展開することです。

＜6＞教導

・誘導の後に、始めて教導ということが出てきます。学校教育の中ではここからが主な仕事になっておりますが、幼稚園では教導は今までたどってきました、自己充実、充

実指導、誘導の後に持ち出されるものと考えたいのであります。そこで教導というのは何かと申しますと、**幼稚園教育としては最後にあって、むしろちょっとするだけのことであります。「この子には、もう一つこれを付け加えてやりたい」というところに行なわれるものであります。**誘導では、子供自身の持っている生活を誘導してきただけであります。水族館が出来ていれば子供は魚が作りたくなる。自分で鯛やいろいろ作って、そうして先生の所に来て、「魚はもう他にありませんか」と聞いたとき、そこで他の魚を教えてもいいでしょう。あるいは何も聞きに来ませんでも、その子の知識を加えてやるために、教導の方に入っていっていいこともありましょう。しかも、これがもっと進んでいけば、教授法の研究のことに譲るべき問題にもなりましょうが、しかし、**幼稚園としては、それよりも前のところが大事なのです。**

・つまり、**幼稚園はどこまでいっても、幼児の生活の生活たる本質をこわさないで、教育していくところに、その方法の真諦が——先生の苦心も——存するのです。**(p.49〜50)

　「教導」は小学校以降中心となる考え方であり、教師が必要に感じて子どもに教える段階です。幼児期は、あくまで子ども本位の誘導までが中心であるとしています。

　ここまで取り上げてきた「**自発的な活動としての遊びの重視**」「**環境による保育**」「**遊びを通しての総合的な指導**」といった考え方は、現在の保育所保育指針ならびに幼稚園教育要領に受け継がれていることが確認できます。倉橋の理論は現代の保育にも大きな影響を与えているのです。

✎ Work 11

　児童中心主義の保育とは何か、保育者の役割・指導について考えながら、次の事例を読み、あなたならどのような援助をするか、考えてみましょう。

　４歳児クラス「フラダンスごっこ」

　Ａ子とＢ子には、この２日間夢中で続けている遊びがあります。それは、フラダンスを踊ることです。今日も、<u>短冊状の紙を洋服の上にセロハンテープで貼りつけて</u>、舞台の上で踊っていました。フラガールになりきって、<u>鼻歌をうたいながらダンスを楽しんでいます</u>。ところが舞台の上は人気があり、ヒーローごっこを楽しむ男の子たちが複数で押し寄せると、<u>２人は舞台の下に追いやられてしまいました。</u>

・２人の楽しい遊びの世界が持続したり、より充実するために、あなたは保育者としてどのような援助をしますか？　下線部の状況を踏まえて考えてみましょう。

- -

- -

- -

- -

```
資料  保育の歴史に関する人物相関マップ
```

　ここに示した人物や事柄は、今日の保育所・幼稚園といった施設における保育の在り方を示し、児童中心主義の保育を構想した重要な人物や事柄です。
　さらにその中でも、白抜き文字の人物は、今日的な保育の在り方を示した創始者です。しっかり確認しておきましょう。

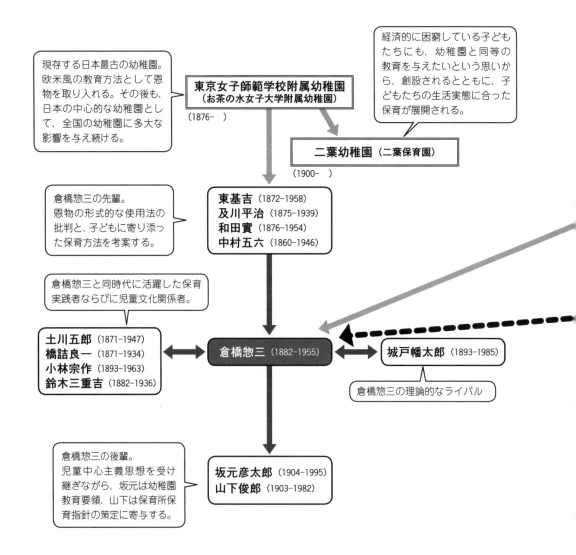

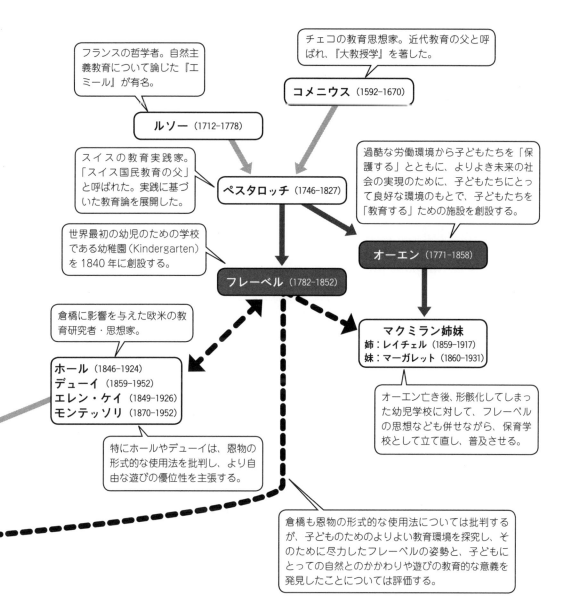

フランスの哲学者。自然主義教育について論じた『エミール』が有名。

チェコの教育思想家。近代教育の父と呼ばれ、『大教授学』を著した。

コメニウス (1592-1670)

ルソー (1712-1778)

スイスの教育実践家。「スイス国民教育の父」と呼ばれた。実践に基づいた教育論を展開した。

ペスタロッチ (1746-1827)

過酷な労働環境から子どもたちを「保護する」とともに、よりよき未来の社会の実現のために、子どもたちにとって良好な環境のもとで、子どもたちを「教育する」ための施設を創設する。

世界最初の幼児のための学校である幼稚園（Kindergarten）を 1840 年に創設する。

オーエン (1771-1858)

フレーベル (1782-1852)

倉橋に影響を与えた欧米の教育研究者・思想家。

マクミラン姉妹
姉：レイチェル (1859-1917)
妹：マーガレット (1860-1931)

ホール (1846-1924)
デューイ (1859-1952)
エレン・ケイ (1849-1926)
モンテッソリ (1870-1952)

オーエン亡き後、形骸化してしまった幼児学校に対して、フレーベルの思想なども併せながら、保育学校として立て直し、普及させる。

特にホールやデューイは、恩物の形式的な使用法を批判し、より自由な遊びの優位性を主張する。

倉橋も恩物の形式的な使用法については批判するが、子どものためのよりよい教育環境を探究し、そのために尽力したフレーベルの姿勢と、子どもにとっての自然とのかかわりや遊びの教育的な意義を発見したことについては評価する。

　p.97 には、フレーベルを中心とした西洋の教育・保育の発展に貢献した人物をあげ、その関係性を示しました。p.96 には、倉橋惣三を中心に児童中心主義の保育を構想した人物や実践（教育・保育施設）をあげ、その関係性を示しています。

- ┅━▶ 世界の保育を牽引したフレーベルの影響を示しています。
- ━━▶ 師弟関係やライバル関係といった強い影響を受けた深い関係性を示しています。
- ━━▶ 根底にある思想が同じなどの緩やかな関係性を示しています。

Unit 12　保育者の在り方を考える

1.『育ての心』から保育者の在り方を考える

　ここでは、倉橋惣三の『育ての心』を取り上げ、保育者の在り方について考えていきたいと思います。

　Unit11でも倉橋の保育論について『幼稚園真諦』から確認してきました。ここで例にあげる倉橋の『育ての心』は、子どもの心情とその機微にふれる保育者の在り方（保育者論）について述べられ、今なお保育学における重要な書物として親しまれています。上巻の「子どもたちの中にいて」は、東京女子師範学校附属幼稚園の主事（園長）として、日々接していた、子どもや保育者の姿から考え抜かれた文章です。子どもにとって保育者はどのような存在であるのか、みなさんが考える理想の保育者像について整理していきましょう。

＜序＞（抜粋）

　自ら育つものを育たせようとする心。 それが育ての心である。世にこんな楽しい心があろうか。それは明るい世界である。温かい世界である。育つものと育てるものとが、互いの結びつきに於て相楽しんでいる心である。

　育ての心。そこには何の強要もない。無理もない。**育つものの偉きな力を信頼し、敬重して、その発達の途に遵うて発達を遂げしめようとする。** 役目でもなく、義務でもなく、誰の心にも動く真情である。

　しかも、この真情が最も深く動くのは親である。次いで幼き子等の教育者である。そこには抱く我が子の成育がある。日々に相触るる子等の生活がある。斯うも自ら育とうとするものを前にして、育てずしてはいられなくなる心、それが親と教育者の最も貴い育ての心である。

　それにしても、**育ての心は相手を育てるばかりではない。それによって自分も育てられてゆくのである。** 我が子を育てて自ら育つ親、子等の心を育てて自らの心も育つ教育者。育ての心は子どものためばかりではない。親と教育者とを育てる心である。(p.3 ～ 4)

（倉橋惣三『育ての心（上）』（倉橋惣三文庫版）フレーベル館、2008）
※以下、頁表記は同上書引用箇所。なお、ルビおよびゴシック表記は筆者。以下同様。

　子どもを"自ら育つもの"とし、子どもを信じ、その子どもの育つ力に寄り添いな

がら育てようと思う心、これが当たり前であってほしいと思います。しかし、子ども
の力（子どもの育つ力）を過小評価し、大人（親や保育者）が上から目線で、子どもを
とらえてしまうことも少なくありません。**子どもをどのような存在としてとらえるか
によって、保育者の在り方は大きく変わってくるでしょう。**

（1）保育者として子どもにかかわるときの姿勢

　保育者として子どもにかかわるとはどのようなことでしょう。職業として、職場と
いう限られた空間・時間の中で対象となる人にどのように向き合うか、ということで
はないはずです。以下の倉橋の文章を手がかりに考えてみましょう。

<小さき太陽>
　よろこびの人は、子どもらのための小さき太陽である。明るさを頒ち、温かみを伝
え、生命を力づけ、生長を育てる。見よ、その傍に立つ子どもらの顔の、熙々として
輝き映ゆるを。なごやかなる生の幸福感を受け充ち溢れているを。
　これに反し、**不平不満の人ほど、子どもの傍にあって有毒なものはない。**その心は
必ずや額を険しからしめ、目をとげとげしからしめ、言葉をあらあらしからしめる。
これほど子どものやわらかき性情を傷つけるものはない。
　不徳自ら愧ず。短才自ら悲しむ。しかも今日直ちに如何んともし難い。ただ、**愚か
なる不満と、驕れる不平とを捨てることは、今日直ぐ必ず心がけなければならない。**
然らずんば、子どもの傍にあるべき最も本質的なるものを欠くのである。
　希わくは、子どもらのために小さき太陽たらんことを。(p.29)

<いきいきしさ>
　子どもの友となるに、一番必要なものはいきいきしさである。必要というよりも、
いきいきしさなくして子どもの傍にあるは罪悪である。子どもの最も求めている生命
を与えず、子どもの生命そのものを鈍らせずにおかないからである。
　あなたの目、あなたの声、あなたの動作、それが常にいきいきしていなければなら
ないのは素より、あなたの感じ方、考え方、欲し方のすべてが、常にいきいきしてい
るものでなければならない。**どんな美しい感情、正しい思想、強い性格でも、いきい
きしさを欠いては、子どもの傍に何の意義をも有しない。**
　鈍いものは死滅に近いものである。一刻一刻に子どもの心を蝕み害わずにいない。
いきいきしさの抜けた鈍い心、子どもの傍では、このくらい存在の余地を許されない
ものはない。(p.31)

<まめやかさ>
　**生きる力、伸びる力。それに驚く心がなくては、自然も子どもも、ほんとうには分
からない。**が、驚きだけでは、詩と研究とが生まれても、教育にはならない。教育者
は詠嘆者たるだけではないからである。子どもの力に絶えず驚きながら、**その詠嘆の
ひまもすきもない程に、こまかい心づかいに忙しいのが教育であり、教育者である。**

教育のめざすところは大きい。教育者の希望は遠い。しかし、其の日々の仕事はこまごまと極めて手近なことである。丁度、園芸の目的は花にあり果実にありながら、園丁の仕事があの通りなのと同じである。よき園芸家とは、まめな人である。実際に行き届く人である。**休む間もない気くばりに、目と手と足の絶えず働いている人である**。やがて咲かせたい花のことも、熟させたい果実のことも、手をあけて思う間もない程に、目の前の世話に忠実な人である。

驚く心がそのまますぐ実際のまめやかさになる人、そういう人が実際教育者である。(p.33)

＜こころもち＞

子どもは心もちに生きている。その心もちを汲んでくれる人、その心もちに触れてくれる人だけが、子どもにとって、有り難い人、うれしい人である。

子どもの心もちは、極めてかすかに、極めて短い。濃い心もち、久しい心もちは、誰でも見落とさない。かすかにして短き心もちを見落とさない人だけが、子どもと倶にいる人である。

心もちは心もちである。その原因、理由とは別のことである。ましてや、その結果とは切り離されることである。多くの人が、原因や理由をたずねて、子どもの今の心もちを共感してくれない。結果がどうなるかを問うて、今の、此の、心もちを諒察してくれない。殊に先生という人がそうだ。

その子の今の心もちにのみ、今のその子がある。(p.34)

＜親切＞

幼児保育の要諦を一語に尽くすものがあれば、それは親切である。親切のないところに、保育の理論も経験も、工夫も上手もない。その反対に、親切のあるところ、一切の欠陥とまずさを覆うて余りある真の保育が実現する。

親切とは相手に忠な心であり、相手の為に己れを傾け注ぐ態度である。相手から求められない前に、その求むるところを見つける目であり、聞きつける耳であり、更に、常に懇に行き届く心であり手である。

理論がよく分かりませんでといい、経験が足りませんでといい、気のきかない性分でという。その実は親切が足りなかったのではあるまいか。少なくとも、一点、不親切がまじっていたのではあるまいか。わたしの親切をあんなにも信じきっていてくれる子らに対して――。

わたしは屢々自らぞっとする。(p.42)

保育者に限らず、人は日常の生活態度と、仕事上での態度がまったく違うということはないはずです。なぜならどちらもその人であり、さまざまな場面で、人間性がにじみ出るからです。『育ての心』の中では、子どもにとってどうあるべきか、という視点で書かれていますが、私たちに視点を移したとき、身近にいる人には、ここに書かれているようなことが備わっていてほしいと願うとともに、私たちも誰かとともに

在るとき、このような存在でありたいと思ったのではないでしょうか。保育者として子どもにかかわるときの姿勢、言い換えれば、人として人にかかわるときの姿勢を考えさせられます。

(2) 保育という仕事に対する心構え
―― 保育は保育者と子どもによってつくられるということ

保育という営みは、保育をする側――保育をされる側がいることで成り立つのではなく、保育者と子どもたちがともに生活をする中で、ともに創造していくことそのものであるといえるでしょう。次の倉橋の文章からもそのことがうかがえます。

<教育される教育者>

教育はお互いである。それも知識を持てるものが、知識を持たぬものを教えてゆく意味では、或いは一方が与えるだけである。しかし、**人が人に触れてゆく意味では、両方が、与えもし与えられもする**。

幼稚園では、与えることより触れあうことが多い。しかも、あの純真善良な幼児と触れるのである。こっちの与えられる方が多いともいわなければならぬ。

与える力に於て優れているのみでなく、受くる力に於ても、先生の方が幼児より優れているべき筈である。その点に於て、幼児が受くるよりも、より多くを先生が受け得る筈でもある。

幼稚園で、より多く教育されるものは、――より多くといわないまでも、**幼稚園教育者はたえず幼児に教育される**。

教育はお互いである。(p.47)

保育者も子どもから刺激を受け、子どもから考えさせられ学んでいくという視点をもてない場合は、子どもから真の保育者として受け入れてもらえず、裸の王様になってしまうのだと思われます。子どもとともに在るという視点を忘れずにいたいものです。

(3) 保育の準備（計画）と省察の重要性

では、保育者は子どもとともに楽しく園生活を送るだけの存在なのでしょうか。子どもたちの園生活が充実するように考え、計画し、子どもの姿を温かい眼差しで見守ったり、ときには夢中になって向き合い、そしてまたよりよい明日をイメージしながら、その日の保育を振り返るサイクルなしに、子どもにとっての充実した園生活は成り立たないといえるでしょう。

<子どもらが帰った後>

子どもが帰った後、その日の保育が済んで、まずほっとするのはひと時。大切なのはそれからである。

　子どもといっしょにいる間は、自分のしていることを反省したり、考えたりする暇はない。子どもの中に入り込みきって、心に一寸の隙間も残らない。ただ一心不乱。

　子どもが帰った後で、朝からのいろいろのことが思いかえされる。われながら、はっと顔の赤くなることもある。しまったと急に冷汗の流れ出ることもある。ああ済まないことをしたと、その子の顔が見えてくることもある。——一体保育は……。一体私は……。とまで思い込まれることも屢々である。

　大切なのは此の時である。此の反省を重ねている人だけが、真の保育者になれる。翌日は一歩進んだ保育者として、再び子どもの方へ入り込んでいけるから。(p.49)

　自分の保育を振り返る、すなわち**省察**は、子どもたちのためにも保育者自身のためにも欠かしてはいけない大事なことです。その中で明日への見通しがもてるようになり、またいろいろな状況に対応することが可能となるのです。保育者の専門性の一つとして、連続した生活をどのように読み取り、支え、ともにすごすのかということがあるのだとするならば、省察から翌日の準備（計画）こそ、保育という仕事のベースに位置づくといえるでしょう。

Work 12-1

次の事例を読み、保育者の思いや保育の計画について考えてみましょう。

「芋掘り遠足」

　Ｆ幼稚園では例年 11 月上旬に芋掘り遠足に行きます。行きと帰り道は、年長児と年少児はペアで手をつなぎ、年中児は行きは年中児同士で手をつなぎ、帰りは一人で歩きます。Ｆ幼稚園では「自分の力でもって帰れる分だけ掘ること」という決まりがあります。年少児のＣ太が芋を掘りすぎ、足取りが重くなりますが、Ｃ太と手をつないでいる年長児のＤ男が一生懸命励ましながら、Ｃ太のペースに合わせて歩いている姿が見られます。保育者はその様子を把握していますが、2 人に特別な言葉をかけることはせず「先、行ってるね！」と追い越していきます。

　年中児も自分で掘った芋をもち、一人一人歩いて帰っていきます。両手で芋の入った袋をもつ子どももいれば、袋を 2 つ用意してもち帰る子どももいます。そして、翌日の年中児クラスの保育室には、各自がもち帰った芋の重さを記録する一覧表が貼ってあります。

・Ｆ幼稚園の保育者は、どのような思いをもち、このような芋掘り遠足を計画するのでしょうか。この計画を立てるために必要となる見通しは、どのようなことが考えられるでしょうか。具体的にあげてみましょう。

- -

- -

- -

- -

2. 保育者の役割と責務——全国保育士会倫理綱領

　ここでは、保育士資格が国家資格となったことを契機に、全国保育士会が保育士の役割と責務についてまとめた、全国保育士会倫理綱領の内容に目を向けてみることにします。これは幼稚園教諭、保育教諭にとっても同じく大切な内容といえます。

☞ **全国保育士会**

　保育事業の発展向上を期し、保育士としての専門性を高めるため、事業に関する調査、研究、協議を行い、かつ、その実践を図ることを目的とする会です。

 Work 12-2

　次に示すものは、全国保育士会倫理綱領です。空欄に適する語句を調べて書き込みましょう。

全国保育士会倫理綱領（2003 年）

　すべての子どもは、豊かな愛情のなかで心身ともに健やかに育てられ、自ら伸びていく無限の可能性を持っています。

　私たちは、子どもが現在（いま）を幸せに生活し、未来（あす）を生きる力を育てる保育の仕事に誇りと責任をもって、自らの人間性と専門性の向上に努め、一人ひとりの子どもを心から尊重し、次のことを行います。

　　私たちは、（1.　　　　　　　　　　　）を支えます。
　　私たちは、（2.　　　　　　　　　　　）を支えます。
　　私たちは、（3.　　　　　　　　　　　　　　　　）をつくります。

（子どもの最善の利益の尊重）

1. 私たちは、一人ひとりの（4.　　　　　　　　　　）を第一に考え、保育を通してその福祉を積極的に増進するよう努めます。

（子どもの発達保障）

2. 私たちは、養護と教育が一体となった保育を通して、一人ひとりの子どもが心身ともに健康、安全で情緒の安定した生活ができる環境を用意し、（5.　　　　　　　　　　）を基本として、その健やかな育ちを支えます。

（保護者との協力）

3. 私たちは、子どもと保護者のおかれた状況や意向を受けとめ、保護者とより良い
　（6.　　　　　　　　　）を築きながら、子どもの育ちや子育てを支えます。

（プライバシーの保護）

4. 私たちは、一人ひとりのプライバシーを保護するため、保育を通して知り得た
　（7.　　　　　　　　　　　　　　）を守ります。

（チームワークと自己評価）

5. 私たちは、職場における（8.　　　　　　　　　）や、関係する他の専門機関との連携を大切にします。

　　また、自らの行う保育について、常に子どもの視点に立って（9.　　　　　　　　）を行い、保育の質の向上を図ります。

（利用者の代弁）

6.　私たちは、日々の保育や子育て支援の活動を通して（10.　　　　　　　　）を受けとめ、子どもの立場に立ってそれを代弁します。

　　また、子育てをしているすべての（11.　　　　　　　　）を受けとめ、それを代弁していくことも重要な役割と考え、行動します。

（地域の子育て支援）

7.　私たちは、地域の人々や関係機関とともに子育てを支援し、そのネットワークにより、（12.　　　　　　　　　　　　　　　　　）に努めます。

（専門職としての責務）

8.　私たちは、研修や自己研鑽を通して、常に自らの（13.　　　　　　　　）に努め、専門職としての責務を果たします。

社会福祉法人 全国社会福祉協議会

全国保育協議会

全国保育士会

　　ここからは、保育者はさまざまな役割と責務を担っていることが読み取れます。また、そのため、常に専門職であることを意識し、努力を怠らないことが必要であると明記されています。

　　みなさんも、専門職になるために学びはじめた、という意識をもちましょう。

Unit 13 これからの保育に向けて

 ## 1. これから求められる力とは

　グローバル化や技術革新が進み、社会が大きく変化してきている昨今、これからの社会に求められる力とは何か、という問いに対し、さまざまな議論が行われてきました。OECD（経済協力開発機構）は1990年代以降、教育研究部門を拡充させ、さまざまな検討を行った結果、これからの社会において必要な能力「コンピテンシー」を、知識や技術だけではない能力と明確に示し、注目が集まりました。

　OECDの中のDeSeCo（今後の世界で共通に必要とされる能力や学力の概念の整理を総合的、国際的に行う「コンピテンシーの定義と選択；理論的・概念的基礎」プロジェクトの通称）はキー・コンピテンシーという言葉を提唱し、3つの力と3つの下位能力で構成されているとしました。キー・コンピテンシーの中核にあるのは「**考える力**」です。「自律的に活動する」ことを通して自己に向き合い、「異質な集団で交流する」ことを通して他者を理解し、「相互作用的に道具を用いる」ことを通して"モノ"に向き合いながら「考える力」が育まれていくと位置づけました。

［図表13-1］3つのキー・コンピテンシー
（立田慶裕『キー・コンピテンシーの実践』明石書店、2014、p.40）

 ## 2. "子どもの最善の利益"を理解する

　OECDによる『Starting Strong Ⅲ（訳：人生の始まりこそ力強くⅢ）』の記述の中に、保育（ECEC = Early Childhood Education and Care）は幅広い分野に恩恵をもたらすことが記されています。その恩恵とは、「子どものよりよい福祉（well-being）と生涯学

習の基盤としての学びの達成、より公平な子どもの達成と貧困の削減、女性の労働市場への参入、出生率の増加、社会・経済的発展」（OECD、2012）などであると示されています。昨今、問題になっている少子化問題、子どもの貧困問題、女性の社会進出に伴う待機児童問題、すべてがここに関連しているといっても過言ではないでしょう。

　日本では、2023（令和5）年に施行されたこども基本法（本書 p.26 参照）の基本理念として、以下の6点が掲げられています。

> ① 全てのこどもについて、個人として尊重されること・基本的人権が保障されること・差別的取扱いを受けることがないようにすること
> ② 全てのこどもについて、適切に養育されること・生活を保障されること・愛され保護されること等の福祉に係る権利が等しく保障されるとともに、教育基本法の精神にのっとり教育を受ける機会が等しく与えられること
> ③ 全てのこどもについて、年齢及び発達の程度に応じ、自己に直接関係する全ての事項に関して意見を表明する機会・多様な社会的活動に参画する機会が確保されること
> ④ 全てのこどもについて、年齢及び発達の程度に応じ、意見の尊重、最善の利益が優先して考慮されること
> ⑤ こどもの養育は家庭を基本として行われ、父母その他の保護者が第一義的責任を有するとの認識の下、十分な養育の支援・家庭での養育が困難なこどもの養育環境の確保
> ⑥ 家庭や子育てに夢を持ち、子育てに伴う喜びを実感できる社会環境の整備

　「全てのこどもについて」という書き出しが意味するもの、②の「適切に養育されること・生活を保障されること・愛され保護されること等」が意味するものをしっかり理解し、子どもの最善の利益を考えていきたいものです。また、こども家庭庁が示す「こども政策」の基本理念の一つに、「全てのこどもの健やかな成長、well-beingの向上」と明記されていることも踏まえ、well-being について考えてみたいものです。

3. 待機児童問題について理解する

　保育所の待機児童とは、保育所への入所・利用資格があるにもかかわらず、保育所が不足している、もしくは定員枠に空きがないために入所ができず、入所を待っている児童のことを指し、大きな社会問題となり取り上げられてきました。1960～1970年代の第二次ベビーブームのとき、保育所が不足し、待機児童は多かったのですが、その後、保育所が増えたことによって落ち着きました。しかし、1990年代後半以降、

都市部の待機児童問題は深刻な問題となりました。原因は共働き家庭の増加、核家族化、ひとり親世帯の増加など家庭環境の多様化や社会構造の変化によって保育所を必要とする子育て家庭が増える中、保育所の増設や受け入れ人数増の整備が追いつかなかったためです。また、潜在的待機児童も多いとされ、正確な数値の把握はむずかしいとされています。待機児童が0になった自治体には、近隣の子育て世帯が押し寄せ、あっという間に待機児童が増加する、といういたちごっこが繰り広げられています。なお、保育所不足を解消するため、子ども・子育て支援新制度では、施設型給付とは別に、地域型保育給付の対象として「小規模保育」「家庭的保育」「居宅訪問型保育」「事業所内保育」が認可事業として位置づけられました。

　図表13-2からは、徐々に待機児童問題は落ち着いてきていることが読み取れます。しかし、入所が選択制になったものの希望する保育所への入所が可能な状況になっているのかという問題や、保育所は整備されて待機児童は少なくなりつつあるものの、就学後の受け皿である学童保育の待機児童の問題などが新たに社会問題となっていることなど、さまざまな課題が残っています。また、逆に、都市部以外では少子化に伴う定員割れの施設が増えていることも新たな課題となっています。

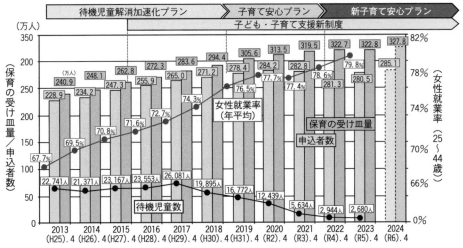

[図表13-2] 待機児童解消に向けた取り組みの状況について
（厚生労働省「令和5年4月の待機児童数調査のポイント」参考資料）

4. 子どもの貧困について理解する

　日本は豊かな国であり、すべての子どもはきちんと教育を受け、健やかに成長しています。子どもが食事に困る、着るものに困る、すなわち生活に困窮するということは考えにくい時代がありました。しかし、現在の日本の現実はそうではありません。2006（平成18）年のOECDの報告書において、日本の子どもの貧困率について次の

ように述べ、警告しています。

> ① 日本の子どもの貧困率が徐々に上昇しつつある。
> ② この数値が OECD 諸国の平均に比べて高い。
> ③ 母子世帯の貧困率が突出して高く、特に家族の援助などが受けられず、母親
> 　が働いている母子世帯の貧困率が高い。

　これらのことを受け、世代間連鎖を引き起こすことがないよう、教育の無償化など具体的な手立てが講じられ、年々増加傾向にあった割合は少しずつですが下降傾向に移行し、推移に変化が見られるようになりました。2021（令和 3）年の子どもの貧困率は 11.5％（図表 13-3 参照）と、OECD 加盟国の子どもの貧困率の平均 12.8％（2018）を下回っていますが、同調査のひとり親世帯での子どもの貧困率は 44.5％となっており、ひとり親世帯では半数近くの子どもが相対的貧困という結果になっています。

（子どもの貧困率：％）

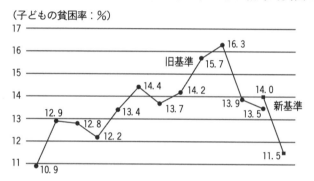

※ 17 歳以下を子どもと定義している。新基準は、可処分所得の算出に際して、
　企業年金掛金や仕送り、自動車税等が支出に加えられている。

[図表 13-3] 子どもの貧困率（相対的貧困率）の推移

（厚生労働省「国民生活基礎調査」2022）

☞ **相対的貧困**

　可処分所得（所得から、税金等を差し引き自由に使えるお金）を低い順に並べ、その中央に位置する人の所得（中央値）の半分の額（貧困線）に満たないことをいいます。また、絶対的貧困とは、国や地域の生活レベルとは関係なく、生きる上で必要最低限の生活水準が満たされていない状態を示します。

5. 諸外国の保育の現状に目を向ける

　Unit 8 〜 10（本書 p.68 〜 86 参照）では、保育の歴史から思想と意義を学ぶため、西洋や日本の保育実践の発展過程などを学びました。発展過程から学ぶ視点でしたが、今現在の保育実践から学ぶこともたくさんあります。実際、今、保育に携わっている実践者や研究者、そして学生のみなさんが、現代の諸外国での保育実践から、もしくは身近な地域での保育実践から学び得るものはたくさんあります。

　世界中の保育関係者が見学に訪れている実践を 2 つ紹介しましょう。

　世界中から注目されている保育として、イタリアのレッジョ・アプローチというものがあります。北イタリアのレッジョ・エミリア市は人口 14 万人の小さな地方都市

ですが、そこでの保育実践が世界的に有名になりました。コミュニティ（共同性）の中で豊かな保育が実践されており、地域の共同保育運動としてこのアプローチははじまり、1991年ニューズウィーク誌で紹介されたことにより世界中から注目されました。レッジョ・エミリアの教育は、子どもと大人の双方が創造性を発揮し、美的で探究的な活動を通してともに学び、育ち合うかかわりを形成することにあるといわれています。教師主導型（教授型）ではなく、見守ることを重視する保育とも異なるものとして注目を集めています。自らが関心をもったテーマで集団活動を行うのですが、そこでのキーワードは"協働"であり、子ども同士の協働だけではなく、子どもの活動を支える大人の協働も重視されており、教師、親、共同体、行政関係者、そして教育学・心理学の専門家などが支え合い、子どもの活動を援助しています。この実践の関連書籍は多く発行されていますので、興味のある人は調べてみましょう。

　次に紹介するのは「森の幼稚園」です。森の幼稚園は、デンマークのある女性が、自分の子ども4人を連れて森で保育をし、そこに近隣の子どもたちが参加するようになり、1952年に正式に森の幼稚園として設立されたことがはじまりといわれています。幼稚園は園舎をもたず、毎日、決まった時間、決まった場所に集まり、そこから子どもたちは森に入り、森の中で過ごします。保育者は基本的に遊びに干渉したり、特別な提供はせず、子どもたちが自然の中で経験することを見守るスタンスで、子どもがもっている感覚や感性を信じ、それを引き出すようなかかわり方をします。現在、「森の幼稚園」はドイツで盛んに行われています。ドイツでは、1990年代に急速に増え、現在では幼稚園として認可され、ドイツ国内に150以上の森の幼稚園があり、多くの見学者が訪れています。

　ここで取り上げた2つの保育実践について、知る方法はたくさんあるでしょう。しかし、興味深い実践であるからといって、文化や地域性を無視して、即、真似をすることはできません。しかし、興味深い実践に触れ、そこから自分自身の保育のヒントを得たり、工夫して取り入れることは可能です。諸外国での保育実践からの刺激のみならず、国内の保育実践、近隣の園の保育実践から学べることもたくさんあるはずです。さまざまな保育に触れ、お互いが保育をひらき学び合えることが理想でしょう。ニュージーランドでは、1996年、幼保統一カリキュラム「テファリキ」が定められ、4つの原則と5つの要素が盛り込まれ、これをもとに、各教育機関がオリジナリティを生かして保育をしています。そして、韓国では、2013年に、幼保統合の教育課程「ヌリ課程」が導入されるとともに、満3歳から5歳児のすべての幼児を対象に無償化を推進することに至りました。

　諸外国の保育施設の歴史や種別、カリキュラムなどについて興味があれば、ぜひ調べてみましょう。制度の違いがあるため、何歳からが義務教育なのか、また、幼児教育の無償化の実態はどうなのか、さまざまな違いがあることがわかるはずです。

Work 13-1

　自分の興味・関心をもった保育に関するトピックスを2つ取り上げ、新聞やインターネットで情報収集をし、自分の考えをまとめてみましょう。

　1. 保育に関連するトピックスを2つ取り上げてみましょう。

　　① （　　　　　　　　　　　　　　） ② （　　　　　　　　　　　　　　）

　2. 調べてみてわかったこと（明らかになったこと）をまとめてみましょう。

①
②

　3. わかったこと（明らかになったこと）から、あなた自身は何を感じ、今後についてどのような思いをもったかまとめてみましょう（2. と3. を明確に書き分けてみましょう）。

①
②

Work 13-2

　これまで、保育所・幼稚園・認定こども園のさまざまな保育内容について確認してきました。本書での学びを通して、自分自身が大切にしたいと思う保育などについてまとめてみましょう。

　1. あなたが大切にしたいと思う保育はどのような保育かまとめてみましょう。

　2. これからの保育に必要と思われる課題についてあなたの意見をまとめてみましょう。

　3. まとめたことを友人同士で話し合ってみましょう。話し合った結果、気づいたことやあらたに思ったことについてまとめてみましょう。

Unit 14　「保育原理」確認テスト

　これまで、保育の基礎基本となる「保育原理」の内容について Work で確認しながら学んできました。本書では、

Ⅰ	発達観から保育を学ぶ（Unit 1）
Ⅱ	保育実践の現状から学ぶ（Unit 2～4）
Ⅲ	保育実践の基本と課題から学ぶ（Unit 5～7）
Ⅳ	保育の歴史から思想と意義を学ぶ（Unit 8～11）
Ⅴ	これからの保育を考える（Unit12～13）

の大項目をそれぞれの Unit で学びました。ここでは、本書での学びの確認として、Ⅰ～Ⅴの内容についてテスト形式で行っていきたいと思います。

　各大項目（Ⅰ～Ⅴ）の学びの後に個別にⅠ～Ⅴに対応するテストに取り組んでもよいですし、全体の学びをおえ最後に一括してまとめてテストに取り組んでもよいでしょう。

　本書内に解答は記載していませんが、本書の本文および本書に掲載されている保育所保育指針、幼稚園教育要領、教育・保育要領等、また厚生労働省等各省庁のホームページや各法令を調べることで、確実に解答にたどりつけます。自ら調べ、書き込んでいくことで学びは確かなものとなるでしょう。

　なお、この「保育原理」確認テスト（p.111～120）は、切り取って取り組んだり、提出をすることもできるよう点線を示してありますので、必要に応じて活用してください。

確認テストⅠ

保育実践の基礎について再確認しましょう。

1. 次の（　　）にあてはまる語句を書き入れましょう。（15問×1点）

①幼児期の教育は、生涯にわたる（1.　　　　　　　　　　　　）を培う重要なものであり、

幼稚園教育は、（2.　　　　　　　　　）に規定する目的及び目標を達成するため、幼児期

の特性を踏まえ、（3.　　　　　　　　）を通して行うものであることを基本とする。

②保育所保育指針の第1章総則には、「入所する子どもの（4.　　　　　　　　）を考慮し、

その（5.　　　　　　　）を積極的に増進することに最も（6.　　　　　　　　）生活の

場でなければならない」と明記されており、1989（平成元）年に国際連合が採択し、1994

（平成6）年に日本が批准した「(7.　　　　　　　　　　　　　)」の第3条第1項にも

定められている。

③教育・保育要領の第1章総則には、「(8.　　　　　　　　　)等は、園児との信頼関係を十分

に築き、園児が自ら安心して身近な環境に主体的に関わり、環境との関わり方や意味に気付き、

これらを取り込もうとして、(9.　　　　　　　　　)したり、考えたりするようになる幼児

期の教育における見方・考え方を生かし、その活動が豊かに展開されるよう環境を整え、園児

と共によりよい教育及び保育の環境を（10.　　　　　　　　）するように努めるものとする。

④保育に対する考え方や理念である（11.　　　　　　　　　）には、子どもとはどういう存

在であるかという子どもに対する「(12.　　　　　　　　）・児童観」と、子どもの成

長・発達が、どのように表れるのかという「(13.　　　　　　　　)」と、どのような

子どもに育ってほしいと願うかという「(14.　　　　　　　　)」がある。

⑤エリクソンのライフサイクル論をもとにした現在の重要な発達観を「(15.　　　　　　)」

という。

2. エリクソンのライフサイクル論をもとに、保育者としての基本姿勢について「希望」「意志」「目的」という言葉を用いて、まとめてみましょう。（5点）

確認テストⅡ

保育実践の現状について再確認しましょう。

1. 次の（　　）にあてはまる保育に関する法令等を書き込みましょう。（5問 ×1点）

日本国憲法

保育所は……

（1.　　　　　　　　）

hint　社会福祉について規定している法律。

↓

児童福祉法

↓

児童福祉法施行令・児童福祉法施行規則

↓

児童福祉施設の設備及び運営に関する基準

hint　厚生労働省が定めた児童福祉施設を設置するために必要な最低の基準。

↓

（4.　　　　　　　　）

幼稚園は……

（2.　　　　　　　　）

hint　教育についての原則を規定している法律。

↓

学校教育法

↓

学校教育法施行令・学校教育法施行規則

↓

（3.　　　　　　　　）

hint　文部科学省が定めた幼稚園を設置するのに必要な最低の基準。

↓

（5.　　　　　　　　）

幼保連携型認定こども園は……

（1.）および（2.）

↓

就学前の子どもに関する教育、保育等の総合的な提供の推進に関する法律（通称「認定こども園法」）

↓

就学前の子どもに関する教育、保育等の総合的な提供の推進に関する法律施行令・就学前の子どもに関する教育、保育等の総合的な提供の推進に関する法律施行規則

↓

幼保連携型認定こども園の学級の編制、職員、設備及び運営に関する基準

hint　内閣府、文部科学省、厚生労働省が認定こども園を設置するのに必要な最低の基準。

↓

幼保連携型認定こども園教育・保育要領

2. 次の（　　）にあてはまる語句や数字を書き入れましょう。（15問 ×1点）

①保育内容の5領域は、健康・（1.　　　　　）・（2.　　　　　）・（3.　　　　　）・表現である。

②保育所保育の特徴は、（4.　　　　　）と教育の一体化である。

③保育所の保育は、子どもが現在を最も良く生き、（5.　　　　　）をつくり出す力の基礎を培うために、次の目標を目指して行わなければならない。

　　十分に養護の行き届いた（6.　　　　　）の下に、くつろいだ雰囲気の中で子どもの様々な欲求を満たし、（7.　　　　　）の保持及び情緒の（8.　　　　　）を図ること。

④保育所保育の役割は、「保育所は、児童福祉法（昭和22年法律第164号）第（9.　　　）条の規定に基づき、保育を（10.　　　　　）子どもの保育を行い、その健全な心身の発達を図ることを目的とする児童福祉施設であり、入所する子どもの最善の利益を考慮し、その福祉を積極的に増進することに最もふさわしい生活の場でなければならない」とされている。

⑤保育者の配置基準は、保育所では、1～2歳児は子ども（11.　　　）人に対して保育者1人、3歳児は子ども（12.　　　）人に対して保育者1人である。

⑥幼稚園における一学級あたりの幼児数は、原則として（13.　　　）人以下と定められている。

⑦保育所の保育時間は、（14.　　　　）時間が原則とされている。

⑧認定こども園には、（15.　　　　　　　）、幼稚園型、保育所型、地方裁量型の4つのタイプがある。

3. 次の文章を読んで、正しい場合は「○」、誤っている場合は「×」をつけましょう。例にならって「×」の場合は、誤っている文章部分を線で消し、「修正欄」に正しい語句や文章を書き、「○」の場合は、空欄とします。（10問 ×2点）

文章	○・×	修正欄
例1）保育者は常に主体的に自分の実践を振り返り、専門性を深めていくことが必要であるため「省察」が大切である。	○	
例2）現在の発達観は、発達を、~~成人を完態としてとらえ、そこに至るまでの変化~~と考えるものである。	×	生涯発達
①保育所に関する根拠法令は学校教育法である。		
②幼稚園教育要領、保育所保育指針、教育・保育要領に示されている「育みたい資質・能力」は「健康な心と体の基礎」「思考力、判断力、表現力等の基礎」「学びに向かう力、人間性等」である。		
③保育所保育指針に示されている保育の方法では、「乳幼児期にふさわしい体験が得られるように、生活や遊びを通して個別に保育すること」とされている。		
④幼保連携型認定こども園の保育者の職名として定められたのは「保育教諭」である。		
⑤保育所保育指針に示されている「養護」とは、子どもの生命の保持および情緒の安定を図るために、保育士等が行う援助やかかわりである。		
⑥保育所の学級編成は、原則同一年齢の幼児で編成されることになっている。		
⑦子どもの自発的な活動としての遊びは、心身の調和の取れた発達の基礎を培う重要な学習である。		
⑧幼稚園において、教育課程に係る教育時間の終了後等に行う教育活動を「延長保育」という。		
⑨幼保連携型認定こども園は、就学前の子どもの幼児教育・保育を提供する機能と、地域における子育て支援を行う機能をあわせもっている。		
⑩保育所では、保育と教育を一体的に行うことが特性とされている。		

保育実践の基本と課題について再確認しましょう。

1．次の（　）にあてはまる語句を保育所保育指針から書き入れましょう。（12問×1点）

①「ねらい」は、第1章（総則）に示された保育の目標をより（1.　　　　　　　）したものであり、子どもが保育所において、安定した生活を送り、（2.　　　　　　　）した活動ができるように、保育を通じて育みたい（3.　　　　　　　）を、子どもの生活する姿から捉えたものである。また、「内容」は、「ねらい」を達成するために、子どもの（4.　　　　　　　）やその状況に応じて保育士等が適切に行う事項と、保育士等が（5.　　　　　　　）して子どもが（6.　　　　　　　）に関わって経験する事項を示したものである。

②保育所は、保育の目標を達成するために、各保育所の保育の方針や目標に基づき、子どもの（7.　　　　　　　）を踏まえて、保育の内容が組織的・計画的に構成され、保育所の生活の全体を通して、総合的に展開されるよう、（8.　　　　　　　）を作成しなければならない。

③（ 8. ）は、子どもや家庭の状況、（9.　　　　　　　）、保育時間などを考慮し、子どもの育ちに関する長期的（10.　　　　　　）をもって適切に作成されなければならない。

④（ 8. ）は、保育所保育の全体像を包括的に示すものとし、これに基づく指導計画、保健計画、（11.　　　　　　　）等を通じて、各保育所が（12.　　　　　　　）して保育できるよう、作成されなければならない。

2．次の（　）にあてはまる語句を幼稚園教育要領から書き入れましょう。（12問×1点）

①各領域に示すねらいは、幼稚園における生活の全体を通じ、幼児が様々な（1.　　　　　　　）を積み重ねる中で（2.　　　　　　　）に関連をもちながら次第に（3.　　　　　　　）に向かうものであること、内容は、幼児が環境に関わって展開する具体的な活動を通して（4.　　　　　　　）に（5.　　　　　　　）されるものであることに留意しなければならない。

②幼稚園教育は、幼児が自ら（6.　　　　　　　）をもって環境と関わることによりつくり出される具体的な活動を通して、その目標の（7.　　　　　　　）を図るものである。幼稚園においてはこのことを踏まえ、幼児期にふさわしい生活が（8.　　　　　　　）され、適切な指導が行われるよう、それぞれの幼稚園の（9.　　　　　　　）に基づき、調和のとれた組織的、発展的な指導計画を作成し、幼児の活動に沿った（10.　　　　　　　）な指導を行わなければならない。

③指導計画は、幼児の（11.　　　　　　　）に即して一人一人の幼児が幼児期にふさわしい生活を展開し、必要な（12.　　　　　　　）を得られるようにするために、具体的に作成すること。

3．次の（　）にあてはまる語句を教育・保育要領から書き入れましょう。（6問×1点）

①各視点や領域は、この時期の発達の特徴を踏まえ、（1.　　　　　　　）及び保育のねらい及び内容を（2.　　　　　　　）の発達の側面から、乳児は（3.　　　　　）つの視点として、幼児は（4.　　　　　）つの領域としてまとめ、示したものである。

②全体的な計画に基づき組織的かつ計画的に各幼保連携型認定こども園の教育及び保育活動の（5.　　　　　　　）を図っていくこと（以下「（6.　　　　　　　　　　　）」という。）に努めるものとする

4. 次の文章を読んで、正しい場合は「○」、誤っている場合は「×」をつけましょう。例にならって「×」の場合は、誤っている文章部分を線で消し、「修正欄」に正しい語句や文章を書き、「○」の場合は、空欄とします。（3問 ×2点）

文章	○・×	修正欄
例1）保育者は常に主体的に自分の実践を振り返り、専門性を深めていくことが必要であるため「省察」が大切である。	○	
例2）現在の発達観は、発達を、~~成人を完態としてとらえ、そこに至るまでの変化~~と考えるものである。	×	生涯発達
①幼稚園教育要領のねらいの特徴の一つは「達成目標」である。		
②保育所保育指針の「養護に関わるねらい及び内容」に記された文章の主語は「子ども」である。		
③自発的な活動としての遊びを重要な学習と考える上で、保育に計画の必要性はない。		

5. 保育実践の基本構造について説明してください。その際「共同（性）」「総合（性）」「計画（性）」の3つのキーワードを必ず入れてください。（4点）

西洋と日本の保育の創成にかかわった人物や事柄を再確認しましょう。

1. 次にあげることを行った歴史上の人物を下の語群から選びましょう。（5問×2点）

事柄	人物名
①世界で最初の幼稚園をつくる。キンダーガルテン（子どもの園）という名前の命名者である。	
②自らが経営する紡績工場の従業員のために、幼児学校をつくったイギリス人。	
③主著の『エミール』の中で、自然主義教育を論じ、現在の保育思想の原点といえる考え方をはじめて示した。	
④「二葉幼稚園（後の二葉保育園）を創り、貧しい子どもたちの保育にあたった。	
⑤東京女子師範学校附属幼稚園の最初の主任保姆で、恩物を紹介し、本場ドイツのフレーベルの保育を行った。	

山下俊郎　　　ペスタロッチ　　　フレーベル　　　野口幽香　　　倉橋惣三　　　近藤濱
ホール　　　モンテッソリ　　　オーエン　　　松野クララ　　　ルソー　　　マクミラン姉妹

2. 次の内容を読んで正しい説明になるように書き直しましょう。（4点）

> 開設当初の東京女子師範学校附属幼稚園では、恩物を用いた好きな遊びを中心とした保育が行われていた。

3.「児童中心主義保育」とは、どのような思想のことかまとめてみましょう。（6点）

4. 次の空欄にあてはまる人物や事柄を書き込みましょう。（10問 ×2点）

① （1.　　　　　　　　　　）

（イギリス：レイチェル：1859 ～ 1917 ／マーガレット：1860 ～ 1931）

イギリスにおける（2.　　　　　　　　　　　）（Nursery School）の創設者。

オーエンの創設した幼児学校の設立時の趣旨に、フレーベルの保育思想を合わせ、子どもの健康と衛生に留意した長時間の保育を実践するとともに、アメリカでの普及にも貢献する。

② （3.　　　　　　　　　　）（1859 ～ 1952）

プラグマティズム（実用主義）思想の哲学者・教育思想家。

子どもを学習の主体ととらえ、経験に基づく教育の重要性を説き、シカゴ大学附属実験学校における実践を行うことで（4.　　　　　　　　　　）（新教育運動）を通して、児童中心主義の保育に影響を与える。

③ （5.　　　　　　　　　）（イタリア：1870 ～ 1952）

障害児の教育の研究から出発し、ローマのスラム街における（6.　　　　　　　　　　　　）（Casa dei Bambini）での実践を通して、幼児保育一般にも適用されるとする生活の中のさまざまな仕事と（7.　　　　　　　　　　　）を用いた遊びから構成される保育の方法が世界的に大きな影響を与える。

④ （8.　　　　　　　　　）（日本：1893 ～ 1985）

1936 年（昭和 11 年）、保育問題研究会を結成し、保育の実践者と研究者の共同研究をすすめ、新しい保育の在り方を模索した人物。

保育者が子どもの要求に応えることに終始・偏重した児童中心主義保育の在り方を批判し、保育は社会生活を学習する場であるとした、社会中心主義保育理論の唱え、研究を推進・指導した。

⑤ （9.　　　　　　　　　）（日本：1882 ～ 1955）

1917 年（大正 6 年）より、東京女子師範学校教授ならびに同附属幼稚園主事（園長）を務めた人物。

著書『幼稚園真諦』では、児童中心主義の保育方法論、（10.　　　　　　　　　）について記し、日本における「児童中心主義保育」の理論化と普及に貢献した。

保育者の在り方とこれからの保育について再確認しましょう。

1.Unit12 で取り上げた『育ての心』の文章（p.98 ～ 102）から、あなたの好きな文章を一つ選び、どのようなところが気に入ったのかまとめてみましょう。（4 点）

取り上げた文章（　　　　　　　　　　　　　　　　　　　）

2.次の（　　　）にあてはまる語句を全国保育士倫理綱領から書き入れましょう。（18 問 ×1 点）

① （子どもの最善の利益の尊重）私たちは、一人ひとりの子どもの最善の利益を第一に考え、保育を通してその（1.　　　　　　　）を積極的に（2.　　　　　　）するよう努めます。

② （子どもの発達保障）私たちは、（3.　　　　　　）と教育が一体となった保育を通して、一人ひとりの子どもが心身ともに健康、安全で（4.　　　　　　）の安定した生活ができる環境を用意し、生きる喜びと力を育むことを基本として、その健やかな育ちを支えます。

③ （保護者との協力）私たちは、子どもと保護者のおかれた状況や（5.　　　　　　）を受けとめ、保護者とより良い（6.　　　　　　）関係を築きながら、子どもの育ちや子育てを支えます。

④ （プライバシーの保護）私たちは、一人ひとりのプライバシーを（7.　　　　　　）するため、保育を通して知り得た個人の（8.　　　　　　）や（9.　　　　　　）を守ります。

⑤ （チームワークと自己評価）私たちは、（10.　　　　　　）におけるチームワークや、関係する他の専門機関との（11.　　　　　　）を大切にします。また、自らの行う保育について、常に子どもの（12.　　　　　　）に立って自己評価を行い、保育の質の向上を図ります。

⑥ （利用者の代弁）私たちは、日々の保育や（13.　　　　　　）の活動を通して子どものニーズを受けとめ、子どもの立場に立ってそれを代弁します。 また、子育てをしているすべての（14.　　　　　　）のニーズを受けとめ、それを代弁していくことも重要な役割と考え、行動します。

⑦ （地域の子育て支援）私たちは、地域の人々や関係機関とともに子育てを（15.　　　　　　）し、そのネットワークにより、地域で子どもを育てる（16.　　　　　　）づくりに努めます。

⑧ （専門職としての責務）私たちは、研修や自己（17.　　　　　　）を通して、常に自らの（18.　　　　　　）と専門性の向上に努め、専門職としての責務を果たします。

3. 次の文章を読んで、正しい場合は「○」、誤っている場合は「×」をつけましょう。例にならって「×」の場合は、誤っている文章部分を線で消し、「修正欄」に正しい語句や文章を書き、「○」の場合は、空欄とします。（5問×2点）

文章	○・×	修正欄
例1）保育者は常に主体的に自分の実践を振り返り、専門性を深めていくことが必要であるため「省察」が大切である。	○	
例2）現在の発達観は、発達を、~~成人を完態としてとらえ、そこに至るまでの変化~~と考えるものである。	×	生涯発達
①3つのキー・コンピテンシーとは「自律的に活動する」「異質な集団で交流する」「相互作用的に人とかかわる」である。		
②こども家庭庁が示す「こども政策」の基本理念の一つには、「より多くのこどもたちの健やかな成長、well-being の向上」と明記されている。		
③待機児童問題には地域差はない。		
④母子世帯を含むひとり親世帯の貧困率は高い。		
⑤諸外国の保育実践を多く学び、積極的かつスピーディーに取り入れていく必要がある。		

4. 現在、日本が抱えている保育に関する問題について調べてみましょう。取り上げる問題を決めたら、どうしたら解決することができるか、あなたの考えをまとめてみましょう。（8点）

おわりに　子どもの命と将来の可能性を担う　教育職・保育職に就くには

※この「おわりに」は本書の企画者である佐伯氏がゼミ生に宛てたメールを整理し、授業資料として作成したものを一部割愛、整理、修正したものです。そのため、保育所保育指針、幼稚園教育要領は、この資料が作成された当時の2008（平成20）年時のものとなります。

　仮に、何かを「もっている人」が「もっていない人」に対して、その「もっているもの」を授け与える営みを「教育」というのであるならば、そのとき「もっている人」……すなわち、教育者とは何をもっていなければならないのでしょうか？

　たとえば、英語や数学といった特定の教科を教える教師であれば、最低限、そこで「授け与えられるもの」の内容を知っていなければなりません。もちろん、すぐれた人格や温かな人間性なども必要かとは思いますが、教育職に従事する以上、その教育の内容に関する最低限の知識・技術は携えていなければならないでしょう。

　それでは、就学前の乳幼児を対象とする教育である「保育」の場合、そこで「授け与えられる」もの、すなわち、教育の内容とはなんでしょうか？　幼稚園教育要領（2008）によれば、「内容」とは「ねらいを達成するために指導する事項である」とされ、さらに、「ねらい」とは「幼稚園修了までに育つことが期待される“生きる力の基礎”となる心情、意欲、態度」と記されています（第2章「ねらい及び内容」の前文）。このうち、“　”内の文言に対応する言葉を、保育所保育指針（2008）の中から探し出すと、“現在を最も良く生き、望ましい未来をつくり出す力の基礎”（第1章「総則」の中の「保育の目標」）がそれに該当すると思うのです。

　仮にこの見解が正しいとすれば、私たちがこれから就学前の子どもたちの教育に携わっていくにあたっては、この「生きる力の基礎」や「現在を最も良く生き、望ましい未来をつくり出す力の基礎」をもっていなければならない、ということになるでしょう。そうだとすれば、私たちは、それをもっているでしょうか？　そして、それをどうやって「授け与える」ことができるか、知っているでしょうか？

　今さらですが、必ずしも、日々生きていて楽しいことばかりではありません。辛いことや苦しいこともたくさんあります。そして、自分自身、いつもうまくいくことばかりではありません。なかなか器用に振る舞えない自分自身を嘆き、落ち込むこともたくさんあります。しかし、“そんな自分でも”誰かに頼りにされながら、それでもなお、前を向いて生きていこうとするとき、“ここにこそ”、「生きる力の基礎」や「現在を最も良く生き、望ましい未来をつくり出す力の基礎」のもっとも大きな原動力を垣間見ることができるのではないかと思うのです。

　それは、子どもにしても同じだと思うのです。必ずしも、うまくいくことばかりで

はない毎日の生活の中で、悔しい思いや悲しい思いをすることも、少なからずあることでしょう。でも、それでもなお、子どもたちは、また今日も遊ぼうとするわけです。そして、その中でさまざまな「心情」を経験し、もっと前に進もうという「意欲」を蓄え、「できた！」という喜びや達成感などといった自己肯定感に裏づけられた「態度」を身につけていくわけです。

　そう考えると、子どもはもともと、「生きる力の基礎」や「現在を最も良く生き、望ましい未来をつくり出す力の基礎」をもっているのかもしれません。いや、むしろ、私たちのほうがこれらの力が何かを忘れ、失いかけていたのかもしれません。そして、これは就学前の子どもたちに対する教育のみならず、就学後の子どもたちに対する教育においても、各教科の教育の前段階（もしくは基盤）として、教育者・保育者がもっていなければならないと思うのです。このように考えると、私たちはこの「生きる力の基礎」や「現在を最も良く生き、望ましい未来をつくり出す力の基礎」に思いを馳せ、それを身につけ、さらには、その授け方についても身につけなければならないわけです。

　しかし、私たちは「幸いにも」これから多くの困難や失敗やジレンマを経験することができます。すなわち、新人の教育者・保育者として、たくさんの失敗を経験することができるわけです。おそらく、その中で、なかなか思いどおりにいかないことに対していら立ったり、あるいは、そんな自分に対してうんざりするかもしれません。でも、決して、この道を選んだことを悔いることさえなければ、それでもなお、前に進むことができるし、その中で、必然的に「生きる力の基礎」や「現在を最も良く生き、望ましい未来をつくり出す力の基礎」が培われるわけです。

　私たちは子どもたちに対して謙虚に接しつつ、ともに"お互い"がどうしたら幸せな生活を送れるかと考えつつ、日々直面する課題に対して、明るく前向きに取り組んでいこうとすることを通して、「生きる力の基礎」や「現在を最も良く生き、望ましい未来をつくり出す力の基礎」を育み合っていくことが求められているといえます。そして、それが実現されているとき、おそらくそこには、大人と子どもとの望ましい教育的な関係が生み出されていると思うのです。

　そう考えると、今、私たちに必要なことを思いつくまま列挙してみると、
・自分のダメな点を直視すること
・それでもなお、ここまで何とかやってこれたことを厳格に肯定すること
・その上で、この道を選んだ自分を絶対に悔やまないようにと覚悟を決めること
・そして、先々に展開するであろう不安を直視すること
・それでもなお、何とかやっていけるだろうし、何とかやっていきたいと思うこと
以上のようなことが思い浮かぶのです。あまりにも重苦しいでしょうか？

　でも、厳しい社会の中で、ましてや子どもの命と将来の可能性を担う教育職・保育職に就くには、こういった思いを今一度自覚する必要があると思うのです。

　「がんばれ」とはいいません。"お互い"がんばってまいりましょう！

保育所保育指針

厚生労働省告示第 117 号　2017（平成 29）年 3 月 31 日／ 2018（平成 30）年 4 月 1 日施行

第 1 章　総則

　この指針は、児童福祉施設の設備及び運営に関する基準（昭和 23 年厚生省令第 63 号。以下「設備運営基準」という。）第 35 条の規定に基づき、保育所における保育の内容に関する事項及びこれに関連する運営に関する事項を定めるものである。各保育所は、この指針において規定される保育の内容に係る基本原則に関する事項等を踏まえ、各保育所の実情に応じて創意工夫を図り、保育所の機能及び質の向上に努めなければならない。

1　保育所保育に関する基本原則

（1）保育所の役割

　ア　保育所は、児童福祉法（昭和 22 年法律第 164 号）第 39 条の規定に基づき、保育を必要とする子どもの保育を行い、その健全な心身の発達を図ることを目的とする児童福祉施設であり、入所する子どもの最善の利益を考慮し、その福祉を積極的に増進することに最もふさわしい生活の場でなければならない。

　イ　保育所は、その目的を達成するために、保育に関する専門性を有する職員が、家庭との緊密な連携の下に、子どもの状況や発達過程を踏まえ、保育所における環境を通して、養護及び教育を一体的に行うことを特性としている。

　ウ　保育所は、入所する子どもを保育するとともに、家庭や地域の様々な社会資源との連携を図りながら、入所する子どもの保護者に対する支援及び地域の子育て家庭に対する支援等を行う役割を担うものである。

　エ　保育所における保育士は、児童福祉法第 18 条の 4 の規定を踏まえ、保育所の役割及び機能が適切に発揮されるように、倫理観に裏付けられた専門的知識、技術及び判断をもって、子どもを保育するとともに、子どもの保護者に対する保育に関する指導を行うものであり、その職責を遂行するための専門性の向上に絶えず努めなければならない。

（2）保育の目標

　ア　保育所は、子どもが生涯にわたる人間形成にとって極めて重要な時期に、その生活時間の大半を過ごす場である。このため、保育所の保育は、子どもが現在を最も良く生き、望ましい未来をつくり出す力の基礎を培うために、次の目標を目指して行わなければならない。

　（ア）十分に養護の行き届いた環境の下に、くつろいだ雰囲気の中で子どもの様々な欲求を満たし、生命の保持及び情緒の安定を図ること。

　（イ）健康、安全など生活に必要な基本的な習慣や態度を養い、心身の健康の基礎を培うこと。

　（ウ）人との関わりの中で、人に対する愛情と信頼感、そして人権を大切にする心を育てるとともに、自主、自立及び協調の態度を養い、道徳性の芽生えを培うこと。

　（エ）生命、自然及び社会の事象についての興味や関心を育て、それらに対する豊かな心情や思考力の芽生えを培うこと。

　（オ）生活の中で、言葉への興味や関心を育て、話したり、聞いたり、相手の話を理解しようとするなど、言葉の豊かさ

を養うこと。

　（カ）様々な体験を通して、豊かな感性や表現力を育み、創造性の芽生えを培うこと。

　イ　保育所は、入所する子どもの保護者に対し、その意向を受け止め、子どもと保護者の安定した関係に配慮し、保育所の特性や保育士等の専門性を生かして、その援助に当たらなければならない。

（3）保育の方法

　保育の目標を達成するために、保育士等は、次の事項に留意して保育しなければならない。

　ア　一人一人の子どもの状況や家庭及び地域社会での生活の実態を把握するとともに、子どもが安心感と信頼感をもって活動できるよう、子どもの主体としての思いや願いを受け止めること。

　イ　子どもの生活のリズムを大切にし、健康、安全で情緒の安定した生活ができる環境や、自己を十分に発揮できる環境を整えること。

　ウ　子どもの発達について理解し、一人一人の発達過程に応じて保育すること。その際、子どもの個人差に十分配慮すること。

　エ　子ども相互の関係づくりや互いに尊重する心を大切にし、集団における活動を効果あるものにするよう援助すること。

　オ　子どもが自発的・意欲的に関われるような環境を構成し、子どもの主体的な活動や子ども相互の関わりを大切にすること。特に、乳幼児期にふさわしい体験が得られるように、生活や遊びを通して総合的に保育すること。

　カ　一人一人の保護者の状況やその意向を理解、受容し、それぞれの親子関係や家庭生活等に配慮しながら、様々な機会をとらえ、適切に援助すること。

（4）保育の環境

　保育の環境には、保育士等や子どもなどの人的環境、施設や遊具などの物的環境、更には自然や社会の事象などがある。保育所は、こうした人、物、場などの環境が相互に関連し合い、子どもの生活が豊かなものとなるよう、次の事項に留意しつつ、計画的に環境を構成し、工夫して保育しなければならない。

　ア　子ども自らが環境に関わり、自発的に活動し、様々な経験を積んでいくことができるよう配慮すること。

　イ　子どもの活動が豊かに展開されるよう、保育所の設備や環境を整え、保育所の保健的環境や安全の確保などに努めること。

　ウ　保育室は、温かな親しみとくつろぎの場となるとともに、生き生きと活動できる場となるように配慮すること。

　エ　子どもが人と関わる力を育てていくため、子ども自らが周囲の子どもや大人と関わっていくことができる環境を整えること。

（5）保育所の社会的責任

　ア　保育所は、子どもの人権に十分配慮するとともに、子ども一人一人の人格を尊重して保育を行わなければならない。

　イ　保育所は、地域社会との交流や連携を図り、保護者や地域社会に、当該保育所が行う保育の内容を適切に説明するよう努めなければならない。

　ウ　保育所は、入所する子ども等の個人情報を適切に取り扱

うとともに、保護者の苦情などに対し、その解決を図るよう努めなければならない。

2 養護に関する基本的事項

(1) 養護の理念

保育における養護とは、子どもの生命の保持及び情緒の安定を図るために保育士等が行う援助や関わりであり、保育所における保育は、養護及び教育を一体的に行うことをその特性とするものである。保育所における保育全体を通じて、養護に関するねらい及び内容を踏まえた保育が展開されなければならない。

(2) 養護に関わるねらい及び内容

ア 生命の保持

（ア）ねらい

① 一人一人の子どもが、快適に生活できるようにする。
② 一人一人の子どもが、健康で安全に過ごせるようにする。
③ 一人一人の子どもの生理的欲求が、十分に満たされるようにする。
④ 一人一人の子どもの健康増進が、積極的に図られるようにする。

（イ）内容

① 一人一人の子どもの平常の健康状態や発育及び発達状態を的確に把握し、異常を感じる場合は、速やかに適切に対応する。
② 家庭との連携を密にし、嘱託医等との連携を図りながら、子どもの疾病や事故防止に関する認識を深め、保健的で安全な保育環境の維持及び向上に努める。
③ 清潔で安全な環境を整え、適切な援助や応答的な関わりを通して子どもの生理的欲求を満たしていく。また、家庭と協力しながら、子どもの発達過程等に応じた適切な生活のリズムがつくられていくようにする。
④ 子どもの発達過程等に応じて、適度な運動と休息を取ることができるようにする。また、食事、排泄、衣類の着脱、身の回りを清潔にすることなどについて、子どもが意欲的に生活できるよう適切に援助する。

イ 情緒の安定

（ア）ねらい

① 一人一人の子どもが、安定感をもって過ごせるようにする。
② 一人一人の子どもが、自分の気持ちを安心して表すことができるようにする。
③ 一人一人の子どもが、周囲から主体として受け止められ、主体として育ち、自分を肯定する気持ちが育まれていくようにする。
④ 一人一人の子どもがくつろいで共に過ごし、心身の疲れが癒されるようにする。

（イ）内容

① 一人一人の子どもの置かれている状態や発達過程などを的確に把握し、子どもの欲求を適切に満たしながら、応答的な触れ合いや言葉がけを行う。
② 一人一人の子どもの気持ちを受容し、共感しながら、子どもとの継続的な信頼関係を築いていく。
③ 保育士等との信頼関係を基盤に、一人一人の子どもが主体的に活動し、自発性や探索意欲などを高めるとともに、自分への自信をもつことができるよう成長の過程を見守り、適切に働きかける。

④ 一人一人の子どもの生活のリズム、発達過程、保育時間などに応じて、活動内容のバランスや調和を図りながら、適切な食事や休息が取れるようにする。

3 保育の計画及び評価

(1) 全体的な計画の作成

ア 保育所は、1の(2)に示した保育の目標を達成するために、各保育所の保育の方針や目標に基づき、子どもの発達過程を踏まえて、保育の内容が組織的・計画的に構成され、保育所の生活の全体を通して、総合的に展開されるよう、全体的な計画を作成しなければならない。

イ 全体的な計画は、子どもや家庭の状況、地域の実態、保育時間などを考慮し、子どもの育ちに関する長期的見通しをもって適切に作成されなければならない。

ウ 全体的な計画は、保育所保育の全体像を包括的に示すものとし、これに基づく指導計画、保健計画、食育計画等を通じて、各保育所が創意工夫して保育できるよう、作成されなければならない。

(2) 指導計画の作成

ア 保育所は、全体的な計画に基づき、具体的な保育が適切に展開されるよう、子どもの生活や発達を見通した長期的な指導計画と、それに関連しながら、より具体的な子どもの日々の生活に即した短期的な指導計画を作成しなければならない。

イ 指導計画の作成に当たっては、第2章及びその他の関連する章に示された事項のほか、子ども一人一人の発達過程や状況を十分に踏まえるとともに、次の事項に留意しなければならない。

（ア）3歳未満児については、一人一人の子どもの生育歴、心身の発達、活動の実態等に即して、個別的な計画を作成すること。
（イ）3歳以上児については、個の成長と、子ども相互の関係や協同的な活動が促されるよう配慮すること。
（ウ）異年齢で構成される組やグループでの保育においては、一人一人の子どもの生活や経験、発達過程などを把握し、適切な援助や環境構成ができるよう配慮すること。

ウ 指導計画においては、保育所の生活における子どもの発達過程を見通し、生活の連続性、季節の変化などを考慮し、子どもの実態に即した具体的なねらい及び内容を設定すること。また、具体的なねらいが達成されるよう、子どもの生活する姿や発想を大切にして適切な環境を構成し、子どもが主体的に活動できるようにすること。

エ 一日の生活のリズムや在園時間が異なる子どもが共に過ごすことを踏まえ、活動と休息、緊張感と解放感等の調和を図るよう配慮すること。

オ 午睡は生活のリズムを構成する重要な要素であり、安心して眠ることのできる安全な睡眠環境を確保するとともに、在園時間が異なることや、睡眠時間は子どもの発達の状況や個人によって差があることから、一律とならないよう配慮すること。

カ 長時間にわたる保育については、子どもの発達過程、生活のリズム及び心身の状態に十分配慮して、保育の内容や方法、職員の協力体制、家庭との連携などを指導計画に位置付けること。

キ 障害のある子どもの保育については、一人一人の子ども

の発達過程や障害の状態を把握し、適切な環境の下で、障害のある子どもが他の子どもとの生活を通して共に成長できるよう、指導計画の中に位置付けること。また、子どもの状況に応じた保育を実施する観点から、家庭や関係機関と連携した支援のための計画を個別に作成するなど適切な対応を図ること。

(3) 指導計画の展開

指導計画に基づく保育の実施に当たっては、次の事項に留意しなければならない。

ア 施設長、保育士など、全職員による適切な役割分担と協力体制を整えること。

イ 子どもが行う具体的な活動は、生活の中で様々に変化することに留意して、子どもが望ましい方向に向かって自ら活動を展開できるよう必要な援助を行うこと。

ウ 子どもの主体的な活動を促すためには、保育士等が多様な関わりをもつことが重要であることを踏まえ、子どもの情緒の安定や発達に必要な豊かな体験が得られるよう援助すること。

エ 保育士等は、子どもの実態や子どもを取り巻く状況の変化などに即して保育の過程を記録するとともに、これらを踏まえ、指導計画に基づく保育の内容の見直しを行い、改善を図ること。

(4) 保育内容等の評価

ア 保育士等の自己評価

（ア）保育士等は、保育の計画や保育の記録を通して、自らの保育実践を振り返り、自己評価することを通して、その専門性の向上や保育実践の改善に努めなければならない。

（イ）保育士等による自己評価に当たっては、子どもの活動内容やその結果だけでなく、子どもの心の育ちや意欲、取り組む過程などにも十分配慮するよう留意すること。

（ウ）保育士等は、自己評価における自らの保育実践の振り返りや職員相互の話し合い等を通じて、専門性の向上及び保育の質の向上のための課題を明確にするとともに、保育所全体の保育の内容に関する認識を深めること。

イ 保育所の自己評価

（ア）保育所は、保育の質の向上を図るため、保育の計画の展開や保育士等の自己評価を踏まえ、当該保育所の保育の内容等について、自ら評価を行い、その結果を公表するよう努めなければならない。

（イ）保育所が自己評価を行うに当たっては、地域の実情や保育所の実態に即して、適切に評価の観点や項目等を設定し、全職員による共通理解をもって取り組むよう留意すること。

（ウ）設備運営基準第36条の趣旨を踏まえ、保育の内容等の評価に関し、保護者及び地域住民等の意見を聴くことが望ましいこと。

(5) 評価を踏まえた計画の改善

ア 保育所は、評価の結果を踏まえ、当該保育所の保育の内容等の改善を図ること。

イ 保育の計画に基づく保育、保育の内容の評価及びこれに基づく改善という一連の取組により、保育の質の向上が図られるよう、全職員が共通理解をもって取り組むことに留意すること。

4 幼児教育を行う施設として共有すべき事項

(1) 育みたい資質・能力

ア 保育所においては、生涯にわたる生きる力の基礎を培うため、1の（2）に示す保育の目標を踏まえ、次に掲げる資質・能力を一体的に育むよう努めるものとする。

（ア）豊かな体験を通じて、感じたり、気付いたり、分かったり、できるようになったりする「知識及び技能の基礎」

（イ）気付いたことや、できるようになったことなどを使い、考えたり、試したり、工夫したり、表現したりする「思考力、判断力、表現力等の基礎」

（ウ）心情、意欲、態度が育つ中で、よりよい生活を営もうとする「学びに向かう力、人間性等」

イ アに示す資質・能力は、第2章に示すねらい及び内容に基づく保育活動全体によって育むものである。

(2) 幼児期の終わりまでに育ってほしい姿

次に示す「幼児期の終わりまでに育ってほしい姿」は、第2章に示すねらい及び内容に基づく保育活動全体を通して資質・能力が育まれている子どもの小学校就学時の具体的な姿であり、保育士等が指導を行う際に考慮するものである。

ア 健康な心と体

保育所の生活の中で、充実感をもって自分のやりたいことに向かって心と体を十分に働かせ、見通しをもって行動し、自ら健康で安全な生活をつくり出すようになる。

イ 自立心

身近な環境に主体的に関わり様々な活動を楽しむ中で、しなければならないことを自覚し、自分の力で行うために考えたり、工夫したりしながら、諦めずにやり遂げることで達成感を味わい、自信をもって行動するようになる。

ウ 協同性

友達と関わる中で、互いの思いや考えなどを共有し、共通の目的の実現に向けて、考えたり、工夫したり、協力したりし、充実感をもってやり遂げるようになる。

エ 道徳性・規範意識の芽生え

友達と様々な体験を重ねる中で、してよいことや悪いことが分かり、自分の行動を振り返ったり、友達の気持ちに共感したりし、相手の立場に立って行動するようになる。また、きまりを守る必要性が分かり、自分の気持ちを調整し、友達と折り合いを付けながら、きまりをつくったり、守ったりするようになる。

オ 社会生活との関わり

家族を大切にしようとする気持ちをもつとともに、地域の身近な人と触れ合う中で、人との様々な関わり方に気付き、相手の気持ちを考えて関わり、自分が役に立つ喜びを感じ、地域に親しみをもつようになる。また、保育所内外の様々な環境に関わる中で、遊びや生活に必要な情報を取り入れ、情報に基づき判断したり、情報を伝え合ったり、活用したりするなど、情報を役立てながら活動するようになるとともに、公共の施設を大切に利用するなどして、社会とのつながりなどを意識するようになる。

カ 思考力の芽生え

身近な事象に積極的に関わる中で、物の性質や仕組みなどを感じ取ったり、気付いたりし、考えたり、予想したり、工夫したりするなど、多様な関わりを楽しむようになる。また、友達の様々な考えに触れる中で、自分と異なる考えがあることに気付き、自ら判断したり、考え直したりするなど、新しい考えを生み出す喜びを味わいながら、自分の考えをよりよいものにするようになる。

キ　自然との関わり・生命尊重

　自然に触れて感動する体験を通して、自然の変化などを感じ取り、好奇心や探究心をもって考え言葉などで表現しながら、身近な事象への関心が高まるとともに、自然への愛情や畏敬の念をもつようになる。また、身近な動植物に心を動かされる中で、生命の不思議さや尊さに気付き、身近な動植物への接し方を考え、命あるものとしていたわり、大切にする気持ちをもって関わるようになる。

ク　数量や図形、標識や文字などへの関心・感覚

　遊びや生活の中で、数量や図形、標識や文字などに親しむ体験を重ねたり、標識や文字の役割に気付いたりし、自らの必要感に基づきこれらを活用し、興味や関心、感覚をもつようになる。

ケ　言葉による伝え合い

　保育士等や友達と心を通わせる中で、絵本や物語などに親しみながら、豊かな言葉や表現を身に付け、経験したことや考えたことなどを言葉で伝えたり、相手の話を注意して聞いたりし、言葉による伝え合いを楽しむようになる。

コ　豊かな感性と表現

　心を動かす出来事などに触れ感性を働かせる中で、様々な素材の特徴や表現の仕方などに気付き、感じたことや考えたことを自分で表現したり、友達同士で表現する過程を楽しんだりし、表現する喜びを味わい、意欲をもつようになる。

第2章　保育の内容

　この章に示す「ねらい」は、第1章の1の（2）に示された保育の目標をより具体化したものであり、子どもが保育所において、安定した生活を送り、充実した活動ができるように、保育を通じて育みたい資質・能力を、子どもの生活する姿から捉えたものである。また、「内容」は、「ねらい」を達成するために、子どもの生活やその状況に応じて保育士等が適切に行う事項と、保育士等が援助して子どもが環境に関わって経験する事項を示したものである。

　保育における「養護」とは、子どもの生命の保持及び情緒の安定を図るために保育士等が行う援助や関わりであり、「教育」とは、子どもが健やかに成長し、その活動がより豊かに展開されるための発達の援助である。本章では、保育士等が、「ねらい」及び「内容」を具体的に把握するため、主に教育に関わる側面からの視点を示しているが、実際の保育においては、養護と教育が一体となって展開されることに留意する必要がある。

1　乳児保育に関わるねらい及び内容

（1）基本的事項

ア　乳児期の発達については、視覚、聴覚などの感覚や、座る、はう、歩くなどの運動機能が著しく発達し、特定の大人との応答的な関わりを通じて、情緒的な絆が形成されるといった特徴がある。これらの発達の特徴を踏まえて、乳児保育は、愛情豊かに、応答的に行われることが特に必要である。

イ　本項においては、この時期の発達の特徴を踏まえ、乳児保育の「ねらい」及び「内容」については、身体的発達に関する視点「健やかに伸び伸びと育つ」、社会的発達に関する視点「身近な人と気持ちが通じ合う」及び精神的発達に関する視点「身近なものと関わり感性が育つ」としてまとめ、示している。

ウ　本項の各視点において示す保育の内容は、第1章の2に示された養護における「生命の保持」及び「情緒の安定」に関わる保育の内容と、一体となって展開されるものであることに留意が必要である。

（2）ねらい及び内容

ア　健やかに伸び伸びと育つ

　健康な心と体を育て、自ら健康で安全な生活をつくり出す力の基盤を培う。

（ア）ねらい

① 身体感覚が育ち、快適な環境に心地よさを感じる。

② 伸び伸びと体を動かし、はう、歩くなどの運動をしようとする。

③ 食事、睡眠等の生活のリズムの感覚が芽生える。

（イ）内容

① 保育士等の愛情豊かな受容の下で、生理的・心理的欲求を満たし、心地よく生活をする。

② 一人一人の発育に応じて、はう、立つ、歩くなど、十分に体を動かす。

③ 個人差に応じて授乳を行い、離乳を進めていく中で、様々な食品に少しずつ慣れ、食べることを楽しむ。

④ 一人一人の生活のリズムに応じて、安全な環境の下で十分に午睡をする。

⑤ おむつ交換や衣服の着脱などを通じて、清潔になることの心地よさを感じる。

（ウ）内容の取扱い

上記の取扱いに当たっては、次の事項に留意する必要がある。

① 心と体の健康は、相互に密接な関連があるものであることを踏まえ、温かい触れ合いの中で、心と体の発達を促すこと。特に、寝返り、お座り、はいはい、つかまり立ち、伝い歩きなど、発育に応じて、遊びの中で体を動かす機会を十分に確保し、自ら体を動かそうとする意欲が育つようにすること。

② 健康な心と体を育てるためには望ましい食習慣の形成が重要であることを踏まえ、離乳食が完了期へと徐々に移行する中で、様々な食品に慣れるようにするとともに、和やかな雰囲気の中で食べる喜びや楽しさを味わい、進んで食べようとする気持ちが育つようにすること。なお、食物アレルギーのある子どもへの対応については、嘱託医等の指示や協力の下に適切に対応すること。

イ　身近な人と気持ちが通じ合う

　受容的・応答的な関わりの下で、何かを伝えようとする意欲や身近な大人との信頼関係を育て、人と関わる力の基盤を培う。

（ア）ねらい

① 安心できる関係の下で、身近な人と共に過ごす喜びを感じる。

② 体の動きや表情、発声等により、保育士等と気持ちを通わせようとする。

③ 身近な人と親しみ、関わりを深め、愛情や信頼感が芽生える。

（イ）内容

① 子どもからの働きかけを踏まえた、応答的な触れ合いや言葉がけによって、欲求が満たされ、安定感をもって過ごす。

② 体の動きや表情、発声、喃語等を優しく受け止めてもらい、保育士等とのやり取りを楽しむ。

③ 生活や遊びの中で、自分の身近な人の存在に気付き、親しみの気持ちを表す。

④ 保育士等による語りかけや歌いかけ、発声や喃語<small>なん</small>等への応答を通じて、言葉の理解や発語の意欲が育つ。

⑤ 温かく、受容的な関わりを通じて、自分を肯定する気持ちが芽生える。

（ウ）内容の取扱い

上記の取扱いに当たっては、次の事項に留意する必要がある。

① 保育十等との信頼関係に支えられて生活を確立していくことが人と関わる基盤となることを考慮して、子どもの多様な感情を受け止め、温かく受容的・応答的に関わり、一人一人に応じた適切な援助を行うようにすること。

② 身近な人に親しみをもって接し、自分の感情などを表し、それに相手が応答する言葉を聞くことを通して、次第に言葉が獲得されていくことを考慮して、楽しい雰囲気の中での保育士等との関わり合いを大切にし、ゆっくりと優しく話しかけるなど、積極的に言葉のやり取りを楽しむことができるようにすること。

ウ 身近なものと関わり感性が育つ

身近な環境に興味や好奇心をもって関わり、感じたことや考えたことを表現する力の基盤を培う。

（ア）ねらい

① 身の回りのものに親しみ、様々なものに興味や関心をもつ。

② 見る、触れる、探索するなど、身近な環境に自分から関わろうとする。

③ 身体の諸感覚による認識が豊かになり、表情や手足、体の動き等で表現する。

（イ）内容

① 身近な生活用具、玩具や絵本などが用意された中で、身の回りのものに対する興味や好奇心をもつ。

② 生活や遊びの中で様々なものに触れ、音、形、色、手触りなどに気付き、感覚の働きを豊かにする。

③ 保育士等と一緒に様々な色彩や形のものや絵本などを見る。

④ 玩具や身の回りのものを、つまむ、つかむ、たたく、引っ張るなど、手や指を使って遊ぶ。

⑤ 保育士等のあやし遊びに機嫌よく応じたり、歌やリズムに合わせて手足や体を動かして楽しんだりする。

（ウ）内容の取扱い

上記の取扱いに当たっては、次の事項に留意する必要がある。

① 玩具などは、音質、形、色、大きさなど子どもの発達状態に応じて適切なものを選び、その時々の子どもの興味や関心を踏まえるなど、遊びを通して感覚の発達が促されるものとなるように工夫すること。なお、安全な環境の下で、子どもが探索意欲を満たして自由に遊べるよう、身の回りのものについては、常に十分な点検を行うこと。

② 乳児期においては、表情、発声、体の動きなどで、感情を表現することが多いことから、これらの表現しようとする意欲を積極的に受け止めて、子どもが様々な活動を楽しむことを通して表現が豊かになるようにすること。

（3）保育の実施に関わる配慮事項

ア 乳児は疾病への抵抗力が弱く、心身の機能の未熟さに伴う疾病の発生が多いことから、一人一人の発育及び発達状態や健康状態についての適切な判断に基づく保健的な対応を行うこと。

イ 一人一人の子どもの生育歴の違いに留意しつつ、欲求を適切に満たし、特定の保育士が応答的に関わるように努めること。

ウ 乳児保育に関わる職員間の連携や嘱託医との連携を図り、第3章に示す事項を踏まえ、適切に対応すること。栄養士及び看護師等が配置されている場合は、その専門性を生かした対応を図ること。

エ 保護者との信頼関係を築きながら保育を進めるとともに、保護者からの相談に応じ、保護者への支援に努めていくこと。

オ 担当の保育士が替わる場合には、子どものそれまでの生育歴や発達過程に留意し、職員間で協力して対応すること。

2 1歳以上3歳未満児の保育に関わるねらい及び内容

（1）基本的事項

ア この時期においては、歩き始めから、歩く、走る、跳ぶなどへと、基本的な運動機能が次第に発達し、排泄<small>せつ</small>の自立のための身体的機能も整うようになる。つまむ、めくるなどの指先の機能も発達し、食事、衣類の着脱なども、保育士等の援助の下で自分で行うようになる。発声も明瞭になり、語彙も増加し、自分の意思や欲求を言葉で表出できるようになる。このように自分でできることが増えてくる時期であることから、保育士等は、子どもの生活の安定を図りながら、自分でしようとする気持ちを尊重し、温かく見守るとともに、愛情豊かに、応答的に関わることが必要である。

イ 本項においては、この時期の発達の特徴を踏まえ、保育の「ねらい」及び「内容」について、心身の健康に関する領域「健康」、人との関わりに関する領域「人間関係」、身近な環境との関わりに関する領域「環境」、言葉の獲得に関する領域「言葉」及び感性と表現に関する領域「表現」としてまとめ、示している。

ウ 本項の各領域において示す保育の内容は、第1章の2に示された養護における「生命の保持」及び「情緒の安定」に関わる保育の内容と、一体となって展開されるものであることに留意が必要である。

（2）ねらい及び内容

ア 健康

健康な心と体を育て、自ら健康で安全な生活をつくり出す力を養う。

（ア）ねらい

① 明るく伸び伸びと生活し、自分から体を動かすことを楽しむ。

② 自分の体を十分に動かし、様々な動きをしようとする。

③ 健康、安全な生活に必要な習慣に気付き、自分でしてみようとする気持ちが育つ。

（イ）内容

① 保育士等の愛情豊かな受容の下で、安定感をもって生活をする。

② 食事や午睡、遊びと休息など、保育所における生活のリズムが形成される。

③ 走る、跳ぶ、登る、押す、引っ張るなど全身を使う遊びを楽しむ。

④ 様々な食品や調理形態に慣れ、ゆったりとした雰囲気の中で食事や間食を楽しむ。

⑤ 身の回りを清潔に保つ心地よさを感じ、その習慣が少しずつ身に付く。

⑥ 保育士等の助けを借りながら、衣類の着脱を自分でしよう

とする。

⑦ 便器での排泄に慣れ、自分で排泄ができるようになる。

（ウ）内容の取扱い

上記の取扱いに当たっては、次の事項に留意する必要がある。

① 心と体の健康は、相互に密接な関連があるものであることを踏まえ、子どもの気持ちに配慮した温かい触れ合いの中で、心と体の発達を促すこと。特に、一人一人の発育に応じて、体を動かす機会を十分に確保し、自ら体を動かそうとする意欲が育つようにすること。

② 健康な心と体を育てるためには望ましい食習慣の形成が重要であることを踏まえ、ゆったりとした雰囲気の中で食べる喜びや楽しさを味わい、進んで食べようとする気持ちが育つようにすること。なお、食物アレルギーのある子どもへの対応については、嘱託医等の指示や協力の下に適切に対応すること。

③ 排泄の習慣については、一人一人の排尿間隔等を踏まえ、おむつが汚れていないときに便器に座らせるなどにより、少しずつ慣れさせるようにすること。

④ 食事、排泄、睡眠、衣類の着脱、身の回りを清潔にすることなど、生活に必要な基本的な習慣については、一人一人の状態に応じ、落ち着いた雰囲気の中で行うようにし、子どもが自分でしようとする気持ちを尊重すること。また、基本的な生活習慣の形成に当たっては、家庭での生活経験に配慮し、家庭との適切な連携の下で行うようにすること。

イ　人間関係

他の人々と親しみ、支え合って生活するために、自立心を育て、人と関わる力を養う。

（ア）ねらい

① 保育所での生活を楽しみ、身近な人と関わる心地よさを感じる。

② 周囲の子ども等への興味や関心が高まり、関わりをもとうとする。

③ 保育所の生活の仕方に慣れ、きまりの大切さに気付く。

（イ）内容

① 保育士等や周囲の子ども等との安定した関係の中で、共に過ごす心地よさを感じる。

② 保育士等の受容的・応答的な関わりの中で、欲求を適切に満たし、安定感をもって過ごす。

③ 身の回りに様々な人がいることに気付き、徐々に他の子どもと関わりをもって遊ぶ。

④ 保育士等の仲立ちにより、他の子どもとの関わり方を少しずつ身につける。

⑤ 保育所の生活の仕方に慣れ、きまりがあることや、その大切さに気付く。

⑥ 生活や遊びの中で、年長児や保育士等の真似をしたり、ごっこ遊びを楽しんだりする。

（ウ）内容の取扱い

上記の取扱いに当たっては、次の事項に留意する必要がある。

① 保育士等との信頼関係に支えられて生活を確立するとともに、自分で何かをしようとする気持ちが旺盛になる時期であることに鑑み、そのような子どもの気持ちを尊重し、温かく見守るとともに、愛情豊かに、応答的に関わり、適切な援助を行うようにすること。

② 思い通りにいかない場合等の子どもの不安定な感情の表出については、保育士等が受容的に受け止めるとともに、そうした気持ちから立ち直る経験や感情をコントロールすることへの気付き等につなげていけるように援助すること。

③ この時期は自己と他者との違いの認識がまだ十分ではないことから、子どもの自我の育ちを見守るとともに、保育士等が仲立ちとなって、自分の気持ちを相手に伝えることや相手の気持ちに気付くことの大切さなど、友達の気持ちや友達との関わり方を丁寧に伝えていくこと。

ウ　環境

周囲の様々な環境に好奇心や探究心をもって関わり、それらを生活に取り入れていこうとする力を養う。

（ア）ねらい

① 身近な環境に親しみ、触れ合う中で、様々なものに興味や関心をもつ。

② 様々なものに関わる中で、発見を楽しんだり、考えたりしようとする。

③ 見る、聞く、触るなどの経験を通して、感覚の働きを豊かにする。

（イ）内容

① 安全で活動しやすい環境での探索活動等を通して、見る、聞く、触れる、嗅ぐ、味わうなどの感覚の働きを豊かにする。

② 玩具、絵本、遊具などに興味をもち、それらを使った遊びを楽しむ。

③ 身の回りの物に触れる中で、形、色、大きさ、量などの物の性質や仕組みに気付く。

④ 自分の物と人の物の区別や、場所的感覚など、環境を捉える感覚が育つ。

⑤ 身近な生き物に気付き、親しみをもつ。

⑥ 近隣の生活や季節の行事などに興味や関心をもつ。

（ウ）内容の取扱い

上記の取扱いに当たっては、次の事項に留意する必要がある。

① 玩具などは、音質、形、色、大きさなど子どもの発達状態に応じて適切なものを選び、遊びを通して感覚の発達が促されるように工夫すること。

② 身近な生き物との関わりについては、子どもが命を感じ、生命の尊さに気付く経験へとつながるものであることから、そうした気付きを促すような関わりとなるようにすること。

③ 地域の生活や季節の行事などに触れる際には、社会とのつながりや地域社会の文化への気付きにつながるものとなることが望ましいこと。その際、保育所内外の行事や地域の人々との触れ合いなどを通して行うこと等も考慮すること。

エ　言葉

経験したことや考えたことなどを自分なりの言葉で表現し、相手の話す言葉を聞こうとする意欲や態度を育て、言葉に対する感覚や言葉で表現する力を養う。

（ア）ねらい

① 言葉遊びや言葉で表現する楽しさを感じる。

② 人の言葉や話などを聞き、自分でも思ったことを伝えようとする。

③ 絵本や物語等に親しむとともに、言葉のやり取りを通じて身近な人と気持ちを通わせる。

（イ）内容

① 保育士等の応答的な関わりや話しかけにより、自ら言葉を

使おうとする。

② 生活に必要な簡単な言葉に気付き、聞き分ける。

③ 親しみをもって日常の挨拶に応じる。

④ 絵本や紙芝居を楽しみ、簡単な言葉を繰り返したり、模倣をしたりして遊ぶ。

⑤ 保育士等とごっこ遊びをする中で、言葉のやり取りを楽しむ。

⑥ 保育士等を仲立ちとして、生活や遊びの中で友達との言葉のやり取りを楽しむ。

⑦ 保育士等や友達の言葉や話に興味や関心をもって、聞いたり、話したりする。

（ウ）内容の取扱い

上記の取扱いに当たっては、次の事項に留意する必要がある。

① 身近な人に親しみをもって接し、自分の感情などを伝え、それに相手が応答し、その言葉を聞くことを通して、次第に言葉が獲得されていくものであることを考慮して、楽しい雰囲気の中で保育士等との言葉のやり取りができるようにすること。

② 子どもが自分の思いを言葉で伝えるとともに、他の子どもの話などを聞くことを通して、次第に話を理解し、言葉による伝え合いができるようになるよう、気持ちや経験等の言語化を行うことを援助するなど、子ども同士の関わりの仲立ちを行うようにすること。

③ この時期は、片言から、二語文、ごっこ遊びでのやり取りができる程度へと、大きく言葉の習得が進む時期であることから、それぞれの子どもの発達の状況に応じて、遊びや関わりの工夫など、保育の内容を適切に展開することが必要であること。

オ 表現

感じたことや考えたことを自分なりに表現することを通して、豊かな感性や表現する力を養い、創造性を豊かにする。

（ア）ねらい

① 身体の諸感覚の経験を豊かにし、様々な感覚を味わう。

② 感じたことや考えたことなどを自分なりに表現しようとする。

③ 生活や遊びの様々な体験を通して、イメージや感性が豊かになる。

（イ）内容

① 水、砂、土、紙、粘土など様々な素材に触れて楽しむ。

② 音楽、リズムやそれに合わせた体の動きを楽しむ。

③ 生活の中で様々な音、形、色、手触り、動き、味、香りなどに気付いたり、感じたりして楽しむ。

④ 歌を歌ったり、簡単な手遊びや全身を使う遊びを楽しんだりする。

⑤ 保育士等からの話や、生活や遊びの中での出来事を通して、イメージを豊かにする。

⑥ 生活や遊びの中で、興味のあることや経験したことなどを自分なりに表現する。

（ウ）内容の取扱い

上記の取扱いに当たっては、次の事項に留意する必要がある。

① 子どもの表現は、遊びや生活の様々な場面で表出されているものであることから、それらを積極的に受け止め、様々な表現の仕方や感性を豊かにする経験となるようにすること。

② 子どもが試行錯誤しながら様々な表現を楽しむことや、自分の力でやり遂げる充実感などに気付くよう、温かく見守るとともに、適切に援助を行うようにすること。

③ 様々な感情の表現等を通じて、子どもが自分の感情や気持ちに気付くようになる時期であることに鑑み、受容的な関わりの中で自信をもって表現をすることや、諦めずに続けた後の達成感等を感じられるような経験が蓄積されるようにすること。

④ 身近な自然や身の回りの事物に関わる中で、発見や心が動く経験が得られるよう、諸感覚を働かせることを楽しむ遊びや素材を用意するなど保育の環境を整えること。

（3）保育の実施に関わる配慮事項

ア 特に感染症にかかりやすい時期であるので、体の状態、機嫌、食欲などの日常の状態の観察を十分に行うとともに、適切な判断に基づく保健的な対応を心がけること。

イ 探索活動が十分できるように、事故防止に努めながら活動しやすい環境を整え、全身を使う遊びなど様々な遊びを取り入れること。

ウ 自我が形成され、子どもが自分の感情や気持ちに気付くようになる重要な時期であることに鑑み、情緒の安定を図りながら、子どもの自発的な活動を尊重するとともに促していくこと。

エ 担当の保育士が替わる場合には、子どものそれまでの経験や発達過程に留意し、職員間で協力して対応すること。

3 3歳以上児の保育に関するねらい及び内容

（1）基本的事項

ア この時期においては、運動機能の発達により、基本的な動作が一通りできるようになるとともに、基本的な生活習慣もほぼ自立できるようになる。理解する語彙数が急激に増加し、知的興味や関心も高まってくる。仲間と遊び、仲間の中の一人という自覚が生じ、集団的な遊びや協同的な活動も見られるようになる。これらの発達の特徴を踏まえて、この時期の保育においては、個の成長と集団としての活動の充実が図られるようにしなければならない。

イ 本項においては、この時期の発達の特徴を踏まえ、保育の「ねらい」及び「内容」について、心身の健康に関する領域「健康」、人との関わりに関する領域「人間関係」、身近な環境との関わりに関する領域「環境」、言葉の獲得に関する領域「言葉」及び感性と表現に関する領域「表現」としてまとめ、示している。

ウ 本項の各領域において示す保育の内容は、第1章の2に示された養護における「生命の保持」及び「情緒の安定」に関わる保育の内容と、一体となって展開されるものであることに留意が必要である。

（2）ねらい及び内容

ア 健康

健康な心と体を育て、自ら健康で安全な生活をつくり出す力を養う。

（ア）ねらい

① 明るく伸び伸びと行動し、充実感を味わう。

② 自分の体を十分に動かし、進んで運動しようとする。

③ 健康、安全な生活に必要な習慣や態度を身に付け、見通しをもって行動する。

（イ）内容

① 保育士等や友達と触れ合い、安定感をもって行動する。

② いろいろな遊びの中で十分に体を動かす。

③ 進んで戸外で遊ぶ。

④ 様々な活動に親しみ、楽しんで取り組む。

⑤ 保育士等や友達と食べることを楽しみ、食べ物への興味や関心をもつ。

⑥ 健康な生活のリズムを身に付ける。

⑦ 身の回りを清潔にし、衣服の着脱、食事、排泄などの生活に必要な活動を自分でする。

⑧ 保育所における生活の仕方を知り、自分たちで生活の場を整えながら見通しをもって行動する。

⑨ 自分の健康に関心をもち、病気の予防などに必要な活動を進んで行う。

⑩ 危険な場所、危険な遊び方、災害時などの行動の仕方が分かり、安全に気を付けて行動する。

（ウ）内容の取扱い

上記の取扱いに当たっては、次の事項に留意する必要がある。

① 心と体の健康は、相互に密接な関連があるものであることを踏まえ、子どもが保育士等や他の子どもとの温かい触れ合いの中で自己の存在感や充実感を味わうことなどを基盤として、しなやかな心と体の発達を促すこと。特に、十分に体を動かす気持ちよさを体験し、自ら体を動かそうとする意欲が育つようにすること。

② 様々な遊びの中で、子どもが興味や関心、能力に応じて全身を使って活動することにより、体を動かす楽しさを味わい、自分の体を大切にしようとする気持ちが育つようにすること。その際、多様な動きを経験する中で、体の動きを調整するようにすること。

③ 自然の中で伸び伸びと体を動かして遊ぶことにより、体の諸機能の発達が促されることに留意し、子どもの興味や関心が戸外にも向くようにすること。その際、子どもの動線に配慮した園庭や遊具の配置などを工夫すること。

④ 健康な心と体を育てるためには食育を通じた望ましい食習慣の形成が大切であることを踏まえ、子どもの食生活の実情に配慮し、和やかな雰囲気の中で保育士等や他の子どもと食べる喜びや楽しさを味わったり、様々な食べ物への興味や関心をもったりするなどし、食の大切さに気付き、進んで食べようとする気持ちが育つようにすること。

⑤ 基本的な生活習慣の形成に当たっては、家庭での生活経験に配慮し、子どもの自立心を育て、子どもが他の子どもと関わりながら主体的な活動を展開する中で、生活に必要な習慣を身に付け、次第に見通しをもって行動できるようにすること。

⑥ 安全に関する指導に当たっては、情緒の安定を図り、遊びを通して安全についての構えを身に付け、危険な場所や事物などが分かり、安全についての理解を深めるようにすること。また、交通安全の習慣を身に付けるようにするとともに、避難訓練などを通して、災害などの緊急時に適切な行動がとれるようにすること。

イ　人間関係

他の人々と親しみ、支え合って生活するために、自立心を育て、人と関わる力を養う。

（ア）ねらい

① 保育所の生活を楽しみ、自分の力で行動することの充実感を味わう。

② 身近な人と親しみ、関わりを深め、工夫したり、協力したりして一緒に活動する楽しさを味わい、愛情や信頼感をもつ。

③ 社会生活における望ましい習慣や態度を身に付ける。

（イ）内容

① 保育士等や友達と共に過ごすことの喜びを味わう。

② 自分で考え、自分で行動する。

③ 自分でできることは自分でする。

④ いろいろな遊びを楽しみながら物事をやり遂げようとする気持ちをもつ。

⑤ 友達と積極的に関わりながら喜びや悲しみを共感し合う。

⑥ 自分の思ったことを相手に伝え、相手の思っていることに気付く。

⑦ 友達のよさに気付き、一緒に活動する楽しさを味わう。

⑧ 友達と楽しく活動する中で、共通の目的を見いだし、工夫したり、協力したりなどする。

⑨ よいことや悪いことがあることに気付き、考えながら行動する。

⑩ 友達との関わりを深め、思いやりをもつ。

⑪ 友達と楽しく生活する中できまりの大切さに気付き、守ろうとする。

⑫ 共同の遊具や用具を大切にし、皆で使う。

⑬ 高齢者をはじめ地域の人々などの自分の生活に関係の深いいろいろな人に親しみをもつ。

（ウ）内容の取扱い

上記の取扱いに当たっては、次の事項に留意する必要がある。

① 保育士等との信頼関係に支えられて自分自身の生活を確立していくことが人と関わる基盤となることを考慮し、子どもが自ら周囲に働き掛けることにより多様な感情を体験し、試行錯誤しながら諦めずにやり遂げることの達成感や、前向きな見通しをもって自分の力で行うことの充実感を味わうことができるよう、子どもの行動を見守りながら適切な援助を行うようにすること。

② 一人一人を生かした集団を形成しながら人と関わる力を育てていくようにすること。その際、集団の生活の中で、子どもが自己を発揮し、保育士等や他の子どもに認められる体験をし、自分のよさや特徴に気付き、自信をもって行動できるようにすること。

③ 子どもが互いに関わりを深め、協同して遊ぶようになるため、自ら行動する力を育てるとともに、他の子どもと試行錯誤しながら活動を展開する楽しさや共通の目的が実現する喜びを味わうことができるようにすること。

④ 道徳性の芽生えを培うに当たっては、基本的な生活習慣の形成を図るとともに、子どもが他の子どもとの関わりの中で他人の存在に気付き、相手を尊重する気持ちをもって行動できるようにし、また、自然や身近な動植物に親しむことなどを通して豊かな心情が育つようにすること。特に、人に対する信頼感や思いやりの気持ちは、葛藤やつまずきをも体験し、それらを乗り越えることにより次第に芽生えてくることに配慮すること。

⑤ 集団の生活を通して、子どもが人との関わりを深め、規範意識の芽生えが培われることを考慮し、子どもが保育士等との信頼関係に支えられて自己を発揮する中で、互いに思いを主張し、折り合いを付ける体験をし、きまりの必要性などに気付き、自分の気持ちを調整する力が育つようにすること。

⑥ 高齢者をはじめ地域の人々などの自分の生活に関係の深いいろいろな人と触れ合い、自分の感情や意志を表現しなが

ら共に楽しみ、共感し合う体験を通して、これらの人々などに親しみをもち、人と関わることの楽しさや人の役に立つ喜びを味わうことができるようにすること。また、生活を通して親や祖父母などの家族の愛情に気付き、家族を大切にしようとする気持ちが育つようにすること。

ウ 環境

周囲の様々な環境に好奇心や探究心をもって関わり、それらを生活に取り入れていこうとする力を養う。

（ア）ねらい

① 身近な環境に親しみ、自然と触れ合う中で様々な事象に興味や関心をもつ。

② 身近な環境に自分から関わり、発見を楽しんだり、考えたりし、それを生活に取り入れようとする。

③ 身近な事象を見たり、考えたり、扱ったりする中で、物の性質や数量、文字などに対する感覚を豊かにする。

（イ）内容

① 自然に触れて生活し、その大きさ、美しさ、不思議さなどに気付く。

② 生活の中で、様々な物に触れ、その性質や仕組みに興味や関心をもつ。

③ 季節により自然や人間の生活に変化のあることに気付く。

④ 自然などの身近な事象に関心をもち、取り入れて遊ぶ。

⑤ 身近な動植物に親しみをもって接し、生命の尊さに気付き、いたわったり、大切にしたりする。

⑥ 日常生活の中で、我が国や地域社会における様々な文化や伝統に親しむ。

⑦ 身近な物を大切にする。

⑧ 身近な物や遊具に興味をもって関わり、自分なりに比べたり、関連付けたりしながら考えたり、試したりして工夫して遊ぶ。

⑨ 日常生活の中で数量や図形などに関心をもつ。

⑩ 日常生活の中で簡単な標識や文字などに関心をもつ。

⑪ 生活に関係の深い情報や施設などに興味や関心をもつ。

⑫ 保育所内外の行事において国旗に親しむ。

（ウ）内容の取扱い

上記の取扱いに当たっては、次の事項に留意する必要がある。

① 子どもが、遊びの中で周囲の環境と関わり、次第に周囲の世界に好奇心を抱き、その意味や操作の仕方に関心をもち、物事の法則性に気付き、自分なりに考えることができるようになる過程を大切にすること。また、他の子どもの考えなどに触れて新しい考えを生み出す喜びや楽しさを味わい、自分の考えをよりよいものにしようとする気持ちが育つようにすること。

② 幼児期において自然のもつ意味は大きく、自然の大きさ、美しさ、不思議さなどに直接触れる体験を通して、子どもの心が安らぎ、豊かな感情、好奇心、思考力、表現力の基礎が培われることを踏まえ、子どもが自然との関わりを深めることができるよう工夫すること。

③ 身近な事象や動植物に対する感動を伝え合い、共感し合うことなどを通して自分から関わろうとする意欲を育てるとともに、様々な関わり方を通してそれらに対する親しみや畏敬の念、生命を大切にする気持ち、公共心、探究心などが養われるようにすること。

④ 文化や伝統に親しむ際には、正月や節句など我が国の伝統的な行事、国歌、唱歌、わらべうたや我が国の伝統的な遊

びに親しんだり、異なる文化に触れる活動に親しんだりすることを通じて、社会とのつながりの意識や国際理解の意識の芽生えなどが養われるようにすること。

⑤ 数量や文字などに関しては、日常生活の中で子ども自身の必要感に基づく体験を大切にし、数量や文字などに関する興味や関心、感覚が養われるようにすること。

エ 言葉

経験したことや考えたことなどを自分なりの言葉で表現し、相手の話す言葉を聞こうとする意欲や態度を育て、言葉に対する感覚や言葉で表現する力を養う。

（ア）ねらい

① 自分の気持ちを言葉で表現する楽しさを味わう。

② 人の言葉や話などをよく聞き、自分の経験したことや考えたことを話し、伝え合う喜びを味わう。

③ 日常生活に必要な言葉が分かるようになるとともに、絵本や物語などに親しみ、言葉に対する感覚を豊かにし、保育士等や友達と心を通わせる。

（イ）内容

① 保育士等や友達の言葉や話に興味や関心をもち、親しみをもって聞いたり、話したりする。

② したり、見たり、聞いたり、感じたり、考えたりなどしたことを自分なりに言葉で表現する。

③ したいこと、してほしいことを言葉で表現したり、分からないことを尋ねたりする。

④ 人の話を注意して聞き、相手に分かるように話す。

⑤ 生活の中で必要な言葉が分かり、使う。

⑥ 親しみをもって日常の挨拶をする。

⑦ 生活の中で言葉の楽しさや美しさに気付く。

⑧ いろいろな体験を通じてイメージや言葉を豊かにする。

⑨ 絵本や物語などに親しみ、興味をもって聞き、想像をする楽しさを味わう。

⑩ 日常生活の中で、文字などで伝える楽しさを味わう。

（ウ）内容の取扱い

上記の取扱いに当たっては、次の事項に留意する必要がある。

① 言葉は、身近な人に親しみをもって接し、自分の感情や意志などを伝え、それに相手が応答し、その言葉を聞くことを通して次第に獲得されていくものであることを考慮して、子どもが保育士等や他の子どもと関わることにより心を動かされるような体験をし、言葉を交わす喜びを味わえるようにすること。

② 子どもが自分の思いを言葉で伝えるとともに、保育士等や他の子どもなどの話を興味をもって注意して聞くことを通して次第に話を理解するようになっていき、言葉による伝え合いができるようにすること。

③ 絵本や物語などで、その内容と自分の経験とを結び付けたり、想像を巡らせたりするなど、楽しみを十分に味わうことによって、次第に豊かなイメージをもち、言葉に対する感覚が養われるようにすること。

④ 子どもが生活の中で、言葉の響きやリズム、新しい言葉や表現などに触れ、これらを使う楽しさを味わえるようにすること。その際、絵本や物語に親しんだり、言葉遊びなどをしたりすることを通して、言葉が豊かになるようにすること。

⑤ 子どもが日常生活の中で、文字などを使いながら思ったこ

とや考えたことを伝える喜びや楽しさを味わい、文字に対する興味や関心をもつようにすること。

オ 表現

感じたことや考えたことを自分なりに表現することを通して、豊かな感性や表現する力を養い、創造性を豊かにする。

（ア）ねらい

① いろいろなものの美しさなどに対する豊かな感性をもつ。

② 感じたことや考えたことを自分なりに表現して楽しむ。

③ 生活の中でイメージを豊かにし、様々な表現を楽しむ。

（イ）内容

① 生活の中で様々な音、形、色、手触り、動きなどに気付いたり、感じたりするなどして楽しむ。

② 生活の中で美しいものや心を動かす出来事に触れ、イメージを豊かにする。

③ 様々な出来事の中で、感動したことを伝え合う楽しさを味わう。

④ 感じたこと、考えたことなどを音や動きなどで表現したり、自由にかいたり、つくったりなどする。

⑤ いろいろな素材に親しみ、工夫して遊ぶ。

⑥ 音楽に親しみ、歌を歌ったり、簡単なリズム楽器を使ったりなどする楽しさを味わう。

⑦ かいたり、つくったりすることを楽しみ、遊びに使ったり、飾ったりなどする。

⑧ 自分のイメージを動きや言葉などで表現したり、演じて遊んだりするなどの楽しさを味わう。

（ウ）内容の取扱い

上記の取扱いに当たっては、次の事項に留意する必要がある。

① 豊かな感性は、身近な環境と十分に関わる中で美しいもの、優れたもの、心を動かす出来事などに出会い、そこから得た感動を他の子どもや保育士等と共有し、様々に表現することなどを通して養われるようにすること。その際、風の音や雨の音、身近にある草や花の形や色など自然の中にある音、形、色などに気付くようにすること。

② 子どもの自己表現は素朴な形で行われることが多いので、保育士等はそのような表現を受容し、子ども自身の表現しようとする意欲を受け止めて、子どもが生活の中で子どもらしい様々な表現を楽しむことができるようにすること。

③ 生活経験や発達に応じ、自ら様々な表現を楽しみ、表現する意欲を十分に発揮させることができるように、遊具や用具などを整えたり、様々な素材や表現の仕方に親しんだり、他の子どもの表現に触れられるよう配慮したりし、表現する過程を大切にして自己表現を楽しめるように工夫すること。

（3）保育の実施に関わる配慮事項

ア 第1章の4の（2）に示す「幼児期の終わりまでに育ってほしい姿」が、ねらい及び内容に基づく活動全体を通して資質・能力が育まれている子どもの小学校就学時の具体的な姿であることを踏まえ、指導を行う際には適宜考慮すること。

イ 子どもの発達や成長の援助をねらいとした活動の時間については、意識的に保育の計画等において位置付けて、実施することが重要であること。なお、そのような活動の時間については、保護者の就労状況等に応じて子どもが保育所で過ごす時間がそれぞれ異なることに留意して設定すること。

ウ 特に必要な場合には、各領域に示すねらいの趣旨に基づいて、具体的な内容を工夫し、それを加えても差し支えないが、

その場合には、それが第1章の1に示す保育所保育に関する基本原則を逸脱しないよう慎重に配慮する必要があること。

4 保育の実施に関して留意すべき事項

（1）保育全般に関わる配慮事項

ア 子どもの心身の発達及び活動の実態などの個人差を踏まえるとともに、一人一人の子どもの気持ちを受け止め、援助すること。

イ 子どもの健康は、生理的・身体的な育ちとともに、自主性や社会性、豊かな感性の育ちとがあいまってもたらされることに留意すること。

ウ 子どもが自ら周囲に働きかけ、試行錯誤しつつ自分の力で行う活動を見守りながら、適切に援助すること。

エ 子どもの入所時の保育に当たっては、できるだけ個別的に対応し、子どもが安定感を得て、次第に保育所の生活になじんでいくようにするとともに、既に入所している子どもに不安や動揺を与えないようにすること。

オ 子どもの国籍や文化の違いを認め、互いに尊重する心を育てるようにすること。

カ 子どもの性差や個人差にも留意しつつ、性別などによる固定的な意識を植え付けることがないようにすること。

（2）小学校との連携

ア 保育所においては、保育所保育が、小学校以降の生活や学習の基盤の育成につながることに配慮し、幼児期にふさわしい生活を通じて、創造的な思考や主体的な生活態度などの基礎を培うようにすること。

イ 保育所保育において育まれた資質・能力を踏まえ、小学校教育が円滑に行われるよう、小学校教師との意見交換や合同の研究の機会などを設け、第1章の4の（2）に示す「幼児期の終わりまでに育って欲しい姿」を共有するなど連携を図り、保育所保育と小学校教育との円滑な接続を図るよう努めること。

ウ 子どもに関する情報共有に関して、保育所に入所している子どもの就学に際し、市町村の支援の下に、子どもの育ちを支えるための資料が保育所から小学校へ送付されるようにすること。

（3）家庭及び地域社会との連携

子どもの生活の連続性を踏まえ、家庭及び地域社会と連携して保育が展開されるよう配慮すること。その際、家庭や地域の機関及び団体の協力を得て、地域の自然、高齢者や異年齢の子ども等を含む人材、行事、施設等の地域の資源を積極的に活用し、豊かな生活体験をはじめ保育内容の充実が図られるよう配慮すること。

第3章 健康及び安全

保育所保育において、子どもの健康及び安全の確保は、子どもの生命の保持と健やかな生活の基本であり、一人一人の子どもの健康の保持及び増進並びに安全の確保とともに、保育所全体における健康及び安全の確保に努めることが重要となる。

また、子どもが、自らの体や健康に関心をもち、心身の機能を高めていくことが大切である。

このため、第1章及び第2章等の関連する事項に留意し、次に示す事項を踏まえ、保育を行うこととする。

1 子どもの健康支援

(1) 子どもの健康状態並びに発育及び発達状態の把握

ア 子どもの心身の状態に応じて保育するために、子どもの健康状態並びに発育及び発達状態について、定期的・継続的に、また、必要に応じて随時、把握すること。

イ 保護者からの情報とともに、登所時及び保育中を通じて子どもの状態を観察し、何らかの疾病が疑われる状態や傷害が認められた場合には、保護者に連絡するとともに、嘱託医と相談するなど適切な対応を図ること。看護師等が配置されている場合には、その専門性を生かした対応を図ること。

ウ 子どもの心身の状態等を観察し、不適切な養育の兆候が見られる場合には、市町村や関係機関と連携し、児童福祉法第25条に基づき、適切な対応を図ること。また、虐待が疑われる場合には、速やかに市町村又は児童相談所に通告し、適切な対応を図ること。

(2) 健康増進

ア 子どもの健康に関する保健計画を全体的な計画に基づいて作成し、全職員がそのねらいや内容を踏まえ、一人一人の子どもの健康の保持及び増進に努めていくこと。

イ 子どもの心身の健康状態や疾病等の把握のために、嘱託医等により定期的に健康診断を行い、その結果を記録し、保育に活用するとともに、保護者が子どもの状態を理解し、日常生活に活用できるようにすること。

(3) 疾病等への対応

ア 保育中に体調不良や傷害が発生した場合には、その子どもの状態等に応じて、保護者に連絡するとともに、適宜、嘱託医や子どものかかりつけ医等と相談し、適切な処置を行うこと。看護師等が配置されている場合には、その専門性を生かした対応を図ること。

イ 感染症やその他の疾病の発生予防に努め、その発生や疑いがある場合には、必要に応じて嘱託医、市町村、保健所等に連絡し、その指示に従うとともに、保護者や全職員に連絡し、予防等について協力を求めること。また、感染症に関する保育所の対応方法等について、あらかじめ関係機関の協力を得ておくこと。看護師等が配置されている場合には、その専門性を生かした対応を図ること。

ウ アレルギー疾患を有する子どもの保育については、保護者と連携し、医師の診断及び指示に基づき、適切な対応を行うこと。また、食物アレルギーに関して、関係機関と連携して、当該保育所の体制構築など、安全な環境の整備を行うこと。看護師や栄養士等が配置されている場合には、その専門性を生かした対応を図ること。

エ 子どもの疾病等の事態に備え、医務室等の環境を整え、救急用の薬品、材料等を適切な管理の下に常備し、全職員が対応できるようにしておくこと。

2 食育の推進

(1) 保育所の特性を生かした食育

ア 保育所における食育は、健康な生活の基本としての「食を営む力」の育成に向け、その基礎を培うことを目標とすること。

イ 子どもが生活と遊びの中で、意欲をもって食に関わる体験を積み重ね、食べることを楽しみ、食事を楽しみ合う子どもに成長していくことを期待するものであること。

ウ 乳幼児期にふさわしい食生活が展開され、適切な援助が行われるよう、食事の提供を含む食育計画を全体的な計画に基づいて作成し、その評価及び改善に努めること。栄養士が配置されている場合は、専門性を生かした対応を図ること。

(2) 食育の環境の整備等

ア 子どもが自らの感覚や体験を通して、自然の恵みとしての食材や食の循環・環境への意識、調理する人への感謝の気持ちが育つように、子どもと調理員等との関わりや、調理室など食に関わる保育環境に配慮すること。

イ 保護者や地域の多様な関係者との連携及び協働の下で、食に関する取組が進められること。また、市町村の支援の下に、地域の関係機関等との日常的な連携を図り、必要な協力が得られるよう努めること。

ウ 体調不良、食物アレルギー、障害のある子どもなど、一人一人の子どもの心身の状態等に応じ、嘱託医、かかりつけ医等の指示や協力の下に適切に対応すること。栄養士が配置されている場合は、専門性を生かした対応を図ること。

3 環境及び衛生管理並びに安全管理

(1) 環境及び衛生管理

ア 施設の温度、湿度、換気、採光、音などの環境を常に適切な状態に保持するとともに、施設内外の設備及び用具等の衛生管理に努めること。

イ 施設内外の適切な環境の維持に努めるとともに、子ども及び全職員が清潔を保つようにすること。また、職員は衛生知識の向上に努めること。

(2) 事故防止及び安全対策

ア 保育中の事故防止のために、子どもの心身の状態等を踏まえつつ、施設内外の安全点検に努め、安全対策のために全職員の共通理解や体制づくりを図るとともに、家庭や地域の関係機関の協力の下に安全指導を行うこと。

イ 事故防止の取組を行う際には、特に、睡眠中、プール活動・水遊び中、食事中等の場面では重大事故が発生しやすいことを踏まえ、子どもの主体的な活動を大切にしつつ、施設内外の環境の配慮や指導の工夫を行うなど、必要な対策を講じること。

ウ 保育中の事故の発生に備え、施設内外の危険箇所の点検や訓練を実施するとともに、外部からの不審者等の侵入防止のための措置や訓練など不測の事態に備えて必要な対応を行うこと。また、子どもの精神保健面における対応に留意すること。

4 災害への備え

(1) 施設・設備等の安全確保

ア 防火設備、避難経路等の安全性が確保されるよう、定期的にこれらの安全点検を行うこと。

イ 備品、遊具等の配置、保管を適切に行い、日頃から、安全環境の整備に努めること。

(2) 災害発生時の対応体制及び避難への備え

ア 火災や地震などの災害の発生に備え、緊急時の対応の具体的内容及び手順、職員の役割分担、避難訓練計画等に関するマニュアルを作成すること。

イ 定期的に避難訓練を実施するなど、必要な対応を図ること。

ウ 災害の発生時に、保護者等への連絡及び子どもの引渡し

を円滑に行うため、日頃から保護者との密接な連携に努め、連絡体制や引渡し方法等について確認をしておくこと。

（3）地域の関係機関等との連携

ア　市町村の支援の下に、地域の関係機関との日常的な連携を図り、必要な協力が得られるよう努めること。

イ　避難訓練については、地域の関係機関や保護者との連携の下に行うなど工夫すること。

第4章　子育て支援

保育所における保護者に対する子育て支援は、全ての子どもの健やかな育ちを実現することができるよう、第1章及び第2章等の関連する事項を踏まえ、子どもの育ちを家庭と連携して支援していくとともに、保護者及び地域が有する子育てを自ら実践する力の向上に資するよう、次の事項に留意するものとする。

1　保育所における子育て支援に関する基本的事項

（1）保育所の特性を生かした子育て支援

ア　保護者に対する子育て支援を行う際には、各地域や家庭の実態等を踏まえるとともに、保護者の気持ちを受け止め、相互の信頼関係を基本に、保護者の自己決定を尊重すること。

イ　保育及び子育てに関する知識や技術など、保育士等の専門性や、子どもが常に存在する環境など、保育所の特性を生かし、保護者が子どもの成長に気付き子育ての喜びを感じられるように努めること。

（2）子育て支援に関して留意すべき事項

ア　保護者に対する子育て支援における地域の関係機関等との連携及び協働を図り、保育所全体の体制構築に努めること。

イ　子どもの利益に反しない限りにおいて、保護者や子どものプライバシーを保護し、知り得た事柄の秘密を保持すること。

2　保育所を利用している保護者に対する子育て支援

（1）保護者との相互理解

ア　日常の保育に関連した様々な機会を活用し子どもの日々の様子の伝達や収集、保育所保育の意図の説明などを通じて、保護者との相互理解を図るよう努めること。

イ　保育の活動に対する保護者の積極的な参加は、保護者の子育てを自ら実践する力の向上に寄与することから、これを促すこと。

（2）保護者の状況に配慮した個別の支援

ア　保護者の就労と子育ての両立等を支援するため、保護者の多様化した保育の需要に応じ、病児保育事業など多様な事業を実施する場合には、保護者の状況に配慮するとともに、子どもの福祉が尊重されるよう努め、子どもの生活の連続性を考慮すること。

イ　子どもに障害や発達上の課題が見られる場合には、市町村や関係機関と連携及び協力を図りつつ、保護者に対する個別の支援を行うよう努めること。

ウ　外国籍家庭など、特別な配慮を必要とする家庭の場合には、状況等に応じて個別の支援を行うよう努めること。

（3）不適切な養育等が疑われる家庭への支援

ア　保護者に育児不安等が見られる場合には、保護者の希望に応じて個別の支援を行うよう努めること。

イ　保護者に不適切な養育等が疑われる場合には、市町村や関係機関と連携し、要保護児童対策地域協議会で検討するなど適切な対応を図ること。また、虐待が疑われる場合には、速やかに市町村又は児童相談所に通告し、適切な対応を図ること。

3　地域の保護者等に対する子育て支援

（1）地域に開かれた子育て支援

ア　保育所は、児童福祉法第48条の4の規定に基づき、その行う保育に支障がない限りにおいて、地域の実情や当該保育所の体制等を踏まえ、地域の保護者等に対して、保育所保育の専門性を生かした子育て支援を積極的に行うよう努めること。

イ　地域の子どもに対する一時預かり事業などの活動を行う際には、一人一人の子どもの心身の状態などを考慮するとともに、日常の保育との関連に配慮するなど、柔軟に活動を展開できるようにすること。

（2）地域の関係機関等との連携

ア　市町村の支援を得て、地域の関係機関等との積極的な連携及び協働を図るとともに、子育て支援に関する地域の人材と積極的に連携を図るよう努めること。

イ　地域の要保護児童への対応など、地域の子どもを巡る諸課題に対し、要保護児童対策地域協議会など関係機関等と連携及び協力して取り組むよう努めること。

第5章　職員の資質向上

第1章から前章までに示された事項を踏まえ、保育所は、質の高い保育を展開するため、絶えず、一人一人の職員についての資質向上及び職員全体の専門性の向上を図るよう努めなければならない。

1　職員の資質向上に関する基本的事項

（1）保育所職員に求められる専門性

子どもの最善の利益を考慮し、人権に配慮した保育を行うためには、職員一人一人の倫理観、人間性並びに保育所職員としての職務及び責任の理解と自覚が基盤となる。

各職員は、自己評価に基づく課題等を踏まえ、保育所内外の研修等を通じて、保育士・看護師・調理員・栄養士等、それぞれの職務内容に応じた専門性を高めるため、必要な知識及び技術の修得、維持及び向上に努めなければならない。

（2）保育の質の向上に向けた組織的な取組

保育所においては、保育の内容等に関する自己評価等を通じて把握した、保育の質の向上に向けた課題に組織的に対応するため、保育内容の改善や保育士等の役割分担の見直し等に取り組むとともに、それぞれの職位や職務内容等に応じて、各職員が必要な知識及び技能を身につけられるよう努めなければならない。

2　施設長の責務

（1）施設長の責務と専門性の向上

施設長は、保育所の役割や社会的責任を遂行するために、法令等を遵守し、保育所を取り巻く社会情勢等を踏まえ、施設長としての専門性等の向上に努め、当該保育所における保育の質及び職員の専門性向上のために必要な環境の確保に努めなければならない。

（2）職員の研修機会の確保等

施設長は、保育所の全体的な計画や、各職員の研修の必要性

等を踏まえて、体系的・計画的な研修機会を確保するとともに、職員の勤務体制の工夫等により、職員が計画的に研修等に参加し、その専門性の向上が図られるよう努めなければならない。

3 職員の研修等

（1）職場における研修

　職員が日々の保育実践を通じて、必要な知識及び技術の修得、維持及び向上を図るとともに、保育の課題等への共通理解や協働性を高め、保育所全体としての保育の質の向上を図っていくためには、日常的に職員同士が主体的に学び合う姿勢と環境が重要であり、職場内での研修の充実が図られなければならない。

（2）外部研修の活用

　各保育所における保育の課題への的確な対応や、保育士等の専門性の向上を図るためには、職場内での研修に加え、関係機関等による研修の活用が有効であることから、必要に応じて、こうした外部研修への参加機会が確保されるよう努めなければならない。

4 研修の実施体制等

（1）体系的な研修計画の作成

　保育所においては、当該保育所における保育の課題や各職員のキャリアパス等も見据えて、初任者から管理職員までの職位や職務内容等を踏まえた体系的な研修計画を作成しなければならない。

（2）組織内での研修成果の活用

　外部研修に参加する職員は、自らの専門性の向上を図るとともに、保育所における保育の課題を理解し、その解決を実践できる力を身に付けることが重要である。また、研修で得た知識及び技能を他の職員と共有することにより、保育所全体としての保育実践の質及び専門性の向上につなげていくことが求められる。

（3）研修の実施に関する留意事項

　施設長等は保育所全体としての保育実践の質及び専門性の向上のために、研修の受講は特定の職員に偏ることなく行われるよう、配慮する必要がある。また、研修を修了した職員については、その職務内容等において、当該研修の成果等が適切に勘案されることが望ましい。

幼稚園教育要領

文部科学省告示第62号　2017（平成29）年3月31日／2018（平成30）年4月1日施行

巻末資料②

　教育は，教育基本法第1条に定めるとおり，人格の完成を目指し，平和で民主的な国家及び社会の形成者として必要な資質を備えた心身ともに健康な国民の育成を期すという目的のもと，同法第2条に掲げる次の目標を達成するよう行われなければならない。
　1　幅広い知識と教養を身に付け，真理を求める態度を養い，豊かな情操と道徳心を培うとともに，健やかな身体を養うこと。
　2　個人の価値を尊重して，その能力を伸ばし，創造性を培い，自主及び自律の精神を養うとともに，職業及び生活との関連を重視し，勤労を重んずる態度を養うこと。
　3　正義と責任，男女の平等，自他の敬愛と協力を重んずるとともに，公共の精神に基づき，主体的に社会の形成に参画し，その発展に寄与する態度を養うこと。
　4　生命を尊び，自然を大切にし，環境の保全に寄与する態度を養うこと。
　5　伝統と文化を尊重し，それらをはぐくんできた我が国と郷土を愛するとともに，他国を尊重し，国際社会の平和と発展に寄与する態度を養うこと。
　また，幼児期の教育については，同法第11条に掲げるとおり，生涯にわたる人格形成の基礎を培う重要なものであることにかんがみ，国及び地方公共団体は，幼児の健やかな成長に資する良好な環境の整備その他適当な方法によって，その振興に努めなければならないこととされている。
　これからの幼稚園には，学校教育の始まりとして，こうした教育の目的及び目標の達成を目指しつつ，一人一人の幼児が，将来，自分のよさや可能性を認識するとともに，あらゆる他者を価値のある存在として尊重し，多様な人々と協働しながら様々な社会的変化を乗り越え，豊かな人生を切り拓（ひら）き，持続可能な社会の創り手となることができるようにするための基礎を培うことが求められる。このために必要な教育の在り方を具体化す

るのが，各幼稚園において教育の内容等を組織的かつ計画的に組み立てた教育課程である。
　教育課程を通して，これからの時代に求められる教育を実現していくためには，よりよい学校教育を通してよりよい社会を創るという理念を学校と社会とが共有し，それぞれの幼稚園において，幼児期にふさわしい生活をどのように展開し，どのような資質・能力を育むようにするのかを教育課程において明確にしながら，社会との連携及び協働によりその実現を図っていくという，社会に開かれた教育課程の実現が重要となる。
　幼稚園教育要領とは，こうした理念の実現に向けて必要となる教育課程の基準を大綱的に定めるものである。幼稚園教育要領が果たす役割の一つは，公の性質を有する幼稚園における教育水準を全国的に確保することである。また，各幼稚園がその特色を生かして創意工夫を重ね，長年にわたり積み重ねられてきた教育実践や学術研究の蓄積を生かしながら，幼児や地域の現状や課題を捉え，家庭や地域社会と協力して，幼稚園教育要領を踏まえた教育活動の更なる充実を図っていくことも重要である。
　幼児の自発的な活動としての遊びを生み出すために必要な環境を整え，一人一人の資質・能力を育んでいくことは，教職員をはじめとする幼稚園関係者はもとより，家庭や地域の人々も含め，様々な立場から幼児や幼稚園に関わる全ての大人に期待される役割である。家庭との緊密な連携の下，小学校以降の教育や生涯にわたる学習とのつながりを見通しながら，幼児の自発的な活動としての遊びを通しての総合的な指導をする際に広く活用されるものとなることを期待して，ここに幼稚園教育要領を定める。

第1章　総則

第1　幼稚園教育の基本

　幼児期の教育は，生涯にわたる人格形成の基礎を培う重要な

ものであり，幼稚園教育は，学校教育法に規定する目的及び目標を達成するため，幼児期の特性を踏まえ，環境を通して行うものであることを基本とする。

このため教師は，幼児との信頼関係を十分に築き，幼児が身近な環境に主体的に関わり，環境との関わり方や意味に気付き，これらを取り込もうとして，試行錯誤したり，考えたりするようになる幼児期の教育における見方・考え方を生かし，幼児と共によりよい教育環境を創造するように努めるものとする。これらを踏まえ，次に示す事項を重視して教育を行わなければならない。

1　幼児は安定した情緒の下で自己を十分に発揮することにより発達に必要な体験を得ていくものであることを考慮して，幼児の主体的な活動を促し，幼児期にふさわしい生活が展開されるようにすること。

2　幼児の自発的な活動としての遊びは，心身の調和のとれた発達の基礎を培う重要な学習であることを考慮して，遊びを通しての指導を中心として第2章に示すねらいが総合的に達成されるようにすること。

3　幼児の発達は，心身の諸側面が相互に関連し合い，多様な経過をたどって成し遂げられていくものであること，また，幼児の生活経験がそれぞれ異なることなどを考慮して，幼児一人一人の特性に応じ，発達の課題に即した指導を行うようにすること。

その際，教師は，幼児の主体的な活動が確保されるよう幼児一人一人の行動の理解と予想に基づき，計画的に環境を構成しなければならない。この場合において，教師は，幼児と人やものとの関わりが重要であることを踏まえ，教材を工夫し，物的・空間的環境を構成しなければならない。また，幼児一人一人の活動の場面に応じて，様々な役割を果たし，その活動を豊かにしなければならない。

第2　幼稚園教育において育みたい資質・能力及び「幼児期の終わりまでに育ってほしい姿」

1　幼稚園においては，生きる力の基礎を育むため，この章の第1に示す幼稚園教育の基本を踏まえ，次に掲げる資質・能力を一体的に育むよう努めるものとする。

(1)　豊かな体験を通じて，感じたり，気付いたり，分かったり，できるようになったりする「知識及び技能の基礎」

(2)　気付いたことや，できるようになったことなどを使い，考えたり，試したり，工夫したり，表現したりする「思考力，判断力，表現力等の基礎」

(3)　心情，意欲，態度が育つ中で，よりよい生活を営もうとする「学びに向かう力，人間性等」

2　1に示す資質・能力は，第2章に示すねらい及び内容に基づく活動全体によって育むものである。

3　次に示す「幼児期の終わりまでに育ってほしい姿」は，第2章に示すねらい及び内容に基づく活動全体を通して資質・能力が育まれている幼児の幼稚園修了時の具体的な姿であり，教師が指導を行う際に考慮するものである。

(1)　健康な心と体

幼稚園生活の中で，充実感をもって自分のやりたいことに向かって心と体を十分に働かせ，見通しをもって行動し，自ら健康で安全な生活をつくり出すようになる。

(2)　自立心

身近な環境に主体的に関わり様々な活動を楽しむ中で，しなければならないことを自覚し，自分の力で行うために考えたり，工夫したりしながら，諦めずにやり遂げることで達成感を味わい，自信をもって行動するようになる。

(3)　協同性

友達と関わる中で，互いの思いや考えなどを共有し，共通の目的の実現に向けて，考えたり，工夫したり，協力したりし，充実感をもってやり遂げるようになる。

(4)　道徳性・規範意識の芽生え

友達と様々な体験を重ねる中で，してよいことや悪いことが分かり，自分の行動を振り返ったり，友達の気持ちに共感したりし，相手の立場に立って行動するようになる。また，きまりを守る必要性が分かり，自分の気持ちを調整し，友達と折り合いを付けながら，きまりをつくったり，守ったりするようになる。

(5)　社会生活との関わり

家族を大切にしようとする気持ちをもつとともに，地域の身近な人と触れ合う中で，人との様々な関わり方に気付き，相手の気持ちを考えて関わり，自分が役に立つ喜びを感じ，地域に親しみをもつようになる。また，幼稚園内外の様々な環境に関わる中で，遊びや生活に必要な情報を取り入れ，情報に基づき判断したり，情報を伝え合ったり，活用したりするなど，情報を役立てながら活動するようになるとともに，公共の施設を大切に利用するなどして，社会とのつながりなどを意識するようになる。

(6)　思考力の芽生え

身近な事象に積極的に関わる中で，物の性質や仕組みなどを感じ取ったり，気付いたりし，考えたり，予想したり，工夫したりするなど，多様な関わりを楽しむようになる。また，友達の様々な考えに触れる中で，自分と異なる考えがあることに気付き，自ら判断したり，考え直したりするなど，新しい考えを生み出す喜びを味わいながら，自分の考えをよりよいものにするようになる。

(7)　自然との関わり・生命尊重

自然に触れて感動する体験を通して，自然の変化などを感じ取り，好奇心や探究心をもって考え言葉などで表現しながら，身近な事象への関心が高まるとともに，自然への愛情や畏敬の念をもつようになる。また，身近な動植物に心を動かされる中で，生命の不思議さや尊さに気付き，身近な動植物への接し方を考え，命あるものとしていたわり，大切にする気持ちをもって関わるようになる。

(8)　数量や図形，標識や文字などへの関心・感覚

遊びや生活の中で，数量や図形，標識や文字などに親しむ体験を重ねたり，標識や文字の役割に気付いたりし，自らの必要感に基づきこれらを活用し，興味や関心，感覚をもつようになる。

(9)　言葉による伝え合い

先生や友達と心を通わせる中で，絵本や物語などに親しみながら，豊かな言葉や表現を身に付け，経験したことや考えたことなどを言葉で伝えたり，相手の話を注意して聞いたりし，言葉による伝え合いを楽しむようになる。

(10)　豊かな感性と表現

心を動かす出来事などに触れ感性を働かせる中で，様々な素材の特徴や表現の仕方などに気付き，感じたことや考えたことを自分で表現したり，友達同士で表現する過程を楽しんだりし，

表現する喜びを味わい，意欲をもつようになる。

第3　教育課程の役割と編成等

1　教育課程の役割

　各幼稚園においては，教育基本法及び学校教育法その他の法令並びにこの幼稚園教育要領の示すところに従い，創意工夫を生かし，幼児の心身の発達と幼稚園及び地域の実態に即応した適切な教育課程を編成するものとする。

　また，各幼稚園においては，6に示す全体的な計画にも留意しながら，「幼児期の終わりまでに育ってほしい姿」を踏まえ教育課程を編成すること，教育課程の実施状況を評価してその改善を図っていくこと，教育課程の実施に必要な人的又は物的な体制を確保するとともにその改善を図っていくことなどを通して，教育課程に基づき組織的かつ計画的に各幼稚園の教育活動の質の向上を図っていくこと（以下「カリキュラム・マネジメント」という。）に努めるものとする。

2　各幼稚園の教育目標と教育課程の編成

　教育課程の編成に当たっては，幼稚園教育において育みたい資質・能力を踏まえつつ，各幼稚園の教育目標を明確にするとともに，教育課程の編成についての基本的な方針が家庭や地域とも共有されるよう努めるものとする。

3　教育課程の編成上の基本的事項

(1) 幼稚園生活の全体を通して第2章に示すねらいが総合的に達成されるよう，教育課程に係る教育期間や幼児の生活経験や発達の過程などを考慮して具体的なねらいと内容を組織するものとする。この場合において，特に，自我が芽生え，他者の存在を意識し，自己を抑制しようとする気持ちが生まれる幼児期の発達の特性を踏まえ，入園から修了に至るまでの長期的な視野をもって充実した生活が展開できるように配慮するものとする。

(2) 幼稚園の毎学年の教育課程に係る教育週数は，特別の事情のある場合を除き，39週を下ってはならない。

(3) 幼稚園の1日の教育課程に係る教育時間は，4時間を標準とする。ただし，幼児の心身の発達の程度や季節などに適切に配慮するものとする。

4　教育課程の編成上の留意事項

　教育課程の編成に当たっては，次の事項に留意するものとする。

(1) 幼児の生活は，入園当初の一人一人の遊びや教師との触れ合いを通して幼稚園生活に親しみ，安定していく時期から，他の幼児との関わりの中で幼児の主体的な活動が深まり，幼児が互いに必要な存在であることを認識するようになり，やがて幼児同士や学級全体で目的をもって協同して幼稚園生活を展開し，深めていく時期などに至るまでの過程を様々に経ながら広げられていくものであることを考慮し，活動がそれぞれの時期にふさわしく展開されるようにすること。

(2) 入園当初，特に，3歳児の入園については，家庭との連携を緊密にし，生活のリズムや安全面に十分配慮すること。また，満3歳児については，学年の途中から入園することを考慮し，幼児が安心して幼稚園生活を過ごすことができるよう配慮すること。

(3) 幼稚園生活が幼児にとって安全なものとなるよう，教職員による協力体制の下，幼児の主体的な活動を大切にしつつ，園庭や園舎などの環境の配慮や指導の工夫を行うこと。

5　小学校教育との接続に当たっての留意事項

(1) 幼稚園においては，幼稚園教育が，小学校以降の生活や学習の基盤の育成につながることに配慮し，幼児期にふさわしい生活を通して，創造的な思考や主体的な生活態度などの基礎を培うようにするものとする。

(2) 幼稚園教育において育まれた資質・能力を踏まえ，小学校教育が円滑に行われるよう，小学校の教師との意見交換や合同の研究の機会などを設け，｜幼児期の終わりまでに育ってほしい姿」を共有するなど連携を図り，幼稚園教育と小学校教育との円滑な接続を図るよう努めるものとする。

6　全体的な計画の作成

　各幼稚園においては，教育課程を中心に，第3章に示す教育課程に係る教育時間の終了後等に行う教育活動の計画，学校保健計画，学校安全計画などとを関連させ，一体的に教育活動が展開されるよう全体的な計画を作成するものとする。

第4　指導計画の作成と幼児理解に基づいた評価

1　指導計画の考え方

　幼稚園教育は，幼児が自ら意欲をもって環境と関わることによりつくり出される具体的な活動を通して，その目標の達成を図るものである。

　幼稚園においてはこのことを踏まえ，幼児期にふさわしい生活が展開され，適切な指導が行われるよう，それぞれの幼稚園の教育課程に基づき，調和のとれた組織的，発展的な指導計画を作成し，幼児の活動に沿った柔軟な指導を行わなければならない。

2　指導計画の作成上の基本的事項

(1) 指導計画は，幼児の発達に即して一人一人の幼児が幼児期にふさわしい生活を展開し，必要な体験を得られるようにするために，具体的に作成するものとする。

(2) 指導計画の作成に当たっては，次に示すところにより，具体的なねらい及び内容を明確に設定し，適切な環境を構成することなどにより活動が選択・展開されるようにするものとする。

ア　具体的なねらい及び内容は，幼稚園生活における幼児の発達の過程を見通し，幼児の生活の連続性，季節の変化などを考慮して，幼児の興味や関心，発達の実情などに応じて設定すること。

イ　環境は，具体的なねらいを達成するために適切なものとなるように構成し，幼児が自らその環境に関わることにより様々な活動を展開しつつ必要な体験を得られるようにすること。その際，幼児の生活する姿や発想を大切にし，常にその環境が適切なものとなるようにすること。

ウ　幼児の行う具体的な活動は，生活の流れの中で様々に変化するものであることに留意し，幼児が望ましい方向に向かって自ら活動を展開していくことができるよう必要な援助をすること。

　その際，幼児の実態及び幼児を取り巻く状況の変化などに即して指導の過程についての評価を適切に行い，常に指導計画の改善を図るものとする。

3　指導計画の作成上の留意事項

　指導計画の作成に当たっては，次の事項に留意するものとする。

(1) 長期的に発達を見通した年，学期，月などにわたる長期の指導計画やこれとの関連を保ちながらより具体的な幼児の生活に即した週，日などの短期の指導計画を作成し，適

切な指導が行われるようにすること。特に，週，日などの短期の指導計画については，幼児の生活のリズムに配慮し，幼児の意識や興味の連続性のある活動が相互に関連して幼稚園生活の自然な流れの中に組み込まれるようにすること。

(2) 幼児が様々な人やものとの関わりを通して，多様な体験をし，心身の調和のとれた発達を促すようにしていくこと。その際，幼児の発達に即して主体的・対話的で深い学びが実現するようにするとともに，心を動かされる体験が次の活動を生み出すことを考慮し，一つ一つの体験が相互に結び付き，幼稚園生活が充実するようにすること。

(3) 言語に関する能力の発達と思考力等の発達が関連していることを踏まえ，幼稚園生活全体を通して，幼児の発達を踏まえた言語環境を整え，言語活動の充実を図ること。

(4) 幼児が次の活動への期待や意欲をもつことができるよう，幼児の実態を踏まえながら，教師や他の幼児と共に遊びや生活の中で見通しをもったり，振り返ったりするよう工夫すること。

(5) 行事の指導に当たっては，幼稚園生活の自然の流れの中で生活に変化や潤いを与え，幼児が主体的に楽しく活動できるようにすること。なお，それぞれの行事についてはその教育的価値を十分検討し，適切なものを精選し，幼児の負担にならないようにすること。

(6) 幼児期は直接的な体験が重要であることを踏まえ，視聴覚教材やコンピュータなど情報機器を活用する際には，幼稚園生活では得難い体験を補完するなど，幼児の体験との関連を考慮すること。

(7) 幼児の主体的な活動を促すためには，教師が多様な関わりをもつことが重要であることを踏まえ，教師は，理解者，共同作業者など様々な役割を果たし，幼児の発達に必要な豊かな体験が得られるよう，活動の場面に応じて，適切な指導を行うようにすること。

(8) 幼児の行う活動は，個人，グループ，学級全体などで多様に展開されるものであることを踏まえ，幼稚園全体の教師による協力体制を作りながら，一人一人の幼児が興味や欲求を十分に満足させるよう適切な援助を行うようにすること。

4 幼児理解に基づいた評価の実施

幼児一人一人の発達の理解に基づいた評価の実施に当たっては，次の事項に配慮するものとする。

(1) 指導の過程を振り返りながら幼児の理解を進め，幼児一人一人のよさや可能性などを把握し，指導の改善に生かすようにすること。その際，他の幼児との比較や一定の基準に対する達成度についての評定によって捉えるものではないことに留意すること。

(2) 評価の妥当性や信頼性が高められるよう創意工夫を行い，組織的かつ計画的な取組を推進するとともに，次年度又は小学校等にその内容が適切に引き継がれるようにすること。

第5 特別な配慮を必要とする幼児への指導

1 障害のある幼児などへの指導

障害のある幼児などへの指導に当たっては，集団の中で生活することを通して全体的な発達を促していくことに配慮し，特別支援学校などの助言又は援助を活用しつつ，個々の幼児の障害の状態などに応じた指導内容や指導方法の工夫を組織的かつ計

画的に行うものとする。また，家庭，地域及び医療や福祉，保健等の業務を行う関係機関との連携を図り，長期的な視点で幼児への教育的支援を行うために，個別の教育支援計画を作成し活用することに努めるとともに，個々の幼児の実態を的確に把握し，個別の指導計画を作成し活用することに努めるものとする。

2 海外から帰国した幼児や生活に必要な日本語の習得に困難のある幼児の幼稚園生活への適応

海外から帰国した幼児や生活に必要な日本語の習得に困難のある幼児については，安心して自己を発揮できるよう配慮するなど個々の幼児の実態に応じ，指導内容や指導方法の工夫を組織的かつ計画的に行うものとする。

第6 幼稚園運営上の留意事項

1 各幼稚園においては，園長の方針の下に，園務分掌に基づき教職員が適切に役割を分担しつつ，相互に連携しながら，教育課程や指導の改善を図るものとする。また，各幼稚園が行う学校評価については，教育課程の編成，実施，改善が教育活動や幼稚園運営の中核となることを踏まえ，カリキュラム・マネジメントと関連付けながら実施するよう留意するものとする。

2 幼児の生活は，家庭を基盤として地域社会を通じて次第に広がりをもつものであることに留意し，家庭との連携を十分に図るなど，幼稚園における生活が家庭や地域社会と連続性を保ちつつ展開されるようにするものとする。その際，地域の自然，高齢者や異年齢の子供などを含む人材，行事や公共施設などの地域の資源を積極的に活用し，幼児が豊かな生活体験を得られるように工夫するものとする。また，家庭との連携に当たっては，保護者との情報交換の機会を設けたり，保護者と幼児との活動の機会を設けたりなどすることを通じて，保護者の幼児期の教育に関する理解が深まるよう配慮するものとする。

3 地域や幼稚園の実態等により，幼稚園間に加え，保育所，幼保連携型認定こども園，小学校，中学校，高等学校及び特別支援学校などとの間の連携や交流を図るものとする。特に，幼稚園教育と小学校教育の円滑な接続のため，幼稚園の幼児と小学校の児童との交流の機会を積極的に設けるようにするものとする。また，障害のある幼児児童生徒との交流及び共同学習の機会を設け，共に尊重し合いながら協働して生活していく態度を育むよう努めるものとする。

第7 教育課程に係る教育時間終了後等に行う教育活動など

幼稚園は，第3章に示す教育課程に係る教育時間の終了後等に行う教育活動について，学校教育法に規定する目的及び目標並びにこの章の第1に示す幼稚園教育の基本を踏まえ実施するものとする。また，幼稚園の目的の達成に資するため，幼児の生活全体が豊かなものとなるよう家庭や地域における幼児期の教育の支援に努めるものとする。

第2章 ねらい及び内容

この章に示すねらいは，幼稚園教育において育みたい資質・能力を幼児の生活する姿から捉えたものであり，内容は，ねらいを達成するために指導する事項である。各領域は，これらを幼児の発達の側面から，心身の健康に関する領域「健康」，人と

の関わりに関する領域「人間関係」，身近な環境との関わりに関する領域「環境」，言葉の獲得に関する領域「言葉」及び感性と表現に関する領域「表現」としてまとめ，示したものである。内容の取扱いは，幼児の発達を踏まえた指導を行うに当たって留意すべき事項である。

　各領域に示すねらいは，幼稚園における生活の全体を通じ，幼児が様々な体験を積み重ねる中で相互に関連をもちながら次第に達成に向かうものであること，内容は，幼児が環境に関わって展開する具体的な活動を通して総合的に指導されるものであることに留意しなければならない。

　また，「幼児期の終わりまでに育ってほしい姿」が，ねらい及び内容に基づく活動全体を通して資質・能力が育まれている幼児の幼稚園修了時の具体的な姿であることを踏まえ，指導を行う際に考慮するものとする。なお，特に必要な場合には，各領域に示すねらいの趣旨に基づいて適切な，具体的な内容を工夫し，それを加えても差し支えないが，その場合には，それが第1章の第1に示す幼稚園教育の基本を逸脱しないよう慎重に配慮する必要がある。

健康
〔健康な心と体を育て，自ら健康で安全な生活をつくり出す力を養う。〕
1　ねらい
(1) 明るく伸び伸びと行動し，充実感を味わう。
(2) 自分の体を十分に動かし，進んで運動しようとする。
(3) 健康，安全な生活に必要な習慣や態度を身に付け，見通しをもって行動する。
2　内容
(1) 先生や友達と触れ合い，安定感をもって行動する。
(2) いろいろな遊びの中で十分に体を動かす。
(3) 進んで戸外で遊ぶ。
(4) 様々な活動に親しみ，楽しんで取り組む。
(5) 先生や友達と食べることを楽しみ，食べ物への興味や関心をもつ。
(6) 健康な生活のリズムを身に付ける。
(7) 身の回りを清潔にし，衣服の着脱，食事，排泄などの生活に必要な活動を自分でする。
(8) 幼稚園における生活の仕方を知り，自分たちで生活の場を整えながら見通しをもって行動する。
(9) 自分の健康に関心をもち，病気の予防などに必要な活動を進んで行う。
(10) 危険な場所，危険な遊び方，災害時などの行動の仕方が分かり，安全に気を付けて行動する。
3　内容の取扱い
上記の取扱いに当たっては，次の事項に留意する必要がある。
(1) 心と体の健康は，相互に密接な関連があるものであることを踏まえ，幼児が教師や他の幼児との温かい触れ合いの中で自己の存在感や充実感を味わうことなどを基盤として，しなやかな心と体の発達を促すこと。特に，十分に体を動かす気持ちよさを体験し，自ら体を動かそうとする意欲が育つようにすること。
(2) 様々な遊びの中で，幼児が興味や関心，能力に応じて全身を使って活動することにより，体を動かす楽しさを味わい，自分の体を大切にしようとする気持ちが育つようにするこ

と。その際，多様な動きを経験する中で，体の動きを調整するようにすること。
(3) 自然の中で伸び伸びと体を動かして遊ぶことにより，体の諸機能の発達が促されることに留意し，幼児の興味や関心が戸外にも向くようにすること。その際，幼児の動線に配慮した園庭や遊具の配置などを工夫すること。
(4) 健康な心と体を育てるためには食育を通じた望ましい食習慣の形成が大切であることを踏まえ，幼児の食生活の実情に配慮し，和やかな雰囲気の中で教師や他の幼児と食べる喜びや楽しさを味わったり，様々な食べ物への興味や関心をもったりするなどし，食の大切さに気付き，進んで食べようとする気持ちが育つようにすること。
(5) 基本的な生活習慣の形成に当たっては，家庭での生活経験に配慮し，幼児の自立心を育て，幼児が他の幼児と関わりながら主体的な活動を展開する中で，生活に必要な習慣を身に付け，次第に見通しをもって行動できるようにすること。
(6) 安全に関する指導に当たっては，情緒の安定を図り，遊びを通して安全についての構えを身に付け，危険な場所や事物などが分かり，安全についての理解を深めるようにすること。また，交通安全の習慣を身に付けるようにするとともに，避難訓練などを通して，災害などの緊急時に適切な行動がとれるようにすること。

人間関係
〔他の人々と親しみ，支え合って生活するために，自立心を育て，人と関わる力を養う。〕
1　ねらい
(1) 幼稚園生活を楽しみ，自分の力で行動することの充実感を味わう。
(2) 身近な人と親しみ，関わりを深め，工夫したり，協力したりして一緒に活動する楽しさを味わい，愛情や信頼感をもつ。
(3) 社会生活における望ましい習慣や態度を身に付ける。
2　内容
(1) 先生や友達と共に過ごすことの喜びを味わう。
(2) 自分で考え，自分で行動する。
(3) 自分でできることは自分でする。
(4) いろいろな遊びを楽しみながら物事をやり遂げようとする気持ちをもつ。
(5) 友達と積極的に関わりながら喜びや悲しみを共感し合う。
(6) 自分の思ったことを相手に伝え，相手の思っていることに気付く。
(7) 友達のよさに気付き，一緒に活動する楽しさを味わう。
(8) 友達と楽しく活動する中で，共通の目的を見いだし，工夫したり，協力したりなどする。
(9) よいことや悪いことがあることに気付き，考えながら行動する。
(10) 友達との関わりを深め，思いやりをもつ。
(11) 友達と楽しく生活する中できまりの大切さに気付き，守ろうとする。
(12) 共同の遊具や用具を大切にし，皆で使う。
(13) 高齢者をはじめ地域の人々などの自分の生活に関係の深いいろいろな人に親しみをもつ。
3　内容の取扱い
上記の取扱いに当たっては，次の事項に留意する必要がある。

（1）教師との信頼関係に支えられて自分自身の生活を確立していくことが人と関わる基盤となることを考慮し，幼児が自ら周囲に働き掛けることにより多様な感情を体験し，試行錯誤しながら諦めずにやり遂げることの達成感や，前向きな見通しをもって自分の力で行うことの充実感を味わうことができるよう，幼児の行動を見守りながら適切な援助を行うようにすること。

（2）一人一人を生かした集団を形成しながら人と関わる力を育てていくようにすること。その際，集団の生活の中で，幼児が自己を発揮し，教師や他の幼児に認められる体験をし，自分のよさや特徴に気付き，自信をもって行動できるようにすること。

（3）幼児が互いに関わりを深め，協同して遊ぶようになるため，自ら行動する力を育てるようにするとともに，他の幼児と試行錯誤しながら活動を展開する楽しさや共通の目的が実現する喜びを味わうことができるようにすること。

（4）道徳性の芽生えを培うに当たっては，基本的な生活習慣の形成を図るとともに，幼児が他の幼児との関わりの中で他人の存在に気付き，相手を尊重する気持ちをもって行動できるようにし，また，自然や身近な動植物に親しむことなどを通して豊かな心情が育つようにすること。特に，人に対する信頼感や思いやりの気持ちは，葛藤やつまずきをも体験し，それらを乗り越えることにより次第に芽生えてくることに配慮すること。

（5）集団の生活を通して，幼児が人との関わりを深め，規範意識の芽生えが培われることを考慮し，幼児が教師との信頼関係に支えられて自己を発揮する中で，互いに思いを主張し，折り合いを付ける体験をし，きまりの必要性などに気付き，自分の気持ちを調整する力が育つようにすること。

（6）高齢者をはじめ地域の人々などの自分の生活に関係の深いいろいろな人と触れ合い，自分の感情や意志を表現しながら共に楽しみ，共感し合う体験を通して，これらの人々などに親しみをもち，人と関わることの楽しさや人の役に立つ喜びを味わうことができるようにすること。また，生活を通して親や祖父母などの家族の愛情に気付き，家族を大切にしようとする気持ちが育つようにすること。

環境

〔周囲の様々な環境に好奇心や探究心をもって関わり，それらを生活に取り入れていこうとする力を養う。〕

1 ねらい
（1）身近な環境に親しみ，自然と触れ合う中で様々な事象に興味や関心をもつ。
（2）身近な環境に自分から関わり，発見を楽しんだり，考えたりし，それを生活に取り入れようとする。
（3）身近な事象を見たり，考えたり，扱ったりする中で，物の性質や数量，文字などに対する感覚を豊かにする。

2 内容
（1）自然に触れて生活し，その大きさ，美しさ，不思議さなどに気付く。
（2）生活の中で，様々な物に触れ，その性質や仕組みに興味や関心をもつ。
（3）季節により自然や人間の生活に変化のあることに気付く。
（4）自然などの身近な事象に関心をもち，取り入れて遊ぶ。

（5）身近な動植物に親しみをもって接し，生命の尊さに気付き，いたわったり，大切にしたりする。
（6）日常生活の中で，我が国や地域社会における様々な文化や伝統に親しむ。
（7）身近な物を大切にする。
（8）身近な物や遊具に興味をもって関わり，自分なりに比べたり，関連付けたりしながら考えたり，試したりして工夫して遊ぶ。
（9）日常生活の中で数量や図形などに関心をもつ。
（10）日常生活の中で簡単な標識や文字などに関心をもつ。
（11）生活に関係の深い情報や施設などに興味や関心をもつ。
（12）幼稚園内外の行事において国旗に親しむ。

3 内容の取扱い
上記の取扱いに当たっては，次の事項に留意する必要がある。
（1）幼児が，遊びの中で周囲の環境と関わり，次第に周囲の世界に好奇心を抱き，その意味や操作の仕方に関心をもち，物事の法則性に気付き，自分なりに考えることができるようになる過程を大切にすること。また，他の幼児の考えなどに触れて新しい考えを生み出す喜びや楽しさを味わい，自分の考えをよりよいものにしようとする気持ちが育つようにすること。
（2）幼児期において自然のもつ意味は大きく，自然の大きさ，美しさ，不思議さなどに直接触れる体験を通して，幼児の心が安らぎ，豊かな感情，好奇心，思考力，表現力の基礎が培われることを踏まえ，幼児が自然との関わりを深めることができるよう工夫すること。
（3）身近な事象や動植物に対する感動を伝え合い，共感し合うことなどを通して自分から関わろうとする意欲を育てるとともに，様々な関わり方を通してそれらに対する親しみや畏敬の念，生命を大切にする気持ち，公共心，探究心などが養われるようにすること。
（4）文化や伝統に親しむ際には，正月や節句など我が国の伝統的な行事，国歌，唱歌，わらべうたや我が国の伝統的な遊びに親しんだり，異なる文化に触れる活動に親しんだりすることを通じて，社会とのつながりの意識や国際理解の意識の芽生えなどが養われるようにすること。
（5）数量や文字などに関しては，日常生活の中で幼児自身の必要感に基づく体験を大切にし，数量や文字などに関する興味や関心，感覚が養われるようにすること。

言葉

〔経験したことや考えたことなどを自分なりの言葉で表現し，相手の話す言葉を聞こうとする意欲や態度を育て，言葉に対する感覚や言葉で表現する力を養う。〕

1 ねらい
（1）自分の気持ちを言葉で表現する楽しさを味わう。
（2）人の言葉や話などをよく聞き，自分の経験したことや考えたことを話し，伝え合う喜びを味わう。
（3）日常生活に必要な言葉が分かるようになるとともに，絵本や物語などに親しみ，言葉に対する感覚を豊かにし，先生や友達と心を通わせる。

2 内容
（1）先生や友達の言葉や話に興味や関心をもち，親しみをもって聞いたり，話したりする。
（2）したり，見たり，聞いたり，感じたり，考えたりなどしたことを自分なりに言葉で表現する。

140

(3) したいこと，してほしいことを言葉で表現したり，分からないことを尋ねたりする。

(4) 人の話を注意して聞き，相手に分かるように話す。

(5) 生活の中で必要な言葉が分かり，使う。

(6) 親しみをもって日常の挨拶をする。

(7) 生活の中で言葉の楽しさや美しさに気付く。

(8) いろいろな体験を通じてイメージや言葉を豊かにする。

(9) 絵本や物語などに親しみ，興味をもって聞き，想像をする楽しさを味わう。

(10) 日常生活の中で，文字などで伝える楽しさを味わう。

3 内容の取扱い

上記の取扱いに当たっては，次の事項に留意する必要がある。

(1) 言葉は，身近な人に親しみをもって接し，自分の感情や意志などを伝え，それに相手が応答し，その言葉を聞くことを通して次第に獲得されていくものであることを考慮して，幼児が教師や他の幼児と関わることにより心を動かされるような体験をし，言葉を交わす喜びを味わえるようにすること。

(2) 幼児が自分の思いを言葉で伝えるとともに，教師や他の幼児などの話を興味をもって注意して聞くことを通して次第に話を理解するようになっていき，言葉による伝え合いができるようにすること。

(3) 絵本や物語などで，その内容と自分の経験とを結び付けたり，想像を巡らせたりするなど，楽しみを十分に味わうことによって，次第に豊かなイメージをもち，言葉に対する感覚が養われるようにすること。

(4) 幼児が生活の中で，言葉の響きやリズム，新しい言葉や表現などに触れ，これらを使う楽しさを味わえるようにすること。その際，絵本や物語に親しんだり，言葉遊びなどをしたりすることを通して，言葉が豊かになるようにすること。

(5) 幼児が日常生活の中で，文字などを使いながら思ったことや考えたことを伝える喜びや楽しさを味わい，文字に対する興味や関心をもつようにすること。

表現

〔感じたことや考えたことを自分なりに表現することを通して，豊かな感性や表現する力を養い，創造性を豊かにする。〕

1 ねらい

(1) いろいろなものの美しさなどに対する豊かな感性をもつ。

(2) 感じたことや考えたことを自分なりに表現して楽しむ。

(3) 生活の中でイメージを豊かにし，様々な表現を楽しむ。

2 内容

(1) 生活の中で様々な音，形，色，手触り，動きなどに気付いたり，感じたりするなどして楽しむ。

(2) 生活の中で美しいものや心を動かす出来事に触れ，イメージを豊かにする。

(3) 様々な出来事の中で，感動したことを伝え合う楽しさを味わう。

(4) 感じたこと，考えたことなどを音や動きなどで表現したり，自由にかいたり，つくったりなどする。

(5) いろいろな素材に親しみ，工夫して遊ぶ。

(6) 音楽に親しみ，歌を歌ったり，簡単なリズム楽器を使ったりなどする楽しさを味わう。

(7) かいたり，つくったりすることを楽しみ，遊びに使ったり，飾ったりなどする。

(8) 自分のイメージを動きや言葉などで表現したり，演じて遊んだりするなどの楽しさを味わう。

3 内容の取扱い

上記の取扱いに当たっては，次の事項に留意する必要がある。

(1) 豊かな感性は，身近な環境と十分に関わる中で美しいもの，優れたもの，心を動かす出来事などに出会い，そこから得た感動を他の幼児や教師と共有し，様々に表現することなどを通して養われるようにすること。その際，風の音や雨の音，身近にある草や花の形や色など自然の中にある音，形，色などに気付くようにすること。

(2) 幼児の自己表現は素朴な形で行われることが多いので，教師はそのような表現を受容し，幼児自身の表現しようとする意欲を受け止めて，幼児が生活の中で幼児らしい様々な表現を楽しむことができるようにすること。

(3) 生活経験や発達に応じ，自ら様々な表現を楽しみ，表現する意欲を十分に発揮させることができるように，遊具や用具などを整えたり，様々な素材や表現の仕方に親しんだり，他の幼児の表現に触れられるよう配慮したりし，表現する過程を大切にして自己表現を楽しめるように工夫すること。

第3章 教育課程に係る教育時間の終了後等に行う教育活動などの留意事項

1 地域の実態や保護者の要請により，教育課程に係る教育時間の終了後等に希望する者を対象に行う教育活動については，幼児の心身の負担に配慮するものとする。また，次の点にも留意するものとする。

(1) 教育課程に基づく活動を考慮し，幼児期にふさわしい無理のないものとなるようにすること。その際，教育課程に基づく活動を担当する教師と緊密な連携を図るようにすること。

(2) 家庭や地域での幼児の生活も考慮し，教育課程に係る教育時間の終了後等に行う教育活動の計画を作成するようにすること。その際，地域の人々と連携するなど，地域の様々な資源を活用しつつ，多様な体験ができるようにすること。

(3) 家庭との緊密な連携を図るようにすること。その際，情報交換の機会を設けたりするなど，保護者が，幼稚園と共に幼児を育てるという意識が高まるようにすること。

(4) 地域の実態や保護者の事情とともに幼児の生活のリズムを踏まえつつ，例えば実施日数や時間などについて，弾力的な運用に配慮すること。

(5) 適切な責任体制と指導体制を整備した上で行うようにすること。

2 幼稚園の運営に当たっては，子育ての支援のために保護者や地域の人々に機能や施設を開放して，園内体制の整備や関係機関との連携及び協力に配慮しつつ，幼児期の教育に関する相談に応じたり，情報を提供したり，幼児と保護者との登園を受け入れたり，保護者同士の交流の機会を提供したりするなど，幼稚園と家庭が一体となって幼児と関わる取組を進め，地域における幼児期の教育のセンターとしての役割を果たすよう努めるものとする。その際，心理や保健の専門家，地域の子育て経験者等と連携・協働しながら取り組むよう配慮するものとする。

幼保連携型認定こども園教育・保育要領

内閣府・文部科学省・厚生労働省告示第1号　2017（平成29）年3月31日／2018（平成30）年4月1日施行

第1章　総則

第1　幼保連携型認定こども園における教育及び保育の基本及び目標等

1　幼保連携型認定こども園における教育及び保育の基本

　乳幼児期の教育及び保育は、子どもの健全な心身の発達を図りつつ生涯にわたる人格形成の基礎を培う重要なものであり、幼保連携型認定こども園における教育及び保育は、就学前の子どもに関する教育、保育等の総合的な提供の推進に関する法律（平成18年法律第77号。以下「認定こども園法」という。）第2条第7項に規定する目的及び第9条に掲げる目標を達成するため、乳幼児期全体を通して、その特性及び保護者や地域の実態を踏まえ、環境を通して行うものであることを基本とし、家庭や地域での生活を含めた園児の生活全体が豊かなものとなるように努めなければならない。

　このため保育教諭等は、園児との信頼関係を十分に築き、園児が自ら安心して身近な環境に主体的に関わり、環境との関わり方や意味に気付き、これらを取り込もうとして、試行錯誤したり、考えたりするようになる幼児期の教育における見方・考え方を生かし、その活動が豊かに展開されるよう環境を整え、園児と共によりよい教育及び保育の環境を創造するように努めるものとする。これらを踏まえ、次に示す事項を重視して教育及び保育を行わなければならない。

(1) 乳幼児期は周囲への依存を基盤にしつつ自立に向かうものであることを考慮して、周囲との信頼関係に支えられた生活の中で、園児一人一人が安心感と信頼感をもっていろいろな活動に取り組む体験を十分に積み重ねられるようにすること。

(2) 乳幼児期においては生命の保持が図られ安定した情緒の下で自己を十分に発揮することにより発達に必要な体験を得ていくものであることを考慮して、園児の主体的な活動を促し、乳幼児期にふさわしい生活が展開されるようにすること。

(3) 乳幼児期における自発的な活動としての遊びは、心身の調和のとれた発達の基礎を培う重要な学習であることを考慮して、遊びを通しての指導を中心として第2章に示すねらいが総合的に達成されるようにすること。

(4) 乳幼児期における発達は、心身の諸側面が相互に関連し合い、多様な経過をたどって成し遂げられていくものであること、また、園児の生活経験がそれぞれ異なることなどを考慮して、園児一人一人の特性や発達の過程に応じ、発達の課題に即した指導を行うようにすること。

　その際、保育教諭等は、園児の主体的な活動が確保されるよう、園児一人一人の行動の理解と予想に基づき、計画的に環境を構成しなければならない。この場合において、保育教諭等は、園児と人やものとの関わりが重要であることを踏まえ、教材を工夫し、物的・空間的環境を構成しなければならない。また、園児一人一人の活動の場面に応じて、様々な役割を果たし、その活動を豊かにしなければならない。

　なお、幼保連携型認定こども園における教育及び保育は、園児が入園してから修了するまでの在園期間全体を通して行われ

るものであり、この章の第3に示す幼保連携型認定こども園として特に配慮すべき事項を十分に踏まえて行うものとする。

2　幼保連携型認定こども園における教育及び保育の目標

　幼保連携型認定こども園は、家庭との連携を図りながら、この章の第1の1に示す幼保連携型認定こども園における教育及び保育の基本に基づいて一体的に展開される幼保連携型認定こども園における生活を通して、生きる力の基礎を育成するよう認定こども園法第9条に規定する幼保連携型認定こども園の教育及び保育の目標の達成に努めなければならない。幼保連携型認定こども園は、このことにより、義務教育及びその後の教育の基礎を培うとともに、子どもの最善の利益を考慮しつつ、その生活を保障し、保護者と共に園児を心身ともに健やかに育成するものとする。

　なお、認定こども園法第9条に規定する幼保連携型認定こども園の教育及び保育の目標については、発達や学びの連続性及び生活の連続性の観点から、小学校就学の始期に達するまでの時期を通じ、その達成に向けて努力すべき目当てとなるものであることから、満3歳未満の園児の保育にも当てはまることに留意するものとする。

3　幼保連携型認定こども園の教育及び保育において育みたい資質・能力及び「幼児期の終わりまでに育ってほしい姿」

(1) 幼保連携型認定こども園においては、生きる力の基礎を育むため、この章の1に示す幼保連携型認定こども園の教育及び保育の基本を踏まえ、次に掲げる資質・能力を一体的に育むよう努めるものとする。

ア　豊かな体験を通じて、感じたり、気付いたり、分かったり、できるようになったりする「知識及び技能の基礎」

イ　気付いたことや、できるようになったことなどを使い、考えたり、試したり、工夫したり、表現したりする「思考力、判断力、表現力等の基礎」

ウ　心情、意欲、態度が育つ中で、よりよい生活を営もうとする「学びに向かう力、人間性等」

(2) (1) に示す資質・能力は、第2章に示すねらい及び内容に基づく活動全体によって育むものである。

(3) 次に示す「幼児期の終わりまでに育ってほしい姿」は、第2章に示すねらい及び内容に基づく活動全体を通して資質・能力が育まれている園児の幼保連携型認定こども園修了時の具体的な姿であり、保育教諭等が指導を行う際に考慮するものである。

ア　健康な心と体

　　幼保連携型認定こども園における生活の中で、充実感をもって自分のやりたいことに向かって心と体を十分に働かせ、見通しをもって行動し、自ら健康で安全な生活をつくり出すようになる。

イ　自立心

　　身近な環境に主体的に関わり様々な活動を楽しむ中で、しなければならないことを自覚し、自分の力で行うために考えたり、工夫したりしながら、諦めずにやり遂げることで達成感を味わい、自信をもって行動するようになる。

ウ 協同性

友達と関わる中で、互いの思いや考えなどを共有し、共通の目的の実現に向けて、考えたり、工夫したり、協力したりし、充実感をもってやり遂げるようになる。

エ 道徳性・規範意識の芽生え

友達と様々な体験を重ねる中で、してよいことや悪いことが分かり、自分の行動を振り返ったり、友達の気持ちに共感したりし、相手の立場に立って行動するようになる。また、きまりを守る必要性が分かり、自分の気持ちを調整し、友達と折り合いを付けながら、きまりをつくったり、守ったりするようになる。

オ 社会生活との関わり

家族を大切にしようとする気持ちをもつとともに、地域の身近な人と触れ合う中で、人との様々な関わり方に気付き、相手の気持ちを考えて関わり、自分が役に立つ喜びを感じ、地域に親しみをもつようになる。また、幼保連携型認定こども園内外の様々な環境に関わる中で、遊びや生活に必要な情報を取り入れ、情報に基づき判断したり、情報を伝え合ったり、活用したりするなど、情報を役立てながら活動するようになるとともに、公共の施設を大切に利用するなどして、社会とのつながりなどを意識するようになる。

カ 思考力の芽生え

身近な事象に積極的に関わる中で、物の性質や仕組みなどを感じ取ったり、気付いたりし、考えたり、予想したり、工夫したりするなど、多様な関わりを楽しむようになる。また、友達の様々な考えに触れる中で、自分と異なる考えがあることに気付き、自ら判断したり、考え直したりするなど、新しい考えを生み出す喜びを味わいながら、自分の考えをよりよいものにするようになる。

キ 自然との関わり・生命尊重

自然に触れて感動する体験を通して、自然の変化などを感じ取り、好奇心や探究心をもって考え言葉などで表現しながら、身近な事象への関心が高まるとともに、自然への愛情や畏敬の念をもつようになる。また、身近な動植物に心を動かされる中で、生命の不思議さや尊さに気付き、身近な動植物への接し方を考え、命あるものとしていたわり、大切にする気持ちをもって関わるようになる。

ク 数量や図形、標識や文字などへの関心・感覚

遊びや生活の中で、数量や図形、標識や文字などに親しむ体験を重ねたり、標識や文字の役割に気付いたりし、自らの必要感に基づきこれらを活用し、興味や関心、感覚をもつようになる。

ケ 言葉による伝え合い

保育教諭等や友達と心を通わせる中で、絵本や物語などに親しみながら、豊かな言葉や表現を身に付け、経験したことや考えたことなどを言葉で伝えたり、相手の話を注意して聞いたりし、言葉による伝え合いを楽しむようになる。

コ 豊かな感性と表現

心を動かす出来事などに触れ感性を働かせる中で、様々な素材の特徴や表現の仕方などに気付き、感じたことや考えたことを自分で表現したり、友達同士で表現する過程を楽しんだりし、表現する喜びを味わい、意欲をもつようになる。

第2 教育及び保育の内容並びに子育ての支援等に関する全体的な計画等

1 教育及び保育の内容並びに子育ての支援等に関する全体的な計画の作成等

(1) 教育及び保育の内容並びに子育ての支援等に関する全体的な計画の役割

各幼保連携型認定こども園においては、教育基本法（平成18年法律第120号）、児童福祉法（昭和22年法律第164号）及び認定こども園法その他の法令並びにこの幼保連携型認定こども園教育・保育要領の示すところに従い、教育と保育を一体的に提供するため、創意工夫を生かし、園児の心身の発達と幼保連携型認定こども園、家庭及び地域の実態に即応した適切な教育及び保育の内容並びに子育ての支援等に関する全体的な計画を作成するものとする。

教育及び保育の内容並びに子育ての支援等に関する全体的な計画とは、教育と保育を一体的に捉え、園児の入園から修了までの在園期間の全体にわたり、幼保連携型認定こども園の目標に向かってどのような過程をたどって教育及び保育を進めていくかを明らかにするものであり、子育ての支援と有機的に連携し、園児の園生活全体を捉え、作成する計画である。

各幼保連携型認定こども園においては、「幼児期の終わりまでに育ってほしい姿」を踏まえ教育及び保育の内容並びに子育ての支援等に関する全体的な計画を作成すること、その実施状況を評価して改善を図っていくこと、また実施に必要な人的又は物的な体制を確保するとともにその改善を図っていくことなどを通して、教育及び保育の内容並びに子育ての支援等に関する全体的な計画に基づき組織的かつ計画的に各幼保連携型認定こども園の教育及び保育活動の質の向上を図っていくこと（以下「カリキュラム・マネジメント」という。）に努めるものとする。

(2) 各幼保連携型認定こども園の教育及び保育の目標と教育及び保育の内容並びに子育ての支援等に関する全体的な計画の作成

教育及び保育の内容並びに子育ての支援等に関する全体的な計画の作成に当たっては、幼保連携型認定こども園の教育及び保育において育みたい資質・能力を踏まえつつ、各幼保連携型認定こども園の教育及び保育の目標を明確にするとともに、教育及び保育の内容並びに子育ての支援等に関する全体的な計画の作成についての基本的な方針が家庭や地域とも共有されるよう努めるものとする。

(3) 教育及び保育の内容並びに子育ての支援等に関する全体的な計画の作成上の基本的事項

ア 幼保連携型認定こども園における生活の全体を通して第2章に示すねらいが総合的に達成されるよう、教育課程に係る教育期間や園児の生活経験や発達の過程などを考慮して具体的なねらいと内容を組織するものとする。この場合においては、特に、自我が芽生え、他者の存在を意識し、自己を抑制しようとする気持ちが生まれるなどの乳幼児期の発達の特性を踏まえ、入園から修了に至るまでの長期的な視野をもって充実した生活が展開できるように配慮するものとする。

イ 幼保連携型認定こども園の満3歳以上の園児の教育課程に係る教育週数は、特別の事情のある場合を除き、39週を下ってはならない。

ウ 幼保連携型認定こども園の1日の教育課程に係る教育時

間は、4時間を標準とする。ただし、園児の心身の発達の程度や季節などに適切に配慮するものとする。

エ　幼保連携型認定こども園の保育を必要とする子どもに該当する園児に対する教育及び保育の時間（満3歳以上の保育を必要とする子どもに該当する園児については、この章の第2の1の（3）ウに規定する教育時間を含む。）は、1日につき8時間を原則とし、園長がこれを定める。ただし、その地方における園児の保護者の労働時間その他家庭の状況等を考慮するものとする。

（4）教育及び保育の内容並びに子育ての支援等に関する全体的な計画の実施上の留意事項

各幼保連携型認定こども園においては、園長の方針の下に、園務分掌に基づき保育教諭等職員が適切に役割を分担しつつ、相互に連携しながら、教育及び保育の内容並びに子育ての支援等に関する全体的な計画や指導の改善を図るものとする。また、各幼保連携型認定こども園が行う教育及び保育等に係る評価については、教育及び保育の内容並びに子育ての支援等に関する全体的な計画の作成、実施、改善が教育及び保育活動や園運営の中核となることを踏まえ、カリキュラム・マネジメントと関連付けながら実施するよう留意するものとする。

（5）小学校教育との接続に当たっての留意事項

ア　幼保連携型認定こども園においては、その教育及び保育が、小学校以降の生活や学習の基盤の育成につながることに配慮し、乳幼児期にふさわしい生活を通して、創造的な思考や主体的な生活態度などの基礎を培うようにするものとする。

イ　幼保連携型認定こども園の教育及び保育において育まれた資質・能力を踏まえ、小学校教育が円滑に行われるよう、小学校の教師との意見交換や合同の研究の機会などを設け、「幼児期の終わりまでに育ってほしい姿」を共有するなど連携を図り、幼保連携型認定こども園における教育及び保育と小学校教育との円滑な接続を図るよう努めるものとする。

2　指導計画の作成と園児の理解に基づいた評価

（1）指導計画の考え方

幼保連携型認定こども園における教育及び保育は、園児が自ら意欲をもって環境と関わることによりつくり出される具体的な活動を通して、その目標の達成を図るものである。

幼保連携型認定こども園においてはこのことを踏まえ、乳幼時期にふさわしい生活が展開され、適切な指導が行われるよう、調和のとれた組織的、発展的な指導計画を作成し、園児の活動に沿った柔軟な指導を行わなければならない。

（2）指導計画の作成上の基本的事項

ア　指導計画は、園児の発達に即して園児一人一人が乳幼期にふさわしい生活を展開し、必要な体験を得られるようにするために、具体的に作成するものとする。

イ　指導計画の作成に当たっては、次に示すところにより、具体的なねらい及び内容を明確に設定し、適切な環境を構成することなどにより活動が選択・展開されるようにするものとする。

（ア）具体的なねらい及び内容は、幼保連携型認定こども園の生活における園児の発達の過程を見通し、園児の生活の連続性、季節の変化などを考慮して、園児の興味や関心、発達の実情などに応じて設定すること。

（イ）環境は、具体的なねらいを達成するために適切なもの

となるように構成し、園児が自らその環境に関わることにより様々な活動を展開しつつ必要な体験を得られるようにすること。その際、園児の生活する姿や発想を大切にし、常にその環境が適切なものとなるようにすること。

（ウ）園児の行う具体的な活動は、生活の流れの中で様々に変化するものであることに留意し、園児が望ましい方向に向かって自ら活動を展開していくことができるよう必要な援助をすること。

その際、園児の実態及び園児を取り巻く状況の変化などに即して指導の過程についての評価を適切に行い、常に指導計画の改善を図るものとする。

（3）指導計画の作成上の留意事項

指導計画の作成に当たっては、次の事項に留意するものとする。

ア　園児の生活は、入園当初の一人一人の遊びや保育教諭等との触れ合いを通して幼保連携型認定こども園の生活に親しみ、安定していく時期から、他の園児との関わりの中で園児の主体的な活動が深まり、園児が互いに必要な存在であることを認識するようになる。その後、園児同士や学級全体で目的をもって協同して幼保連携型認定こども園の生活を展開し、深めていく時期などに至るまでの過程を様々に経ながら広げられていくものである。これらを考慮し、活動がそれぞれの時期にふさわしく展開されるようにすること。

また、園児の入園当初の教育及び保育に当たっては、既に在園している園児に不安や動揺を与えないようにしつつ、可能な限り個別的に対応し、園児が安定感を得て、次第に幼保連携型認定こども園の生活になじんでいくよう配慮すること。

イ　長期的に発達を見通した年、学期、月などにわたる長期の指導計画やこれとの関連を保ちながらより具体的な園児の生活に即した週、日などの短期の指導計画を作成し、適切な指導が行われるようにすること。特に、週、日などの短期の指導計画については、園児の生活のリズムに配慮し、園児の意識や興味の連続性のある活動が相互に関連して幼保連携型認定こども園の生活の自然な流れの中に組み込まれるようにすること。

ウ　園児が様々な人やものとの関わりを通して、多様な体験をし、心身の調和のとれた発達を促すようにしていくこと。その際、園児の発達に即して主体的・対話的で深い学びが実現するようにするとともに、心を動かされる体験が次の活動を生み出すことを考慮し、一つ一つの体験が相互に結び付き、幼保連携型認定こども園の生活が充実するようにすること。

エ　言語に関する能力の発達と思考力等の発達が関連していることを踏まえ、幼保連携型認定こども園における生活全体を通して、園児の発達を踏まえた言語環境を整え、言語活動の充実を図ること。

オ　園児が次の活動への期待や意欲をもつことができるよう、園児の実態を踏まえながら、保育教諭等や他の園児と共に遊びや生活の中で見通しをもったり、振り返ったりするよう工夫すること。

カ　行事の指導に当たっては、幼保連携型認定こども園の生活の自然な流れの中で生活に変化や潤いを与え、園児が主体的に楽しく活動できるようにすること。なお、それぞれの行事については教育及び保育における価値を十分検討し、

適切なものを精選し、園児の負担にならないようにすること。

キ　乳幼児期は直接的な体験が重要であることを踏まえ、視聴覚教材やコンピュータなど情報機器を活用する際には、幼保連携型認定こども園の生活では得難い体験を補完するなど、園児の体験との関連を考慮すること。

ク　園児の主体的な活動を促すためには、保育教諭等が多様な関わりをもつことが重要であることを踏まえ、保育教諭等は、理解者、共同作業者など様々な役割を果たし、園児の情緒の安定や発達に必要な豊かな体験が得られるよう、活動の場面に応じて、園児の人権や園児一人一人の個人差等に配慮した適切な指導を行うようにすること。

ケ　園児の行う活動は、個人、グループ、学級全体などで多様に展開されるものであることを踏まえ、幼保連携型認定こども園全体の職員による協力体制を作りながら、園児一人一人が興味や欲求を十分に満足させるよう適切な援助を行うようにすること。

コ　園児の生活は、家庭を基盤として地域社会を通じて次第に広がりをもつものであることに留意し、家庭との連携を十分に図るなど、幼保連携型認定こども園における生活が家庭や地域社会と連続性を保ちつつ展開されるようにするものとする。その際、地域の自然、高齢者や異年齢の子どもなどを含む人材、行事や公共施設などの地域の資源を積極的に活用し、園児が豊かな生活体験を得られるように工夫するものとする。また、家庭との連携に当たっては、保護者との情報交換の機会を設けたり、保護者と園児との活動の機会を設けたりなどすることを通じて、保護者の乳幼児期の教育及び保育に関する理解が深まるよう配慮するものとする。

サ　地域や幼保連携型認定こども園の実態等により、幼保連携型認定こども園間に加え、幼稚園、保育所等の保育施設、小学校、中学校、高等学校及び特別支援学校などとの間の連携や交流を図るものとする。特に、小学校教育との円滑な接続のため、幼保連携型認定こども園の園児と小学校の児童との交流の機会を積極的に設けるようにするものとする。また、障害のある園児児童生徒との交流及び共同学習の機会を設け、共に尊重し合いながら協働して生活していく態度を育むよう努めるものとする。

(4) 園児の理解に基づいた評価の実施

園児一人一人の発達の理解に基づいた評価の実施に当たっては、次の事項に配慮するものとする。

ア　指導の過程を振り返りながら園児の理解を進め、園児一人一人のよさや可能性などを把握し、指導の改善に生かすようにすること。その際、他の園児との比較や一定の基準に対する達成度についての評定によって捉えるものではないことに留意すること。

イ　評価の妥当性や信頼性が高められるよう創意工夫を行い、組織的かつ計画的な取組を推進するとともに、次年度又は小学校等にその内容が適切に引き継がれるようにすること。

3　特別な配慮を必要とする園児への指導

(1) 障害のある園児などへの指導

障害のある園児などへの指導に当たっては、集団の中で生活することを通して全体的な発達を促していくことに配慮し、適切な環境の下で、障害のある園児が他の園児との生活を通して共に成長できるよう、特別支援学校などの助言又は援助を活用

しつつ、個々の園児の障害の状態などに応じた指導内容や指導方法の工夫を組織的かつ計画的に行うものとする。また、家庭、地域及び医療や福祉、保健等の業務を行う関係機関との連携を図り、長期的な視点で園児への教育及び保育的支援を行うために、個別の教育及び保育支援計画を作成し活用することに努めるとともに、個々の園児の実態を的確に把握し、個別の指導計画を作成し活用することに努めるものとする。

(2) 海外から帰国した園児や生活に必要な日本語の習得に困難のある園児の幼保連携型認定こども園の生活への適応

海外から帰国した園児や生活に必要な日本語の習得に困難のある園児については、安心して自己を発揮できるよう配慮するなど個々の園児の実態に応じ、指導内容や指導方法の工夫を組織的かつ計画的に行うものとする。

第3　幼保連携型認定こども園として特に配慮すべき事項

幼保連携型認定こども園における教育及び保育を行うに当たっては、次の事項について特に配慮しなければならない。

1　当該幼保連携型認定こども園に入園した年齢により集団生活の経験年数が異なる園児がいることに配慮する等、0歳から小学校就学前までの一貫した教育及び保育を園児の発達や学びの連続性を考慮して展開していくこと。特に満3歳以上については入園する園児が多いことや同一学年の園児で編制される学級の中で生活することなどを踏まえ、家庭や他の保育施設等との連携や引継ぎを円滑に行うとともに、環境の工夫をすること。

2　園児の一日の生活の連続性及びリズムの多様性に配慮するとともに、保護者の生活形態を反映した園児の在園時間の長短、入園時期や登園日数の違いを踏まえ、園児一人一人の状況に応じ、教育及び保育の内容やその展開について工夫をすること。特に入園及び年度当初においては、家庭との連携の下、園児一人一人の生活の仕方やリズムに十分に配慮して一日の自然な生活の流れをつくり出していくようにすること。

3　環境を通して行う教育及び保育の活動の充実を図るため、幼保連携型認定こども園における教育及び保育の環境の構成に当たっては、乳幼児期の特性及び保護者や地域の実態を踏まえ、次の事項に留意すること。

(1) 0歳から小学校就学前までの様々な年齢の園児の発達の特性を踏まえ、満3歳未満の園児については特に健康、安全や発達の確保を十分に図るとともに、満3歳以上の園児については同一学年の園児で編制される学級による集団活動の中で遊びを中心とする園児の主体的な活動を通して発達や学びを促す経験が得られるよう工夫をすること。特に、満3歳以上の園児同士が共に育ち、学び合いながら、豊かな体験を積み重ねることができるよう工夫をすること。

(2) 在園時間が異なる多様な園児がいることを踏まえ、園児の生活が安定するよう、家庭や地域、幼保連携型認定こども園における生活の連続性を確保するとともに、一日の生活のリズムを整えるよう工夫をすること。特に満3歳未満の園児については睡眠時間等の個人差に配慮するとともに、満3歳以上の園児については集中して遊ぶ場と家庭的な雰囲気の中でくつろぐ場との適切な調和等の工夫をすること。

(3) 家庭や地域において異年齢の子どもと関わる機会が減少していることを踏まえ、満3歳以上の園児については、学級

による集団活動とともに、満3歳未満の園児を含む異年齢の園児による活動を、園児の発達の状況にも配慮しつつ適切に組み合わせて設定するなどの工夫をすること。

(4) 満3歳以上の園児については、特に長期的な休業中、園児が過ごす家庭や園などの生活の場が異なることを踏まえ、それぞれの多様な生活経験が長期的な休業などの終了後等の園生活に生かされるよう工夫をすること。

4 指導計画を作成する際には、この章に示す指導計画の作成上の留意事項を踏まえるとともに、次の事項にも特に配慮すること。

(1) 園児の発達の個人差、入園した年齢の違いなどによる集団生活の経験年数の差、家庭環境等を踏まえ、園児一人一人の発達の特性や課題に十分留意すること。特に満3歳未満の園児については、大人への依存度が極めて高い等の特性があることから、個別的な対応を図ること。また、園児の集団生活への円滑な接続について、家庭等との連携及び協力を図る等十分留意すること。

(2) 園児の発達の連続性を考慮した教育及び保育を展開する際には、次の事項に留意すること。

ア 満3歳未満の園児については、園児一人一人の生育歴、心身の発達、活動の実態等に即して、個別的な計画を作成すること。

イ 満3歳以上の園児については、個の成長と、園児相互の関係や協同的な活動が促されるよう考慮すること。

ウ 異年齢で構成されるグループ等での指導に当たっては、園児一人一人の生活や経験、発達の過程などを把握し、適切な指導や環境の構成ができるよう考慮すること。

(3) 一日の生活のリズムや在園時間が異なる園児が共に過ごすことを踏まえ、活動と休息、緊張感と解放感等の調和を図るとともに、園児に不安や動揺を与えないようにする等の配慮を行うこと。その際、担当の保育教諭等が替わる場合には、園児の様子等引継ぎを行い、十分な連携を図ること。

(4) 午睡は生活のリズムを構成する重要な要素であり、安心して眠ることのできる安全な午睡環境を確保するとともに、在園時間が異なることや、睡眠時間は園児の発達の状況や個人によって差があることから、一律とならないよう配慮すること。

(5) 長時間にわたる教育及び保育については、園児の発達の過程、生活のリズム及び心身の状態に十分配慮して、保育の内容や方法、職員の協力体制、家庭との連携などを指導計画に位置付けること。

5 生命の保持や情緒の安定を図るなど養護の行き届いた環境の下、幼保連携型認定こども園における教育及び保育を展開すること。

(1) 園児一人一人が、快適にかつ健康で安全に過ごせるようにするとともに、その生理的欲求が十分に満たされ、健康増進が積極的に図られるようにするため、次の事項に留意すること。

ア 園児一人一人の平常の健康状態や発育及び発達の状態を的確に把握し、異常を感じる場合は、速やかに適切に対応すること。

イ 家庭との連携を密にし、学校医等との連携を図りながら、園児の疾病や事故防止に関する認識を深め、保健的で安全な環境の維持及び向上に努めること。

ウ 清潔で安全な環境を整え、適切な援助や応答的な関わり

を通して、園児の生理的欲求を満たしていくこと。また、家庭と協力しながら、園児の発達の過程等に応じた適切な生活のリズムがつくられていくようにすること。

エ 園児の発達の過程等に応じて、適度な運動と休息をとることができるようにすること。また、食事、排泄、睡眠、衣類の着脱、身の回りを清潔にすることなどについて、園児が意欲的に生活できるよう適切に援助すること。

(2) 園児一人一人が安定感をもって過ごし、自分の気持ちを安心して表すことができるようにするとともに、周囲から主体として受け止められ主体として育ち、自分を肯定する気持ちが育まれていくようにし、くつろいで共に過ごし、心身の疲れが癒やされるようにするため、次の事項に留意すること。

ア 園児一人一人の置かれている状態や発達の過程などを的確に把握し、園児の欲求を適切に満たしながら、応答的な触れ合いや言葉掛けを行うこと。

イ 園児一人一人の気持ちを受容し、共感しながら、園児との継続的な信頼関係を築いていくこと。

ウ 保育教諭等との信頼関係を基盤に、園児一人一人が主体的に活動し、自発性や探索意欲などを高めるとともに、自分への自信をもつことができるよう成長の過程を見守り、適切に働き掛けること。

エ 園児一人一人の生活のリズム、発達の過程、在園時間などに応じて、活動内容のバランスや調和を図りながら、適切な食事や休息がとれるようにすること。

6 園児の健康及び安全は、園児の生命の保持と健やかな生活の基本であり、幼保連携型認定こども園の生活全体を通して健康や安全に関する管理や指導、食育の推進等に十分留意すること。

7 保護者に対する子育ての支援に当たっては、この章に示す幼保連携型認定こども園における教育及び保育の基本及び目標を踏まえ、子どもに対する学校としての教育及び児童福祉施設としての保育並びに保護者に対する子育ての支援について相互に有機的な連携が図られるようにすること。また、幼保連携型認定こども園の目的の達成に資するため、保護者が子どもの成長に気付き子育ての喜びが感じられるよう、幼保連携型認定こども園の特性を生かした子育ての支援に努めること。

第2章　ねらい及び内容並びに配慮事項

この章に示すねらいは、幼保連携型認定こども園の教育及び保育において育みたい資質・能力を園児の生活する姿から捉えたものであり、内容は、ねらいを達成するために指導する事項である。各視点や領域は、この時期の発達の特徴を踏まえ、教育及び保育のねらい及び内容を乳幼児の発達の側面から、乳児は三つの視点として、幼児は五つの領域としてまとめ、示したものである。内容の取扱いは、園児の発達を踏まえた指導を行うに当たって留意すべき事項である。

各視点や領域に示すねらいは、幼保連携型認定こども園における生活の全体を通じ、園児が様々な体験を積み重ねる中で相互に関連をもちながら次第に達成に向かうものであること、内容は、園児が環境に関わって展開する具体的な活動を通して総合的に指導されるものであることに留意しなければならない。

また、「幼児期の終わりまでに育ってほしい姿」が、ねらい及び内容に基づく活動全体を通して資質・能力が育まれている園

児の幼保連携型認定こども園修了時の具体的な姿であることを踏まえ、指導を行う際に考慮するものとする。

　なお、特に必要な場合には、各視点や領域に示すねらいの趣旨に基づいて適切な、具体的な内容を工夫し、それを加えても差し支えないが、その場合には、それが第１章の第１に示す幼保連携型認定こども園の教育及び保育の基本及び目標を逸脱しないよう慎重に配慮する必要がある。

第１　乳児期の園児の保育に関するねらい及び内容

基本的事項

　１　乳児期の発達については、視覚、聴覚などの感覚や、座る、はう、歩くなどの運動機能が著しく発達し、特定の大人との応答的な関わりを通じて、情緒的な絆が形成されるといった特徴がある。これらの発達の特徴を踏まえて、乳児期の園児の保育は、愛情豊かに、応答的に行われることが特に必要である。

　２　本項においては、この時期の発達の特徴を踏まえ、乳児期の園児の保育のねらい及び内容については、身体的発達に関する視点「健やかに伸び伸びと育つ」、社会的発達に関する視点「身近な人と気持ちが通じ合う」及び精神的発達に関する視点「身近なものと関わり感性が育つ」としてまとめ、示している。

ねらい及び内容

健やかに伸び伸びと育つ

〔健康な心と体を育て、自ら健康で安全な生活をつくり出す力の基盤を培う。〕

　１　ねらい

　(1)　身体感覚が育ち、快適な環境に心地よさを感じる。

　(2)　伸び伸びと体を動かし、はう、歩くなどの運動をしようとする。

　(3)　食事、睡眠等の生活のリズムの感覚が芽生える。

　２　内容

　(1)　保育教諭等の愛情豊かな受容の下で、生理的・心理的欲求を満たし、心地よく生活をする。

　(2)　一人一人の発育に応じて、はう、立つ、歩くなど、十分に体を動かす。

　(3)　個人差に応じて授乳を行い、離乳を進めていく中で、様々な食品に少しずつ慣れ、食べることを楽しむ。

　(4)　一人一人の生活のリズムに応じて、安全な環境の下で十分に午睡をする。

　(5)　おむつ交換や衣服の着脱などを通じて、清潔になることの心地よさを感じる。

　３　内容の取扱い

　上記の取扱いに当たっては、次の事項に留意する必要がある。

　(1)　心と体の健康は、相互に密接な関連があるものであることを踏まえ、温かい触れ合いの中で、心と体の発達を促すこと。特に、寝返り、お座り、はいはい、つかまり立ち、伝い歩きなど、発育に応じて、遊びの中で体を動かす機会を十分に確保し、自ら体を動かそうとする意欲が育つようにすること。

　(2)　健康な心と体を育てるためには望ましい食習慣の形成が重要であることを踏まえ、離乳食が完了期へと徐々に移行する中で、様々な食品に慣れるようにするとともに、和やか

な雰囲気の中で食べる喜びや楽しさを味わい、進んで食べようとする気持ちが育つようにすること。なお、食物アレルギーのある園児への対応については、学校医等の指示や協力の下に適切に対応すること。

身近な人と気持ちが通じ合う

〔受容的・応答的な関わりの下で、何かを伝えようとする意欲や身近な大人との信頼関係を育て、人と関わる力の基盤を培う。〕

　１　ねらい

　(1)　安心できる関係の下で、身近な人と共に過ごす喜びを感じる。

　(2)　体の動きや表情、発声等により、保育教諭等と気持ちを通わせようとする。

　(3)　身近な人と親しみ、関わりを深め、愛情や信頼感が芽生える。

　２　内容

　(1)　園児からの働き掛けを踏まえた、応答的な触れ合いや言葉掛けによって、欲求が満たされ、安定感をもって過ごす。

　(2)　体の動きや表情、発声、喃語等を優しく受け止めてもらい、保育教諭等とのやり取りを楽しむ。

　(3)　生活や遊びの中で、自分の身近な人の存在に気付き、親しみの気持ちを表す。

　(4)　保育教諭等による語り掛けや歌い掛け、発声や喃語等への応答を通じて、言葉の理解や発語の意欲が育つ。

　(5)　温かく、受容的な関わりを通じて、自分を肯定する気持ちが芽生える。

　３　内容の取扱い

　上記の取扱いに当たっては、次の事項に留意する必要がある。

　(1)　保育教諭等との信頼関係に支えられて生活を確立していくことが人と関わる基盤となることを考慮して、園児の多様な感情を受け止め、温かく受容的・応答的に関わり、一人一人に応じた適切な援助を行うようにすること。

　(2)　身近な人に親しみをもって接し、自分の感情などを表し、それに相手が応答する言葉を聞くことを通して、次第に言葉が獲得されていくことを考慮して、楽しい雰囲気の中での保育教諭等との関わり合いを大切にし、ゆっくりと優しく話し掛けるなど、積極的に言葉のやり取りを楽しむことができるようにすること。

身近なものと関わり感性が育つ

〔身近な環境に興味や好奇心をもって関わり、感じたことや考えたことを表現する力の基盤を培う。〕

　１　ねらい

　(1)　身の回りのものに親しみ、様々なものに興味や関心をもつ。

　(2)　見る、触れる、探索するなど、身近な環境に自分から関わろうとする。

　(3)　身体の諸感覚による認識が豊かになり、表情や手足、体の動き等で表現する。

　２　内容

　(1)　身近な生活用具、玩具や絵本などが用意された中で、身の回りのものに対する興味や好奇心をもつ。

　(2)　生活や遊びの中で様々なものに触れ、音、形、色、手触りなどに気付き、感覚の働きを豊かにする。

　(3)　保育教諭等と一緒に様々な色彩や形のものや絵本などを見る。

　(4)　玩具や身の回りのものを、つまむ、つかむ、たたく、引っ

張るなど、手や指を使って遊ぶ。

(5) 保育教諭等のあやし遊びに機嫌よく応じたり、歌やリズムに合わせて手足や体を動かして楽しんだりする。

3　内容の取扱い

上記の取扱いに当たっては、次の事項に留意する必要がある。

(1) 玩具などは、音質、形、色、大きさなど園児の発達状態に応じて適切なものを選び、その時々の園児の興味や関心を踏まえるなど、遊びを通して感覚の発達が促されるものとなるように工夫すること。なお、安全な環境の下で、園児が探索意欲を満たして自由に遊べるよう、身の回りのものについては常に十分な点検を行うこと。

(2) 乳児期においては、表情、発声、体の動きなどで、感情を表現することが多いことから、これらの表現しようとする意欲を積極的に受け止めて、園児が様々な活動を楽しむことを通して表現が豊かになるようにすること。

第2　満1歳以上満3歳未満の園児の保育に関するねらい及び内容

基本的事項

1　この時期においては、歩き始めから、歩く、走る、跳ぶなどへと、基本的な運動機能が次第に発達し、排泄の自立のための身体的機能も整うようになる。つまむ、めくるなどの指先の機能も発達し、食事、衣類の着脱なども、保育教諭等の援助の下で自分で行うようになる。発声も明瞭になり、語彙も増加し、自分の意思や欲求を言葉で表出できるようになる。このように自分でできることが増えてくる時期であることから、保育教諭等は、園児の生活の安定を図りながら、自分でしようとする気持ちを尊重し、温かく見守るとともに、愛情豊かに、応答的に関わることが必要である。

2　本項においては、この時期の発達の特徴を踏まえ、保育のねらい及び内容について、心身の健康に関する領域「健康」、人との関わりに関する領域「人間関係」、身近な環境との関わりに関する領域「環境」、言葉の獲得に関する領域「言葉」及び感性と表現に関する領域「表現」としてまとめ、示している。

ねらい及び内容

健康

〔健康な心と体を育て、自ら健康で安全な生活をつくり出す力を養う。〕

1　ねらい

(1) 明るく伸び伸びと生活し、自分から体を動かすことを楽しむ。

(2) 自分の体を十分に動かし、様々な動きをしようとする。

(3) 健康、安全な生活に必要な習慣に気付き、自分でしてみようとする気持ちが育つ。

2　内容

(1) 保育教諭等の愛情豊かな受容の下で、安定感をもって生活をする。

(2) 食事や午睡、遊びと休息など、幼保連携型認定こども園における生活のリズムが形成される。

(3) 走る、跳ぶ、登る、押す、引っ張るなど全身を使う遊びを楽しむ。

(4) 様々な食品や調理形態に慣れ、ゆったりとした雰囲気の中で食事や間食を楽しむ。

(5) 身の回りを清潔に保つ心地よさを感じ、その習慣が少しずつ身に付く。

(6) 保育教諭等の助けを借りながら、衣類の着脱を自分でしようとする。

(7) 便器での排泄に慣れ、自分で排泄ができるようになる。

3　内容の取扱い

上記の取扱いに当たっては、次の事項に留意する必要がある。

(1) 心と体の健康は、相互に密接な関連があるものであることを踏まえ、園児の気持ちに配慮した温かい触れ合いの中で、心と体の発達を促すこと。特に、一人一人の発育に応じて、体を動かす機会を十分に確保し、自ら体を動かそうとする意欲が育つようにすること。

(2) 健康な心と体を育てるためには望ましい食習慣の形成が重要であることを踏まえ、ゆったりとした雰囲気の中で食べる喜びや楽しさを味わい、進んで食べようとする気持ちが育つようにすること。なお、食物アレルギーのある園児への対応については、学校医等の指示や協力の下に適切に対応すること。

(3) 排泄の習慣については、一人一人の排尿間隔等を踏まえ、おむつが汚れていないときに便器に座らせるなどにより、少しずつ慣れさせるようにすること。

(4) 食事、排泄、睡眠、衣類の着脱、身の回りを清潔にすることなど、生活に必要な基本的な習慣については、一人一人の状態に応じ、落ち着いた雰囲気の中で行うようにし、園児が自分でしようとする気持ちを尊重すること。また、基本的な生活習慣の形成に当たっては、家庭での生活経験に配慮し、家庭との適切な連携の下で行うようにすること。

人間関係

〔他の人々と親しみ、支え合って生活するために、自立心を育て、人と関わる力を養う。〕

1　ねらい

(1) 幼保連携型認定こども園での生活を楽しみ、身近な人と関わる心地よさを感じる。

(2) 周囲の園児等への興味・関心が高まり、関わりをもとうとする。

(3) 幼保連携型認定こども園の生活の仕方に慣れ、きまりの大切さに気付く。

2　内容

(1) 保育教諭等や周囲の園児等との安定した関係の中で、共に過ごす心地よさを感じる。

(2) 保育教諭等の受容的・応答的な関わりの中で、欲求を適切に満たし、安定感をもって過ごす。

(3) 身の回りに様々な人がいることに気付き、徐々に他の園児と関わりをもって遊ぶ。

(4) 保育教諭等の仲立ちにより、他の園児との関わり方を少しずつ身につける。

(5) 幼保連携型認定こども園の生活の仕方に慣れ、きまりがあることや、その大切さに気付く。

(6) 生活や遊びの中で、年長児や保育教諭等の真似をしたり、ごっこ遊びを楽しんだりする。

3　内容の取扱い

上記の取扱いに当たっては、次の事項に留意する必要がある。

(1) 保育教諭等との信頼関係に支えられて生活を確立すると

ともに、自分で何かをしようとする気持ちが旺盛になる時期であることに鑑み、そのような園児の気持ちを尊重し、温かく見守るとともに、愛情豊かに、応答的に関わり、適切な援助を行うようにすること。

(2) 思い通りにいかない場合等の園児の不安定な感情の表出については、保育教諭等が受容的に受け止めるとともに、そうした気持ちから立ち直る経験や感情をコントロールすることへの気付き等につなげていけるように援助すること。

(3) この時期は自己と他者との違いの認識がまだ十分ではないことから、園児の自我の育ちを見守るとともに、保育教諭等が仲立ちとなって、自分の気持ちを相手に伝えることや相手の気持ちに気付くことの大切さなど、友達の気持ちや友達との関わり方を丁寧に伝えていくこと。

環境

〔周囲の様々な環境に好奇心や探究心をもって関わり、それらを生活に取り入れていこうとする力を養う。〕

1　ねらい

(1) 身近な環境に親しみ、触れ合う中で、様々なものに興味や関心をもつ。

(2) 様々なものに関わる中で、発見を楽しんだり、考えたりしようとする。

(3) 見る、聞く、触るなどの経験を通して、感覚の働きを豊かにする。

2　内容

(1) 安全で活動しやすい環境での探索活動等を通して、見る、聞く、触れる、嗅ぐ、味わうなどの感覚の働きを豊かにする。

(2) 玩具、絵本、遊具などに興味をもち、それらを使った遊びを楽しむ。

(3) 身の回りの物に触れる中で、形、色、大きさ、量などの物の性質や仕組みに気付く。

(4) 自分の物と人の物の区別や、場所的感覚など、環境を捉える感覚が育つ。

(5) 身近な生き物に気付き、親しみをもつ。

(6) 近隣の生活や季節の行事などに興味や関心をもつ。

3　内容の取扱い

上記の取扱いに当たっては、次の事項に留意する必要がある。

(1) 玩具などは、音質、形、色、大きさなど園児の発達状態に応じて適切なものを選び、遊びを通して感覚の発達が促されるように工夫すること。

(2) 身近な生き物との関わりについては、園児が命を感じ、生命の尊さに気付く経験へとつながるものであることから、そうした気付きを促すような関わりとなるようにすること。

(3) 地域の生活や季節の行事などに触れる際には、社会とのつながりや地域社会の文化への気付きにつながるものとなることが望ましいこと。その際、幼保連携型認定こども園内外の行事や地域の人々との触れ合いなどを通して行うこと等も考慮すること。

言葉

〔経験したことや考えたことなどを自分なりの言葉で表現し、相手の話す言葉を聞こうとする意欲や態度を育て、言葉に対する感覚や言葉で表現する力を養う。〕

1　ねらい

(1) 言葉遊びや言葉で表現する楽しさを感じる。

(2) 人の言葉や話などを聞き、自分でも思ったことを伝えようとする。

(3) 絵本や物語等に親しむとともに、言葉のやり取りを通じて身近な人と気持ちを通わせる。

2　内容

(1) 保育教諭等の応答的な関わりや話し掛けにより、自ら言葉を使おうとする。

(2) 生活に必要な簡単な言葉に気付き、聞き分ける。

(3) 親しみをもって日常の挨拶に応じる。

(4) 絵本や紙芝居を楽しみ、簡単な言葉を繰り返したり、模倣をしたりして遊ぶ。

(5) 保育教諭等とごっこ遊びをする中で、言葉のやり取りを楽しむ。

(6) 保育教諭等を仲立ちとして、生活や遊びの中で友達との言葉のやり取りを楽しむ。

(7) 保育教諭等や友達の言葉や話に興味や関心をもって、聞いたり、話したりする。

3　内容の取扱い

上記の取扱いに当たっては、次の事項に留意する必要がある。

(1) 身近な人に親しみをもって接し、自分の感情などを伝え、それに相手が応答し、その言葉を聞くことを通して、次第に言葉が獲得されていくものであることを考慮して、楽しい雰囲気の中で保育教諭等との言葉のやり取りができるようにすること。

(2) 園児が自分の思いを言葉で伝えるとともに、他の園児の話などを聞くことを通して、次第に話を理解し、言葉による伝え合いができるようになるよう、気持ちや経験等の言語化を行うことを援助するなど、園児同士の関わりの仲立ちを行うようにすること。

(3) この時期は、片言から、二語文、ごっこ遊びでのやり取りができる程度へと、大きく言葉の習得が進む時期であることから、それぞれの園児の発達の状況に応じて、遊びや関わりの工夫など、保育の内容を適切に展開することが必要であること。

表現

〔感じたことや考えたことを自分なりに表現することを通して、豊かな感性や表現する力を養い、創造性を豊かにする。〕

1　ねらい

(1) 身体の諸感覚の経験を豊かにし、様々な感覚を味わう。

(2) 感じたことや考えたことなどを自分なりに表現しようとする。

(3) 生活や遊びの様々な体験を通して、イメージや感性が豊かになる。

2　内容

(1) 水、砂、土、紙、粘土など様々な素材に触れて楽しむ。

(2) 音楽、リズムやそれに合わせた体の動きを楽しむ。

(3) 生活の中で様々な音、形、色、手触り、動き、味、香りなどに気付いたり、感じたりして楽しむ。

(4) 歌を歌ったり、簡単な手遊びや全身を使う遊びを楽しんだりする。

(5) 保育教諭等からの話や、生活や遊びの中での出来事を通して、イメージを豊かにする。

(6) 生活や遊びの中で、興味のあることや経験したことなど

を自分なりに表現する。

3　内容の取扱い

上記の取扱いに当たっては、次の事項に留意する必要がある。

(1) 園児の表現は、遊びや生活の様々な場面で表出されているものであることから、それらを積極的に受け止め、様々な表現の仕方や感性を豊かにする経験となるようにすること。

(2) 園児が試行錯誤しながら様々な表現を楽しむことや、自分の力でやり遂げる充実感などに気付くよう、温かく見守るとともに、適切に援助を行うようにすること。

(3) 様々な感情の表現等を通じて、園児が自分の感情や気持ちに気付くようになる時期であることに鑑み、受容的な関わりの中で自信をもって表現をすることや、諦めずに続けた後の達成感等を感じられるような経験が蓄積されるようにすること。

(4) 身近な自然や身の回りの事物に関わる中で、発見や心が動く経験が得られるよう、諸感覚を働かせることを楽しむ遊びや素材を用意するなど保育の環境を整えること。

第3　満3歳以上の園児の教育及び保育に関するねらい及び内容

基本的事項

1　この時期においては、運動機能の発達により、基本的な動作が一通りできるようになるとともに、基本的な生活習慣もほぼ自立できるようになる。理解する語彙数が急激に増加し、知的興味や関心も高まってくる。仲間と遊び、仲間の中の一人という自覚が生じ、集団的な遊びや協同的な活動も見られるようになる。これらの発達の特徴を踏まえて、この時期の教育及び保育においては、個の成長と集団としての活動の充実が図られるようにしなければならない。

2　本項においては、この時期の発達の特徴を踏まえ、教育及び保育のねらい及び内容について、心身の健康に関する領域「健康」、人との関わりに関する領域「人間関係」、身近な環境との関わりに関する領域「環境」、言葉の獲得に関する領域「言葉」及び感性と表現に関する領域「表現」としてまとめ、示している。

ねらい及び内容

健康

〔健康な心と体を育て、自ら健康で安全な生活をつくり出す力を養う。〕

1　ねらい

(1) 明るく伸び伸びと行動し、充実感を味わう。

(2) 自分の体を十分に動かし、進んで運動しようとする。

(3) 健康、安全な生活に必要な習慣や態度を身に付け、見通しをもって行動する。

2　内容

(1) 保育教諭等や友達と触れ合い、安定感をもって行動する。

(2) いろいろな遊びの中で十分に体を動かす。

(3) 進んで戸外で遊ぶ。

(4) 様々な活動に親しみ、楽しんで取り組む。

(5) 保育教諭等や友達と食べることを楽しみ、食べ物への興味や関心をもつ。

(6) 健康な生活のリズムを身に付ける。

(7) 身の回りを清潔にし、衣服の着脱、食事、排泄などの生活に必要な活動を自分でする。

(8) 幼保連携型認定こども園における生活の仕方を知り、自分たちで生活の場を整えながら見通しをもって行動する。

(9) 自分の健康に関心をもち、病気の予防などに必要な活動を進んで行う。

(10) 危険な場所、危険な遊び方、災害時などの行動の仕方が分かり、安全に気を付けて行動する。

3　内容の取扱い

上記の取扱いに当たっては、次の事項に留意する必要がある。

(1) 心と体の健康は、相互に密接な関連があるものであることを踏まえ、園児が保育教諭等や他の園児との温かい触れ合いの中で自己の存在感や充実感を味わうことなどを基盤として、しなやかな心と体の発達を促すこと。特に、十分に体を動かす気持ちよさを体験し、自ら体を動かそうとする意欲が育つようにすること。

(2) 様々な遊びの中で、園児が興味や関心、能力に応じて全身を使って活動することにより、体を動かす楽しさを味わい、自分の体を大切にしようとする気持ちが育つようにすること。その際、多様な動きを経験する中で、体の動きを調整するようにすること。

(3) 自然の中で伸び伸びと体を動かして遊ぶことにより、体の諸機能の発達が促されることに留意し、園児の興味や関心が戸外にも向くようにすること。その際、園児の動線に配慮した園庭や遊具の配置などを工夫すること。

(4) 健康な心と体を育てるためには食育を通じた望ましい食習慣の形成が大切であることを踏まえ、園児の食生活の実情に配慮し、和やかな雰囲気の中で保育教諭等や他の園児と食べる喜びや楽しさを味わったり、様々な食べ物への興味や関心をもったりするなどし、食の大切さに気付き、進んで食べようとする気持ちが育つようにすること。

(5) 基本的な生活習慣の形成に当たっては、家庭での生活経験に配慮し、園児の自立心を育て、園児が他の園児と関わりながら主体的な活動を展開する中で、生活に必要な習慣を身に付け、次第に見通しをもって行動できるようにすること。

(6) 安全に関する指導に当たっては、情緒の安定を図り、遊びを通して安全についての構えを身に付け、危険な場所や事物などが分かり、安全についての理解を深めるようにすること。また、交通安全の習慣を身に付けるようにするとともに、避難訓練などを通して、災害などの緊急時に適切な行動がとれるようにすること。

人間関係

〔他の人々と親しみ、支え合って生活するために、自立心を育て、人と関わる力を養う。〕

1　ねらい

(1) 幼保連携型認定こども園の生活を楽しみ、自分の力で行動することの充実感を味わう。

(2) 身近な人と親しみ、関わりを深め、工夫したり、協力したりして一緒に活動する楽しさを味わい、愛情や信頼感をもつ。

(3) 社会生活における望ましい習慣や態度を身に付ける。

2　内容

(1) 保育教諭等や友達と共に過ごすことの喜びを味わう。

(2) 自分で考え、自分で行動する。

(3) 自分でできることは自分でする。

(4) いろいろな遊びを楽しみながら物事をやり遂げようとする気持ちをもつ。

(5) 友達と積極的に関わりながら喜びや悲しみを共感し合う。

(6) 自分の思ったことを相手に伝え、相手の思っていることに気付く。

(7) 友達のよさに気付き、一緒に活動する楽しさを味わう。

(8) 友達と楽しく活動する中で、共通の目的を見いだし、工夫したり、協力したりなどする。

(9) よいことや悪いことがあることに気付き、考えながら行動する。

(10) 友達との関わりを深め、思いやりをもつ。

(11) 友達と楽しく生活する中できまりの大切さに気付き、守ろうとする。

(12) 共同の遊具や用具を大切にし、皆で使う。

(13) 高齢者をはじめ地域の人々などの自分の生活に関係の深いいろいろな人に親しみをもつ。

3　内容の取扱い

上記の取扱いに当たっては、次の事項に留意する必要がある。

(1) 保育教諭等との信頼関係に支えられて自分自身の生活を確立していくことが人と関わる基盤となることを考慮し、園児が自ら周囲に働き掛けることにより多様な感情を体験し、試行錯誤しながら諦めずにやり遂げることの達成感や、前向きな見通しをもって自分の力で行うことの充実感を味わうことができるよう、園児の行動を見守りながら適切な援助を行うようにすること。

(2) 一人一人を生かした集団を形成しながら人と関わる力を育てていくようにすること。その際、集団の生活の中で、園児が自己を発揮し、保育教諭等や他の園児に認められる体験をし、自分のよさや特徴に気付き、自信をもって行動できるようにすること。

(3) 園児が互いに関わりを深め、協同して遊ぶようになるため、自ら行動する力を育てるようにするとともに、他の園児と試行錯誤しながら活動を展開する楽しさや共通の目的が実現する喜びを味わうことができるようにすること。

(4) 道徳性の芽生えを培うに当たっては、基本的な生活習慣の形成を図るとともに、園児が他の園児との関わりの中で他人の存在に気付き、相手を尊重する気持ちをもって行動できるようにし、また、自然や身近な動植物に親しむことなどを通して豊かな心情が育つようにすること。特に、人に対する信頼感や思いやりの気持ちは、葛藤やつまずきをも体験し、それらを乗り越えることにより次第に芽生えてくることに配慮すること。

(5) 集団の生活を通して、園児が人との関わりを深め、規範意識の芽生えが培われることを考慮し、園児が保育教諭等との信頼関係に支えられて自己を発揮する中で、互いに思いを主張し、折り合いを付ける体験をし、きまりの必要性などに気付き、自分の気持ちを調整する力が育つようにすること。

(6) 高齢者をはじめ地域の人々などの自分の生活に関係の深いいろいろな人と触れ合い、自分の感情や意志を表現しながら共に楽しみ、共感し合う体験を通して、これらの人々などに親しみをもち、人と関わることの楽しさや人の役に立つ喜びを味わうことができるようにすること。また、生活を通して親や祖父母などの家族の愛情に気付き、家族を大切にしようとする気持ちが育つようにすること。

環境

〔周囲の様々な環境に好奇心や探究心をもって関わり、それらを生活に取り入れていこうとする力を養う。〕

1　ねらい

(1) 身近な環境に親しみ、自然と触れ合う中で様々な事象に興味や関心をもつ。

(2) 身近な環境に自分から関わり、発見を楽しんだり、考えたりし、それを生活に取り入れようとする。

(3) 身近な事象を見たり、考えたり、扱ったりする中で、物の性質や数量、文字などに対する感覚を豊かにする。

2　内容

(1) 自然に触れて生活し、その大きさ、美しさ、不思議さなどに気付く。

(2) 生活の中で、様々な物に触れ、その性質や仕組みに興味や関心をもつ。

(3) 季節により自然や人間の生活に変化のあることに気付く。

(4) 自然などの身近な事象に関心をもち、取り入れて遊ぶ。

(5) 身近な動植物に親しみをもって接し、生命の尊さに気付き、いたわったり、大切にしたりする。

(6) 日常生活の中で、我が国や地域社会における様々な文化や伝統に親しむ。

(7) 身近な物を大切にする。

(8) 身近な物や遊具に興味をもって関わり、自分なりに比べたり、関連付けたりしながら考えたり、試したりして工夫して遊ぶ。

(9) 日常生活の中で数量や図形などに関心をもつ。

(10) 日常生活の中で簡単な標識や文字などに関心をもつ。

(11) 生活に関係の深い情報や施設などに興味や関心をもつ。

(12) 幼保連携型認定こども園内外の行事において国旗に親しむ。

3　内容の取扱い

上記の取扱いに当たっては、次の事項に留意する必要がある。

(1) 園児が、遊びの中で周囲の環境と関わり、次第に周囲の世界に好奇心を抱き、その意味や操作の仕方に関心をもち、物事の法則性に気付き、自分なりに考えることができるようになる過程を大切にすること。また、他の園児の考えなどに触れて新しい考えを生み出す喜びや楽しさを味わい、自分の考えをよりよいものにしようとする気持ちが育つようにすること。

(2) 幼児期において自然のもつ意味は大きく、自然の大きさ、美しさ、不思議さなどに直接触れる体験を通して、園児の心が安らぎ、豊かな感情、好奇心、思考力、表現力の基礎が培われることを踏まえ、園児が自然との関わりを深めることができるよう工夫すること。

(3) 身近な事象や動植物に対する感動を伝え合い、共感し合うことなどを通して自分から関わろうとする意欲を育てるとともに、様々な関わり方を通してそれらに対する親しみや畏敬の念、生命を大切にする気持ち、公共心、探究心などが養われるようにすること。

(4) 文化や伝統に親しむ際には、正月や節句など我が国の伝統的な行事、国歌、唱歌、わらべうたや我が国の伝統的な遊びに親しんだり、異なる文化に触れる活動に親しんだりすることを通じて、社会とのつながりの意識や国際理解の意識

の芽生えなどが養われるようにすること。

(5) 数量や文字などに関しては、日常生活の中で園児自身の必要感に基づく体験を大切にし、数量や文字などに関する興味や関心、感覚が養われるようにすること。

言葉

〔経験したことや考えたことなどを自分なりの言葉で表現し、相手の話す言葉を聞こうとする意欲や態度を育て、言葉に対する感覚や言葉で表現する力を養う。〕

1 ねらい

(1) 自分の気持ちを言葉で表現する楽しさを味わう。

(2) 人の言葉や話などをよく聞き、自分の経験したことや考えたことを話し、伝え合う喜びを味わう。

(3) 日常生活に必要な言葉が分かるようになるとともに、絵本や物語などに親しみ、言葉に対する感覚を豊かにし、保育教諭等や友達と心を通わせる。

2 内容

(1) 保育教諭等や友達の言葉や話に興味や関心をもち、親しみをもって聞いたり、話したりする。

(2) したり、見たり、聞いたり、感じたり、考えたりなどしたことを自分なりに言葉で表現する。

(3) したいこと、してほしいことを言葉で表現したり、分からないことを尋ねたりする。

(4) 人の話を注意して聞き、相手に分かるように話す。

(5) 生活の中で必要な言葉が分かり、使う。

(6) 親しみをもって日常の挨拶をする。

(7) 生活の中で言葉の楽しさや美しさに気付く。

(8) いろいろな体験を通じてイメージや言葉を豊かにする。

(9) 絵本や物語などに親しみ、興味をもって聞き、想像をする楽しさを味わう。

(10) 日常生活の中で、文字などで伝える楽しさを味わう。

3 内容の取扱い

上記の取扱いに当たっては、次の事項に留意する必要がある。

(1) 言葉は、身近な人に親しみをもって接し、自分の感情や意志などを伝え、それに相手が応答し、その言葉を聞くことを通して次第に獲得されていくものであることを考慮して、園児が保育教諭等や他の園児と関わることにより心を動かされるような体験をし、言葉を交わす喜びを味わえるようにすること。

(2) 園児が自分の思いを言葉で伝えるとともに、保育教諭等や他の園児などの話を興味をもって注意して聞くことを通して次第に話を理解するようになっていき、言葉による伝え合いができるようにすること。

(3) 絵本や物語などで、その内容と自分の経験とを結び付けたり、想像を巡らせたりするなど、楽しみを十分に味わうことによって、次第に豊かなイメージをもち、言葉に対する感覚が養われるようにすること。

(4) 園児が生活の中で、言葉の響きやリズム、新しい言葉や表現などに触れ、これらを使う楽しさを味わえるようにすること。その際、絵本や物語に親しんだり、言葉遊びなどをしたりすることを通して、言葉が豊かになるようにすること。

(5) 園児が日常生活の中で、文字などを使いながら思ったことや考えたことを伝える喜びや楽しさを味わい、文字に対する興味や関心をもつようにすること。

表現

〔感じたことや考えたことを自分なりに表現することを通して、豊かな感性や表現する力を養い、創造性を豊かにする。〕

1 ねらい

(1) いろいろなものの美しさなどに対する豊かな感性をもつ。

(2) 感じたことや考えたことを自分なりに表現して楽しむ。

(3) 生活の中でイメージを豊かにし、様々な表現を楽しむ。

2 内容

(1) 生活の中で様々な音、形、色、手触り、動きなどに気付いたり、感じたりするなどして楽しむ。

(2) 生活の中で美しいものや心を動かす出来事に触れ、イメージを豊かにする。

(3) 様々な出来事の中で、感動したことを伝え合う楽しさを味わう。

(4) 感じたこと、考えたことなどを音や動きなどで表現したり、自由にかいたり、つくったりなどする。

(5) いろいろな素材に親しみ、工夫して遊ぶ。

(6) 音楽に親しみ、歌を歌ったり、簡単なリズム楽器を使ったりなどする楽しさを味わう。

(7) かいたり、つくったりすることを楽しみ、遊びに使ったり、飾ったりなどする。

(8) 自分のイメージを動きや言葉などで表現したり、演じて遊んだりするなどの楽しさを味わう。

3 内容の取扱い

上記の取扱いに当たっては、次の事項に留意する必要がある。

(1) 豊かな感性は、身近な環境と十分に関わる中で美しいもの、優れたもの、心を動かす出来事などに出会い、そこから得た感動を他の園児や保育教諭等と共有し、様々に表現することなどを通して養われるようにすること。その際、風の音や雨の音、身近にある草や花の形や色など自然の中にある音、形、色などに気付くようにすること。

(2) 幼児期の自己表現は素朴な形で行われることが多いので、保育教諭等はそのような表現を受容し、園児自身の表現しようとする意欲を受け止めて、園児が生活の中で園児らしい様々な表現を楽しむことができるようにすること。

(3) 生活経験や発達に応じ、自ら様々な表現を楽しみ、表現する意欲を十分に発揮させることができるように、遊具や用具などを整えたり、様々な素材や表現の仕方に親しんだり、他の園児の表現に触れられるよう配慮したりし、表現する過程を大切にして自己表現を楽しめるように工夫すること。

第4 教育及び保育の実施に関する配慮事項

1 満3歳未満の園児の保育の実施については、以下の事項に配慮するものとする。

(1) 乳児は疾病への抵抗力が弱く、心身の機能の未熟さに伴う疾病の発生が多いことから、一人一人の発育及び発達状態や健康状態についての適切な判断に基づく保健的な対応を行うこと。また、一人一人の園児の生育歴の違いに留意しつつ、欲求を適切に満たし、特定の保育教諭等が応答的に関わるように努めること。更に、乳児期の園児の保育に関わる職員間の連携や学校医との連携を図り、第3章に示す事項を踏まえ、適切に対応すること。栄養士及び看護師等が配置されている場合は、その専門性を生かした対応を図ること。

乳児期の園児の保育においては特に、保護者との信頼関係を築きながら保育を進めるとともに、保護者からの相談に応じ支援に努めていくこと。なお、担当の保育教諭等が替わる場合には、園児のそれまでの生育歴や発達の過程に留意し、職員間で協力して対応すること。

(2) 満1歳以上満3歳未満の園児は、特に感染症にかかりやすい時期であるので、体の状態、機嫌、食欲などの日常の状態の観察を十分に行うとともに、適切な判断に基づく保健的な対応を心掛けること。また、探索活動が十分できるように、事故防止に努めながら活動しやすい環境を整え、全身を使う遊びなど様々な遊びを取り入れること。更に、自我が形成され、園児が自分の感情や気持ちに気付くようになる重要な時期であることに鑑み、情緒の安定を図りながら、園児の自発的な活動を尊重するとともに促していくこと。なお、担当の保育教諭等が替わる場合には、園児のそれまでの経験や発達の過程に留意し、職員間で協力して対応すること。

2 幼保連携型認定こども園における教育及び保育の全般において以下の事項に配慮するものとする。

(1) 園児の心身の発達及び活動の実態などの個人差を踏まえるとともに、一人一人の園児の気持ちを受け止め、援助すること。

(2) 園児の健康は、生理的・身体的な育ちとともに、自主性や社会性、豊かな感性の育ちとがあいまってもたらされることに留意すること。

(3) 園児が自ら周囲に働き掛け、試行錯誤しつつ自分の力で行う活動を見守りながら、適切に援助すること。

(4) 園児の入園時の教育及び保育に当たっては、できるだけ個別的に対応し、園児が安定感を得て、次第に幼保連携型認定こども園の生活になじんでいくようにするとともに、既に入園している園児に不安や動揺を与えないようにすること。

(5) 園児の国籍や文化の違いを認め、互いに尊重する心を育てるようにすること。

(6) 園児の性差や個人差にも留意しつつ、性別などによる固定的な意識を植え付けることがないようにすること。

第3章　健康及び安全

幼保連携型認定こども園における園児の健康及び安全は、園児の生命の保持と健やかな生活の基本となるものであり、第1章及び第2章の関連する事項と併せ、次に示す事項について適切に対応するものとする。その際、養護教諭や看護師、栄養教諭や栄養士等が配置されている場合には、学校医等と共に、これらの者がそれぞれの専門性を生かしながら、全職員が相互に連携し、組織的かつ適切な対応を行うことができるような体制整備や研修を行うことが必要である。

第1　健康支援

1　健康状態や発育及び発達の状態の把握

(1) 園児の心身の状態に応じた教育及び保育を行うために、園児の健康状態や発育及び発達の状態について、定期的・継続的に、また、必要に応じて随時、把握すること。

(2) 保護者からの情報とともに、登園時及び在園時に園児の状態を観察し、何らかの疾病が疑われる状態や傷害が認められた場合には、保護者に連絡するとともに、学校医と相談

するなど適切な対応を図ること。

(3) 園児の心身の状態等を観察し、不適切な養育の兆候が見られる場合には、市町村（特別区を含む。以下同じ。）や関係機関と連携し、児童福祉法第25条に基づき、適切な対応を図ること。また、虐待が疑われる場合には、速やかに市町村又は児童相談所に通告し、適切な対応を図ること。

2　健康増進

(1) 認定こども園法第27条において準用する学校保健安全法（昭和33年法律第56号）第5条の学校保健計画を作成する際は、教育及び保育の内容並びに子育ての支援等に関する全体的な計画に位置づくものとし、全ての職員がそのねらいや内容を踏まえ、園児一人一人の健康の保持及び増進に努めていくこと。

(2) 認定こども園法第27条において準用する学校保健安全法第13条第1項の健康診断を行ったときは、認定こども園法第27条において準用する学校保健安全法第14条の措置を行い、教育及び保育に活用するとともに、保護者が園児の状態を理解し、日常生活に活用できるようにすること。

3　疾病等への対応

(1) 在園時に体調不良や傷害が発生した場合には、その園児の状態等に応じて、保護者に連絡するとともに、適宜、学校医やかかりつけ医等と相談し、適切な処置を行うこと。

(2) 感染症やその他の疾病の発生予防に努め、その発生や疑いがある場合には必要に応じて学校医、市町村、保健所等に連絡し、その指示に従うとともに、保護者や全ての職員に連絡し、予防等について協力を求めること。また、感染症に関する幼保連携型認定こども園の対応方法等について、あらかじめ関係機関の協力を得ておくこと。

(3) アレルギー疾患を有する園児に関しては、保護者と連携し、医師の診断及び指示に基づき、適切な対応を行うこと。また、食物アレルギーに関して、関係機関と連携して、当該幼保連携型認定こども園の体制構築など、安全な環境の整備を行うこと。

(4) 園児の疾病等の事態に備え、保健室の環境を整え、救急用の薬品、材料等を適切な管理の下に常備し、全ての職員が対応できるようにしておくこと。

第2　食育の推進

1 幼保連携型認定こども園における食育は、健康な生活の基本としての食を営む力の育成に向け、その基礎を培うことを目標とすること。

2 園児が生活と遊びの中で、意欲をもって食に関わる体験を積み重ね、食べることを楽しみ、食事を楽しみ合う園児に成長していくことを期待するものであること。

3 乳幼児期にふさわしい食生活が展開され、適切な援助が行われるよう、教育及び保育の内容並びに子育ての支援等に関する全体的な計画に基づき、食事の提供を含む食育の計画を作成し、指導計画に位置付けるとともに、その評価及び改善に努めること。

4 園児が自らの感覚や体験を通して、自然の恵みとしての食材や食の循環・環境への意識、調理する人への感謝の気持ちが育つように、園児と調理員等との関わりや、調理室など食に関する環境に配慮すること。

5 保護者や地域の多様な関係者との連携及び協働の下で、食に関する取組が進められること。また、市町村の支援の下に、地域の関係機関等との日常的な連携を図り、必要な協力が得られるよう努めること。

6 体調不良、食物アレルギー、障害のある園児など、園児一人一人の心身の状態等に応じ、学校医、かかりつけ医等の指示や協力の下に適切に対応すること。

第3　環境及び衛生管理並びに安全管理

1　環境及び衛生管理

(1) 認定こども園法第27条において準用する学校保健安全法第6条の学校環境衛生基準に基づき幼保連携型認定こども園の適切な環境の維持に努めるとともに、施設内外の設備、用具等の衛生管理に努めること。

(2) 認定こども園法第27条において準用する学校保健安全法第6条の学校環境衛生基準に基づき幼保連携型認定こども園の施設内外の適切な環境の維持に努めるとともに、園児及び全職員が清潔を保つようにすること。また、職員は衛生知識の向上に努めること。

2　事故防止及び安全対策

(1) 在園時の事故防止のために、園児の心身の状態等を踏まえつつ、認定こども園法第27条において準用する学校保健安全法第27条の学校安全計画の策定等を通じ、全職員の共通理解や体制づくりを図るとともに、家庭や地域の関係機関の協力の下に安全指導を行うこと。

(2) 事故防止の取組を行う際には、特に、睡眠中、プール活動・水遊び中、食事中等の場面では重大事故が発生しやすいことを踏まえ、園児の主体的な活動を大切にしつつ、施設内外の環境の配慮や指導の工夫を行うなど、必要な対策を講じること。

(3) 認定こども園法第27条において準用する学校保健安全法第29条の危険等発生時対処要領に基づき、事故の発生に備えるとともに施設内外の危険箇所の点検や訓練を実施すること。また、外部からの不審者等の侵入防止のための措置や訓練など不測の事態に備え必要な対応を行うこと。更に、園児の精神保健面における対応に留意すること。

第4　災害への備え

1　施設・設備等の安全確保

(1) 認定こども園法第27条において準用する学校保健安全法第29条の危険等発生時対処要領に基づき、災害等の発生に備えるとともに、防火設備、避難経路等の安全性が確保されるよう、定期的にこれらの安全点検を行うこと。

(2) 備品、遊具等の配置、保管を適切に行い、日頃から、安全環境の整備に努めること。

2　災害発生時の対応体制及び避難への備え

(1) 火災や地震などの災害の発生に備え、認定こども園法第27条において準用する学校保健安全法第29条の危険等発生時対処要領を作成する際には、緊急時の対応の具体的内容及び手順、職員の役割分担、避難訓練計画等の事項を盛り込むこと。

(2) 定期的に避難訓練を実施するなど、必要な対応を図ること。

(3) 災害の発生時に、保護者等への連絡及び子どもの引渡しを円滑に行うため、日頃から保護者との密接な連携に努め、連絡体制や引渡し方法等について確認をしておくこと。

3　地域の関係機関等との連携

(1) 市町村の支援の下に、地域の関係機関との日常的な連携を図り、必要な協力が得られるよう努めること。

(2) 避難訓練については、地域の関係機関や保護者との連携の下に行うなど工夫すること。

第4章　子育ての支援

幼保連携型認定こども園における保護者に対する子育ての支援は、子どもの利益を最優先して行うものとし、第1章及び第2章等の関連する事項を踏まえ、子どもの育ちを家庭と連携して支援していくとともに、保護者及び地域が有する子育てを自ら実践する力の向上に資するよう、次の事項に留意するものとする。

第1　子育ての支援全般に関わる事項

1 保護者に対する子育ての支援を行う際には、各地域や家庭の実態等を踏まえるとともに、保護者の気持ちを受け止め、相互の信頼関係を基本に、保護者の自己決定を尊重すること。

2 教育及び保育並びに子育ての支援に関する知識や技術など、保育教諭等の専門性や、園児が常に存在する環境など、幼保連携型認定こども園の特性を生かし、保護者が子どもの成長に気付き子育ての喜びを感じられるように努めること。

3 保護者に対する子育ての支援における地域の関係機関等との連携及び協働を図り、園全体の体制構築に努めること。

4 子どもの利益に反しない限りにおいて、保護者や子どものプライバシーを保護し、知り得た事柄の秘密を保持すること。

第2　幼保連携型認定こども園の園児の保護者に対する子育ての支援

1 日常の様々な機会を活用し、園児の日々の様子の伝達や収集、教育及び保育の意図の説明などを通じて、保護者との相互理解を図るよう努めること。

2 教育及び保育の活動に対する保護者の積極的な参加は、保護者の子育てを自ら実践する力の向上に寄与するだけでなく、地域社会における家庭や住民の子育てを自ら実践する力の向上及び子育ての経験の継承につながるきっかけとなる。これらのことから、保護者の参加を促すとともに、参加しやすいよう工夫すること。

3 保護者の生活形態が異なることを踏まえ、全ての保護者の相互理解が深まるように配慮すること。その際、保護者同士が子育てに対する新たな考えに出会い気付き合えるよう工夫すること。

4 保護者の就労と子育ての両立等を支援するため、保護者の多様化した教育及び保育の需要に応じて病児保育事業など多様な事業を実施する場合には、保護者の状況に配慮するとともに、園児の福祉が尊重されるよう努め、園児の生活の連続性を考慮すること。

5 地域の実態や保護者の要請により、教育を行う標準的な時間の終了後等に希望する園児を対象に一時預かり事業などとして行う活動については、保育教諭間及び家庭との連携を密にし、園児の心身の負担に配慮すること。その際、地域の

実態や保護者の事情とともに園児の生活のリズムを踏まえつつ、必要に応じて、弾力的な運用を行うこと。

6　園児に障害や発達上の課題が見られる場合には、市町村や関係機関と連携及び協力を図りつつ、保護者に対する個別の支援を行うよう努めること。

7　外国籍家庭など、特別な配慮を必要とする家庭の場合には、状況等に応じて個別の支援を行うよう努めること。

8　保護者に育児不安等が見られる場合には、保護者の希望に応じて個別の支援を行うよう努めること。

9　保護者に不適切な養育等が疑われる場合には、市町村や関係機関と連携し、要保護児童対策地域協議会で検討するなど適切な対応を図ること。また、虐待が疑われる場合には、速やかに市町村又は児童相談所に通告し、適切な対応を図ること。

第3　地域における子育て家庭の保護者等に対する支援

1　幼保連携型認定こども園において、認定こども園法第2

条第12項に規定する子育て支援事業を実施する際には、当該幼保連携型認定こども園がもつ地域性や専門性などを十分に考慮して当該地域において必要と認められるものを適切に実施すること。また、地域の子どもに対する一時預かり事業などの活動を行う際には、一人一人の子どもの心身の状態などを考慮するとともに、教育及び保育との関連に配慮するなど、柔軟に活動を展開できるようにすること。

2　市町村の支援を得て、地域の関係機関等との積極的な連携及び協働を図るとともに、子育ての支援に関する地域の人材の積極的な活用を図るよう努めること。また、地域の要保護児童への対応など、地域の子どもを巡る諸課題に対し、要保護児童対策地域協議会など関係機関等と連携及び協力して取り組むよう努めること。

3　幼保連携型認定こども園は、地域の子どもが健やかに育成される環境を提供し、保護者に対する総合的な子育ての支援を推進するため、地域における乳幼児期の教育及び保育の中心的な役割を果たすよう努めること。

全国保育士会倫理綱領

2003年

すべての子どもは、豊かな愛情のなかで心身ともに健やかに育てられ、自ら伸びていく無限の可能性を持っています。

私たちは、子どもが現在（いま）を幸せに生活し、未来（あす）を生きる力を育てる保育の仕事に誇りと責任をもって、自らの人間性と専門性の向上に努め、一人ひとりの子どもを心から尊重し、次のことを行います。

私たちは、子どもの育ちを支えます。
私たちは、保護者の子育てを支えます。
私たちは、子どもと子育てにやさしい社会をつくります。

（子どもの最善の利益の尊重）

1．私たちは、一人ひとりの子どもの最善の利益を第一に考え、保育を通してその福祉を積極的に増進するよう努めます。

（子どもの発達保障）

2．私たちは、養護と教育が一体となった保育を通して、一人ひとりの子どもが心身ともに健康、安全で情緒の安定した生活ができる環境を用意し、生きる喜びと力を育むことを基本として、その健やかな育ちを支えます。

（保護者との協力）

3．私たちは、子どもと保護者のおかれた状況や意向を受けとめ、保護者とより良い協力関係を築きながら、子どもの育ちや子育てを支えます。

（プライバシーの保護）

4．私たちは、一人ひとりのプライバシーを保護するため、保育を通して知り得た個人の情報や秘密を守ります。

（チームワークと自己評価）

5．私たちは、職場におけるチームワークや、関係する他の専門機関との連携を大切にします。

　また、自らの行う保育について、常に子どもの視点に立って自己評価を行い、保育の質の向上を図ります。

（利用者の代弁）

6．私たちは、日々の保育や子育て支援の活動を通して子どものニーズを受けとめ、子どもの立場に立ってそれを代弁します。

　また、子育てをしているすべての保護者のニーズを受けとめ、それを代弁していくことも重要な役割と考え、行動します。

（地域の子育て支援）

7．私たちは、地域の人々や関係機関とともに子育てを支援し、そのネットワークにより、地域で子どもを育てる環境づくりに努めます。

（専門職としての責務）

8．私たちは、研修や自己研鑽を通して、常に自らの人間性と専門性の向上に努め、専門職としての責務を果たします。

社会福祉法人 全国社会福祉協議会
全国保育協議会
全国保育士会

📖 本書参考文献一覧

（著者五十音順）

・大豆生田啓友・三谷大紀編『最新保育資料集 2018』ミネルヴァ書房、2018 年
・乙訓稔『西洋現代幼児教育思想史—デューイからコルチャック』東信堂、2009 年
・乙訓稔『西洋近代幼児教育思想史—コメニウスからフレーベル（第二版）』東信堂、2010 年
・小櫃智子・矢藤誠慈郎編著『改訂 2 版　保育教職実践演習　これまでの学びと保育者への歩み　幼稚園保育所編』わかば社、2023 年
・玉成恩物研究会編『フレーベルの恩物であそぼう』フレーベル館、2000 年
・清原みさ子『手技の歴史　フレーベルの「恩物」と「作業」の受容と、その後の理論的、実践的展開』新読書社、2014 年
・倉橋惣三『育ての心（上）』フレーベル館、2008 年
・倉橋惣三『育ての心（下）』フレーベル館、2008 年
・倉橋惣三『幼稚園真諦』フレーベル館、2008 年
・厚生労働省『保育所保育指針解説』フレーベル館、2018 年
・ステファニー・フィーニィ他、大場幸夫・前原寛監訳『保育学入門—子どもたちと共に生きる保育者』ミネルヴァ書房、2010 年
・全国保育士会編『幼保連携型認定こども園教育・保育要領を読む』全国社会福祉協議会、2014 年
・民秋言編『幼稚園教育要領・保育所保育指針・幼保連携型認定こども園教育・保育要領の成立と変遷』萌文書林、2017 年
・戸田雅美『保育をデザインする—保育における「計画」を考える』フレーベル館、2004 年
・内閣府・文部科学省・厚生労働省『幼保連携型認定こども園教育・保育要領解説』フレーベル館、2018 年
・林悠子「保育の「質」の多様な理解から見た「質」向上への課題」佛教大学福祉教育開発センター紀要第 11 号、2014 年
・森上史朗・柏女霊峰編『保育用語辞典（第 8 版）』ミネルヴァ書房、2015 年
・森上史朗『児童中心主義の保育—保育内容・方法改革の歩み』教育出版、1984 年
・文部科学省『幼稚園教育要領解説』フレーベル館、2018 年
・ロジェ・カイヨワ、多田道太郎・塚崎幹夫訳『遊びと人間』講談社、1990 年

さくいん

あ

預かり保育 66
遊び 34, 49

『エミール』 71
エリクソン 15
エレン・ケイ 78, 97

及川平治 96
オーエン 75, 97
オーベルラン 70
恩物 70, 73, 81

か

学制 80
価値観 13
学校教育法 22, 26, 30, 32
学校教育法施行規則 22
学校教育法施行令 22
葛藤体験 15
カリキュラム・マネジメント 54
キー・コンピテンシー 105
城戸幡太郎 96
教育 36
教育課程 53
教育基本法 22, 23
教育・保育要領（幼保連携型認定こども園教育・保育要領） 8, 21, 22, 27, 29, 35
教科 48
共同性 41
キルパトリック 78
キンダーガルテン 75

倉橋惣三 27, 87, 96, 98

計画性 51

子育て支援 63
子ども観 13
こども基本法 26, 106
子ども・子育て支援新制度 107
子どもの最善の利益 105
子どもの貧困 107
小林宗作 96
コメニウス 97
5 領域 12

さ

坂元彦太郎 27, 96

自然主義教育 71
児童観 13
児童中心主義保育 69
『児童の世紀』 78
児童福祉施設の設備及び運営に関する基準 22

児童福祉法 22, 25, 32
児童福祉法施行規則 22
児童福祉法施行令 22
児童文化運動 86
社会福祉法 22, 23
就学前の子どもに関する教育、保育等の総合的な提供の推進に関する法律（認定こども園法） 22
就学前の子どもに関する教育、保育等の総合的な提供の推進に関する法律施行規則 22
就学前の子どもに関する教育、保育等の総合的な提供の推進に関する法律施行令 22
生涯発達 14
小学校学習指導要領 42
省察（しょうさつ） 102
心性 16
進歩主義教育 75, 77

鈴木三重吉 96

省察（せいさつ） 102
全国保育士会 103
全国保育士会倫理綱領 103
全体的な計画 54

総合性 47
相対的貧困 108
『育ての心』 98

た

待機児童 106
大正デモクラシー 86
地域子育て支援 65
土川五郎 96
テファリキ 109
デューイ 75, 97
東京女子師範学校附属幼稚園 73, 96

な

中村五六 96
日本国憲法 22, 23
乳児保育 37
認定こども園（幼保連携型認定こども園） 19
認定こども園法（就学前の子どもに関する教育、保育等の総合的な提供の推進に関する法律） 22
ヌリ課程 109
ねらい 41, 44

は

橋詰良一 96
発達観 13
発達段階 16
東基吉 96
必要感 14
ヒル 78

二葉幼稚園（二葉保育園） 73, 96
フレーベル 75, 97
プロジェクト・メソッド 78
ペスタロッチ 72, 97

保育 32
保育学校 75
保育観 13, 68
保育教諭 21
保育原理 6
保育所 18, 83
保育所保育指針 8, 22, 27, 29, 30, 31, 33
保育内容 55
保育の方法 31
保育の目標 30
保育要領 27
方向目標 41
ホール 78, 97
保護者支援 65
保姆 72

ま

マクミラン姉妹 75, 97
3つの視点 38
森の幼稚園 109
モンテッソリ 97

や

山下俊郎 27, 96
誘導保育論 89
養護 36
幼児学校 75
幼稚園 19, 72, 81
幼稚園教育の基本 31
幼稚園教育要領 8, 22, 27, 29, 30, 31, 34
『幼稚園真諦』 87
幼稚園設置基準 22
幼稚園保育及設備規程 73, 81
幼稚園令 82
幼保連携型認定こども園教育・保育要領（教育・保育要領） 8, 21, 22, 27, 29, 35
幼保連携型認定こども園の学級の編制、職員、設備及び運営に関する基準 22

ら

ライフサイクル 15
領域 47
ルソー 97
レッジョ・エミリア 108
連携 66

わ

和田實 96

❧❧ 著者紹介 ❧❧

※執筆担当は、もくじ内に記載

企画・著 **佐伯 一弥**（さえき かずや）

元東京家政大学短期大学部 保育科 准教授

東京家政大学大学院家政学研究科児童学専攻修士課程修了後、大妻女子大学大学院家政学研究科人間生活学専攻満期退学。その後、千葉明徳短期大学、東京家政大学短期大学部講師。2012年9月に他界。

　　　主な著書：『幼児教育・保育課程論』（編著、建帛社）、『演習 保育内容総論』（編著、建帛社）、『保育学入門』（共著、建帛社）、他。

編集・著 **金 瑛珠**（きむ よんじゅ）

鶴見大学短期大学部 保育科 准教授

大妻女子大学大学院家政学研究科児童学専攻修士課程修了後、幼稚園教育嘱託員として公立幼稚園に勤務。その後、心理相談員、千葉明徳短期大学講師、東京未来大学准教授を経て、現職。保育者養成の傍らで保育所での巡回保育相談を長年行っている。

　　　主な著書：『保育学入門』（共著、建帛社）、『幼児理解と保育援助』（共著、建帛社）、『保育の学びスタートブック』（共著、萌文書林）、『子ども学への招待—子どもをめぐる22のキーワード』（共著、ミネルヴァ書房）、『改訂2版 保育教職実践演習 これまでの学びと保育者への歩み 幼稚園 保育所編』（共著、わかば社）他。

著者 **鈴木 彬子**（すずき あきこ）

東京家政大学 児童学部 児童学科 講師

東京家政大学大学院家政学研究科児童学専攻修士課程修了後、同大学家政学部児童学科助教、松山東雲短期大学保育科講師を経て、現職。

著者 **高橋 優子**（たかはし ゆうこ）

洗足こども短期大学 幼児教育保育科 准教授

東京家政大学大学院人間生活学総合研究科児童学児童教育学専攻修士課程修了。千葉明徳短期大学学生支援アシスタント・助手、東京家政大学家政学部児童学科助教を経て、現職。

● 本文イラスト　山岸　史
● 装丁　タナカアン

改訂2版　**Work**で学ぶ **保育原理**

2015年 3月 9日　初版発行	
2019年 1月17日　改訂版発行	
2023年12月13日　改訂2版発行	

企画編著　佐　伯　一　弥
　　　　　金　　瑛　　珠
発 行 者　川　口　直　子
発 行 所　（株）わかば社

〒173-0004　東京都板橋区板橋 2-46-12
tel(03)6905-6880 fax(03)6905-6812
(URL)https://www.wakabasya.com
(e-mail)info@wakabasya.com

印刷/製本　シ ナ ノ 印 刷（株）